영혼의 성

영혼의 성(Interior Castle)

발 행 | 2023년 6월 15일
저 자 | 아빌라의 테레사
역 자 | 김진우
펴낸이 | 한건희
펴낸곳 | 주식회사 부크크
출판사등록 | 2014.07.15(제2014-16호)
주 소 | 서울특별시 금천구 가산디지털1로 119 SK트윈타워 A동 305호
전 화 | 1670-8316
이메일 | info@bookk.co.kr
ISBN | 979-11-410-3159-6

www.bookk.co.kr

영혼의 성

아빌라의 테레사 지음

김진우 옮김

목차

머리말

내게 순종을 요구했던 명령들 중에서 이렇게 기도에 관해서 글을 쓰는 것보다 더 어려운 일은 드물었습니다. 한 가지 이유를 들자면, 나는 하나님께서 내게 이런 일을 할 만한 능력이나 갈망을 주셨다고 생각하지 않기 때문입니다. 게다가, 지난 석 달 동안 머리 속에서 소리가 들리고, 기운이 없어서, 꼭 필요한 일에 대해서 글을 쓰는 것조차 고통스러울 지경이었습니다.

하지만 불가능하게 보이는 일조차 수월하게 만드는 힘이 순종에 있다는 사실을 아는 만큼, 비록 내 천성에 큰 부담이 되는 일이기는 하지만, 마음을 다잡고 기꺼이 이 일을 시작하기로 한 것입니다. 하나님께서는 내가 줄곧 병치레를 하는 동시에, 짜증을 내지 않고 다른 여러가지 일들을 감당할 수 있을 만한 힘을 허락하지는 않으셨습니다. 하지만 더 어려운 다른 일들을 도와주신 주님께서 은혜로 이 일 역시 도와주시기를 바랍니다. 그분의 자비를 신뢰하기 때문입니다. 나는 내가 명령에 따라 다른 책들에 이미 기록한 것 말고는 할 말이 별로 없다고 생각합니다. 사실, 나는 이 책에서 똑 같은 내용을 반복하는 것은 아닐까 두려운 마음이 듭니다. 나는 말하기를 배운 앵무새와 같습니다. 즉 새들은 배우고 들은 것 이상은 알지 못하고, 몇 번이고 같은 말을 되풀이할 뿐입니다. 하나님께서 내게 뭔가 새로운 것을 쓰기를 원하신다면, 그것을 내게 가르쳐 주시거나, 내가 다른 곳에서 말했던 것을 기억나게 해 주실 것입니다. 나는 워낙 기억력이 나빠서, 그것 만으로도 나는 만족해야 할 것입니다. 사람들이 내가 잘 언급했다고 말하는 것들 중의 일부라도 기억해낼 수 있으면 좋겠습니다. 그것들이 다 없어지지 않았다면 말입니다. 하지만 이것 마저 주님께서 허락하지 않으시고, 내가 순종하려고 애를 쓰는 까닭에, 나의 뇌가 지치고 두통이 심해진다면, 그래서 나의 글이 사람들에게 아무 쓸모가 없더라도, 내게는 이로운 일이 될 것입니다. 그래서 나는 지금 내가 몸담고 있는 톨레도의 성 요셉 가르멜 수도원 (the Convent of St. Joseph of Carmel at Toledo)에서 오늘, 즉 1577년 삼위일체 축일 (the Feast of the Blessed Trinity)에 이 책을 쓰는 일에 착수하게 된 것입니다.

나의 모든 저술을 내게 집필을 명하신 더 학식 있는 분들의 판단에 맡깁니다. 혹시라도 내가 말하는 내용 중에 거룩한 로마 가톨릭 교회의 교리에 어긋나는 것이 있다면, 그것은 악의가 아니라 나의 무지로 인한 실수 탓일 것입니다. 하나님의 선하심을 인하여, 나는 과거에 그랬듯이, 지금이나 미래나 한결 같이 교회에 충실할 것입니다. 하나님께서 영원히 찬양과 영광을 받으시기를 기도합니다. 아멘.

내게 이 책을 집필하도록 명하신 분은 가르멜 산의 성모 수도회

수녀들에게 기도에 관한 어려운 문제들을 해결해 줄 사람이 필요하다고 말씀하셨습니다. 그분은 여자들끼리는 서로 말이 잘 통할 뿐 아니라, 나를 사랑하는 수녀들이 내가 하는 말에 특별한 관심을 기울일 것이라고 생각하셨습니다. 그러므로 이 주제를 그들에게 분명하게 설명해 주는 것은 내게 아주 중요한 일입니다. 따라서 나는 우리 수녀들을 위해서만 이 글을 쓰고 있습니다. 다른 사람들이 내 말을 듣고 유익을 얻을 수 있을 것이라고 생각하는 것은 터무니없는 일일 것입니다. 우리 주님께서 나로 하여금 수녀들 중에서 단 한 사람이라도 그분을 더 찬양하도록 도울 수 있게 해주신다면, 그것은 내게 큰 은혜를 베풀어 주시는 일이 될 것입니다. 존엄하신 그분은 내게 다른 목적이 없다는 사실을 잘 알고 계십니다. 정말 중요한 내용이 조금이라도 있다면, 그것이 나에게서 비롯된 것이 아니며, 따라서 그 공로를 내게 돌릴 이유가 전혀 없음을 수녀들은 이해할 것입니다. 자비로우신 하나님께서 이 일을 할 수 있도록 도움을 주지 않으신다면, 지혜도 부족하고 글 쓰는 재주도 없는 나 같은 사람으로서는 이런 글을 쓸 수 없을 것입니다.

첫 번째 방

1장

이 장은 우리 영혼의 아름다움과 존엄성을 다루고, 이를 설명하기 위해 비교를 제시한다. 이것을 알고 이해하는 데 따르는 장점과 하나님께서 우리에게 베푸시는 은혜를 보여준다. 그리고 기도가 어떻게 영혼의 성의 문이 되는 지를 보여준다.

1. 이 책의 계획

나는 무슨 말을 해야 할지를 모르고, 순종을 요구하는 이런 일을 어떻게 시작해야 할 지를 알지 못했습니다. 그래서 주님께서 나를 대신해서 말씀해 주시기를 간청하던 중에 문득 한 가지 생각이 떠올랐습니다. 나는 그 생각을 설명할 것이며, 그것이 내가 쓰고자 하는 내용의 토대가 될 것입니다.

2. 내면의 성(城)

나는 영혼이 다이아몬드나 아주 투명한 수정으로 만들어진 성을 닮았다고 생각했습니다. 그 성에는 마치 천국에 거할 곳이 많은 것처럼(요 14:2 참조), 여러 개의 방이 있습니다. 곰곰이 생각해 보면, 의인의 영혼은 하나님께서 그 안에서 말씀하시고, 기뻐하시는 낙원에 불과하다는 사실을 깨닫게 될 것입니다. 그렇다면, 그토록 능하시고, 지혜로우시고, 순결하시며, 모든 선한 것을 자신 안에 품으시는 하나님께서 거하시는 그 성이 어떤 모습일 것이라고 상상합니까? 영혼의 놀라운 아름다움과 능력에 비교할 만한 것은 아무것도 없습니다. 우리의 이성이 아무리 예리하다 하더라도, 그것은 하나님을 헤아릴 수 없는 것처럼, 영혼 역시 파악할 수 없습니다. 그분이 우리에게 말씀하신 것처럼, 그분이 우리를 자신의 형상과 모양대로 지으셨기 때문입니다.

3. 치료할 수 있는 자기 무지

이런 사실 때문에, 우리는 이 성의 아름다움을 깨닫기 위해 애를 쓰느라고 스스로 피곤해질 필요가 없습니다. 우리가 하나님의 형상임에도 불구하고, 피조물과 창조주 사이에 차이가 있는 것처럼, 영혼과 하나님 사이에도 큰 차이가 있습니다. 우리가 하나님의 형상을 따라 지음 받았다는 사실은 우리의 영혼이 존귀하고, 아름다운 것이라는 사실을 가르쳐 줍니다. 스스로의 잘못으로, 우리의 본성이나 기원을 이해하지 못한다는 것은 크나큰 불행과 수치라고 할 수 있습니다. 이름이나, 고향이나, 부모에 대해 질문을 받은 사람이 그 질문에 대답할 수 없다면, 그것은 더할 나위 없는 무지의 소치가 아니겠습니까? 이것이 미련한 것이라면, 우리가 육체를 가지고 있다는 사실을 아는 것 외에는 본성에 관해서 아무것도 배우려 하지 않는 것은 말할 수 없을 정도로 어리석은 일입니다.

그리고 나서는 사람들이 그렇게 말하고, 그것이 믿음의 교리이기 때문에 우리에게 영혼이 있다는 사실을 막연하게 깨달을 뿐입니다. 우리는 우리의 영혼이 어떤 은사들을 소유할 수 있는지, 우리의 영혼 안에 거하시는 분이 어떤 분이신지, 우리의 영혼이 얼마나 귀중한지를 거의 생각하지 않습니다. 그러므로 우리는 영혼의 아름다움을 보존하는데 게으릅니다. 우리의 모든 관심은 다이아몬드의 엉성한 세팅이나 성의 외벽에 불과한 우리의 육체에 집중되어 있습니다.

4. 하나님은 영혼의 중심에 거하신다

내가 말한 것처럼, 이 성 안에 여러 개의 방이 있다고 상상해 봅시다. 위에 있는 방들이 있고, 아래 있는 방들이 있는가 하면, 측면에 자리잡은 방들도 있습니다. 그리고 그 성의 중심에는 하나님과 영혼 사이의 가장 은밀한 교제가 일어나는 왕실이 있습니다.

이 비유를 심사숙고해 보십시오. 이 비유는 하나님께서 영혼들에게 기쁨으로 베풀어 주시는 다양한 종류의 은혜를 이해시켜 줍니다. 그 많은 은혜에 관해 전부 알 수 있는 사람은 아무도 없습니다. 하물며, 나 같이 무지한 사람은 더 말할 나위도 없습니다. 주님께서 이러한 은혜를 베풀어 주셔서 그런 일이 가능하다는 사실을 알게 해 주신다면, 여러분에게 큰 위로가 될 것입니다. 그런 은혜를 받지 못하는 사람들은 최소한 다른 사람들에게 그런 은혜를 베풀어 주신 하나님의 위대한 선하심을 인해 그분을 찬양할 수 있을 것입니다. 천국과 성인들이 누리는 복에 대해 생각하는 것은 우리에게 해가 되지 않습니다. 오히려 우리는 이러한 기쁨을 얻으려고 애를 쓰게 될 것입니다. 하나님께서 이러한 유배 생활 중에 있는 혐오스러운 벌레 같은 우리와 대화를 나누실 수 있다는 사실을 아는 것도 우리에게 해가 되지 않을 것입니다. 오히려 그것은 하나님의 엄청난 선하심과 무한한 자비를 인하여 그분을 더욱 사랑하게 만들어 줄 것입니다.

5. 모든 영혼이 특정한 은혜를 받지 못하는 이유

나는 우리가 이 세상에 사는 동안 하나님께서 다른 사람들의 영혼에 이러한 은혜들을 베풀어 주신다는 사실을 생각하면서 화를 내는 사람들에게는 겸손과 이웃에 대한 사랑이 부족하다고 확신합니다. 우리가 받을 몫을 빼앗아가지 않으시는 하나님께서 그 은혜를 다른 형제에게 주신다 해서 기뻐하지 못할 이유가 어디 있겠습니까? 오히려 존엄하신 그분이 원하시는 대로 자신의 위대하심을 나타내시는데 대해서 기뻐하는 것이 마땅하지 않겠습니까? 마치 사도들이 "이 사람이 소경으로 난 것이 뉘 죄로 인함이오니이까 자기오니이까 그 부모오니이까"(요한복음 9:2)라고 주님께 물었을 때, 주님께서 그 소경의 눈을 뜨게 해 주신 후에 말씀하신 것처럼, 주님께서는 종종 전적으로 자신의 위대하심을 드러내시기 위해 종종 은혜를 베푸십니다. 하나님께서는 특정한 영혼들에게는 이런 은혜를 베풀지 않으십니다. 그것은 사도 바울과 막달라 마리아의 경우에서 볼 수 있듯이, 그들이 그런 은혜를 받지 않은 사람들 보다 더 거룩하기 때문입니다. 이것은 자신의 위대하심을 드러내시기 위한 것입니다. 그래서 우리가 하나님의 피조물을 통하여 그분께 영광을 돌릴 수 있게 하시는 것입니다.

6. 이러한 은혜를 언급하는 이유

사람들은 이런 일들이 불가능한 것처럼 보이므로, 믿음이 약한 사람들이 실족하지 않도록, 그런 것들에 관해서 언급하지 않는 게 최선이라고 말할 지도 모르겠습니다. 하지만 이런 은혜를 받는 영혼들을 일깨우기를 그만 두는 것 보다는, 믿음이 약한 사람들이 우리를 불신하는 것이 더 낫습니다. 일깨움을 받은 영혼들은 너무도 전능하시고 위대하신 하나님을 보고 기뻐하며, 그분의 은혜를 인하여 더 즐거워하고, 그분을 더 사랑하게 될 것입니다. 여기에서 내가 그런 문제들을 다루는 것이 내 글을 읽는 사람들에게 충격을 줄 염려는 없으리라고 생각합니다. 그들은 하나님께서 자신의 사랑에 대한 더 큰 증거들을 주신다는 사실을 알고, 믿기 때문입니다. 여러분 중에 이런 일의 진실성에 의심을 품는 사람이 있다면, 하나님께서는 절대로 그 사람이 체험을 통하여 그것을 배울 수 있도록 허락하지 않으실 것이라고 확신합니다. 하나님께서는 자신의 역사에 아무런 제한이 가해지지 않기를 바라시기 때문입니다. 그러므로, 여러분의 불신앙 때문에 그 은혜를 불신하는 일이 없도록 하십시오.

7. 성의 입구

이제 우리의 아름답고 매력적인 성으로 되돌아가서, 어떻게 하면 그리로 들어갈 수 있는 지를 살펴보기로 합시다. 어쩌면 이것은 어울리지 않는 일처럼 보일 수도 있습니다. 만일 이 성이 영혼이라면, 아무도 그 안으로 들어갈 필요가 없습니다. 성이 그 사람 자체이기 때문입니다. 그렇게 되면, 이미 방 안에 있는 사람에게 그 안으로 들어가라고 말하는 것과 다름이 없습니다! 하지만 이 성 안에 거하는 방법에는 여러 가지가 있습니다. 많은 영혼들은 파수병들이 서 있는 성의 뜰에만 머물러 있습니다. 그래서 더 안으로 들어갈 마음도 없고, 그처럼 마음에 드는 성 안에 어떤 분이 살고 계시는지, 그 안에 무엇이 들어 있는지, 방은 몇 개나 되는 지를 알려고 하지도 않는 것입니다.

8. 자기 안으로 들어가기

여러분이 읽은 기도에 관한 책들은 영혼에게 "그 자체 안으로 들어가라"고 조언합니다. 이것이 제가 의미하는 바입니다. 나는 최근에 어느 위대한 신학자로부터 기도하지 않는 영혼은 마치 손과 발이 말을 듣지 않는 중풍병자나 불구자와 같다는 말을 들은 적이 있습니다. 마찬가지로, 너무 허약하고 세속적인 문제 만을 생각하는데 익숙해져서 치료할 방도가 없는 것처럼 보이는 영혼들이 있습니다. 그 영혼들이 자신의 마음 속으로 들어가는 것은 불가능해 보입니다. 파충류와 성 밖에 사는 다른 생물들에게 익숙해진 그들은 마침내 그것들의 습관을 모방하기에 이르렀습니다. 이러한 영혼들은 본성적으로, 귀하고 하나님과 사귈 수 있는 능력을 가졌다 할지라도, 이제는 희망이 없어 보입니다. 그런 영혼들이 그런 비참한 상황을 깨닫고, 스스로 바로잡으려는 노력을 하지 않는다면, 마치 롯의 아내가 하나님의 명령에 불순종하여 뒤를 돌아보아 소금 기둥이 된 것처럼, 그들의 정신도 전혀 움직일 수 없게 될 것입니다.

9. 기도

　내가 이해할 수 있는 한, 이 성으로 들어가는 문은 기도와 묵상입니다. 나는 구송 기도(vocal prayer)보다 정신 기도(mental prayer, 또는 묵상 기도)를 더 내세우지 않습니다. 어떤 기도를 드리든지 반드시 정신이 개입해야 하기 때문입니다. 누구에게 기도를 드리는지, 무엇을 구하는지, 감히 하나님께 말씀을 드리는 사람이 누구인지를 고려하지 않는다면, 그 사람이 입술로 아무리 많은 말을 내뱉더라도, 나는 그것을 기도라고 부르지 않습니다. 물론 이런 사항들을 일일이 고려하지 않더라도, 평소에 실천한 결과로 경건한 기도를 드릴 수 있습니다. 전능하신 하나님과 대화를 나누면서도 마치 자기 종에게 하듯이 자유롭게 말하는 습관을 기도라고 부를 수는 없습니다. 말이 적절한지의 여부는 신경 쓰지 않고, 암기적으로 자주 반복해서 익힌 대로 가장 먼저 떠오르는 생각을 하나님께 말씀드리는 것을 기도라고 할 수는 없는 것입니다. 하나님께서 이런 식으로 자신에게 말하는 사람들이 없게 해 주시기를 바랍니다. 나는 존엄하신 하나님께서 여러분 중에 아무도 이렇게 하지 못하도록 막아 주실 것이라고 믿습니다. 우리 수도회에서 영적인 문제들에 관해서 대화하는 습관은 그런 악한 방식들을 막아주는 훌륭한 방책입니다.

10. 첫 번째 방에 사는 사람들

불구가 된 이러한 영혼들에 대해서는 더 이상 언급하지 맙시다. 그런 영혼들은 주님께서 삼 십년 이상을 벳세다 연못가에서 지낸 사람에게 그렇게 하셨듯이, 일어나라고 명하시지 않는 한, 가장 비참하고도 위험한 상태에 빠져 있습니다. 이제 우리는 최소한 성의 뜰 안으로 들어가는 사람들에 대해 생각해 보고자 합니다. 그들은 여전히 매우 세속적이지만, 바르게 행하고자 하는 갈망을 어느 정도 지니고 있습니다. 드물기는 하지만, 하나님의 돌보심에 자신을 맡기기도 합니다. 그들은 이따금씩 자기 영혼에 관해서 생각합니다. 몹시 바쁜 와중에도, 한 달에 몇 번씩 기도를 드리기도 하지만, 그들의 정신은 수천가지 다른 것들로 가득 채워져 있습니다. 보물이 있는 곳에 마음도 있기 때문입니다. 때때로 그들은 이런 염려들을 제쳐 두기도 합니다. 그들이 자신의 영혼의 상태를 어느 정도 깨닫고, 자기가 따라 가는 길을 통해서는 절대로 그 문에 이를 수 없음을 깨닫는 것은 매우 유익한 일입니다.

11. 첫 번째 방에 들어 감

그들은 결국 성의 지하에 있는 첫 번째 방에 들어가게 됩니다. 하지만, 더러운 파충류들도 따라 들어가서 그들의 평안을 어지럽히고 성의 아름다움을 보지 못하게 합니다. 하지만 성 안으로 들어간 것만으로도 여전히 대견한 일입니다.

12. 어려운 주제

여러분이 하나님의 은혜로 성 안에 더 깊이 들어 갔기 때문에, 이 모든 것이 여러분과 무관하다고 생각할 지도 모르겠습니다. 하지만, 참고 내 말을 들어주기 바랍니다. 다른 방법으로는 기도와 관련된 영적인 문제들을 여러분에게 이해시켜 줄 수 없기 때문입니다. 우리 주님께서 나로 하여금 적절한 말을 할 수 있게 해주시기를 바랍니다. 이 주제는 그런 은혜를 체험한 적이 없는 사람들에게는 가장 이해하기가 가장 어렵습니다. 반면에 하나님의 자비로 그런 은혜를 받은 사람이라면, 우리에게 전혀 적용되지 않을 주제들을 다루는 것이 얼마나 불가능한 일인 지를 알 것입니다.

2장

하나님께서 누군가에게 계시하신 대죄(大罪, mortal sin, 죽음에 이르는 죄)에 빠져 있는 영혼의 추한 모습을 묘사한다. 자기를 아는 지식(self-knowledge)을 설명한다. 이 장은 중요한 요점들을 담고 있어 유익하다. 성에 있는 방들에 대해 설명한다.

1. 대죄의 영향

이야기를 전개하기에 앞서, 이렇게 장엄하고 아름다운 성, 동방의 진주, 하나님 자신을 상징하는 생수 옆에 심겨진 생명의 나무가 대죄를 지을 때 어떻게 되는 지를 생각해 보기를 바랍니다. 그렇게 어두운 밤이 없고, 그렇게 암울하고 깜깜한 어둠과 비할 수 있는 것도 없습니다. 물론 수정이 햇빛을 반사하듯이, 영혼은 하나님의 임재를 누리기에 합당합니다. 하지만 영혼을 그토록 빛나고 아름답게 밝혀주었던 영혼의 중심에 있는 태양이 완전히 빛을 잃었다고 말하는 것으로 충분합니다.

2. 대죄는 영혼이 공로를 세우지 못하게 방해한다

대죄에 빠진 영혼은 아무런 유익을 얻을 수 없습니다. 아무리 선을 행하더라도, 그 영혼은 영원한 상급을 얻을 수 없습니다. 그 선행이 만물의 근원이 되시는 하나님에게서 비롯된 것이 아니기 때문입니다. 우리의 덕은 오직 그분을 통해서만 참된 덕이 될 수 있는 것입니다. 그분과 분리된 영혼은 더 이상 그분을 기쁘시게 하지 못합니다. 하나님을 기쁘시게 하는 대신에, 대죄를 범하기 때문입니다. 그 영혼은 어둠의 왕인 마귀를 기쁘게 하기를 더 좋아하고, 마귀의 어둠을 공유하게 됩니다. 주님께서는 내가 아는 어떤 사람에게 대죄의 결과를 보여주셨습니다. 그녀는 그 결과를 깨달은 사람은 결코 그런 죄를 지을 수 없을 것이며, 그것을 상상할 수 없는 고통을 겪더라도 그것을 피할 것이라고 생각했다고 말했습니다. 이러한 환상을 본 그녀는 모든 사람들이 이런 진리를 파악했으면 좋겠다고 간절히 바라게 되었습니다. 무분별하게 살면서 어둠의 일을 행하는 죄인들을 위해 간절히 기도하기를 여러분에게 간청합니다.

3. 나무에 비유한 영혼

은혜를 받은 영혼은 맑은 물로 가득 찬 우물과 같습니다. 그 우물에서는 투명한 수정 같은 물줄기가 흘러나옵니다. 그 영혼은 하나님과 사람들을 기쁘게 합니다. 그 영혼은 생명 강 가에 심겨진 나무와 같습니다. 그렇지 않다면, 그 영혼은 잎이나 열매를 맺지 못할 것입니다. 은혜의 샘물이 그 영혼을 양육하고, 가뭄에도 시들지 않게 하며, 좋은 열매를 맺게 하기 때문입니다. 하지만 죄를 범한 영혼은 이러한 생명의 물줄기를 떠나, 시커멓고 냄새나는 웅덩이 옆에 자라, 역겹고 해로운 열매를 맺게 됩니다.

그 광채와 아름다움을 잃어버린 것은 태양과 샘물이 아니라는 사실을 주목해야 합니다. 그것들은 영혼의 한 가운데 자리잡고 있어서 그 광채를 잃어버릴 수 없기 때문입니다. 빛을 잃은 영혼은 햇살이 비치는 가운데 두꺼운 어두운 천을 덮은 수정과 같습니다. 그 결과로 그 수정은 아무리 햇빛이 밝게 비춰도 절대로 빛을 반사할 수 없는 것입니다.

4. 대죄에 빠진 영혼의 무질서

예수 그리스도의 피로 구속받은 영혼들이여, 이런 것들을 마음에 새기고, 스스로를 불쌍히 여기십시오! 여러분의 불쌍한 처지를 깨닫는다면, 어떻게 수정 같은 여러분의 영혼에서 어둠을 제거하려고 애를 쓰지 않을 수 않겠습니까? 죽음이 지금 여러분을 취해간다면, 다시는 이러한 태양 빛을 즐길 수 없을 것이라는 사실을 기억하십시오! 오 예수여! 빛을 빼앗긴 영혼을 지켜보는 것이 얼마나 슬픈 일인지요! 이 성에 있는 방들이 처한 상황이 얼마나 비참한지요? 감각들-영혼을 통제하는 이 성의 거주자들인 치안 판사들과 통치자들과 집사들-이 얼마나 눈이 멀고 무질서한지요? 한 마디로, 그 나무가 심겨진 땅이 마귀의 영역에 속하는데, 그 열매가 어떻게 악하지 않을 수 있겠습니까? 영적 통찰력이 뛰어난 어떤 사람이 그런 영혼의 악한 행위에 놀라기 보다는, 오히려 그 영혼이 더 악한 죄를 범하지 않은 것을 보고 놀랐다고 내게 말한 적이 있습니다. 자비하신 하나님께서 우리를 그러한 엄청난 악에서 구해주시기를 바랍니다. 이 세상의 어떤 것도 이런 죄와 비교하면 악이라는 이름을 받을 자격이 없기 때문입니다. 이런 죄는 우리를 영원한 악에 넘겨줄 수 있습니다.

5. 악한 영혼의 환상

이것이 우리가 두려워하고, 하나님께 건져 주시도록 기도해야 할 죄입니다. 우리는 참으로 연약하며, 그분이 지켜주지 않으시면 성을 지키는 우리의 수고가 헛될 것이기 때문입니다. 내가 언급한 사람은 자신에게 허락된 환상으로부터 두 가지를 배웠다고 말했습니다.

첫째로, 하나님께 범죄하는 것을 크게 두려워하게 되었습니다. 그녀는 죄의 결과가 얼마나 끔찍한 지를 본 후에, 죄에 빠지지 않게 해 달라고 하나님께 끊임없이 간구했습니다. 둘째로, 그 환상은 그녀에게 겸손을 가르쳐 주는 거울이 되었습니다. 그녀는 우리 안에서는 선한 것이 전혀 나오지 않는다는 사실을 깨달았습니다. 다만 그 영혼이 강가에 심겨진 나무처럼 남아 있을 때, 은혜의 샘물로부터, 그리고 우리가 하는 일에 생명을 불어넣어 주는 태양으로부터 선한 것이 나온다는 사실을 깨달았습니다. 그녀는 이런 사실을 너무나 생생하게 깨달았기 때문에 자기 자신이나 다른 사람들이 선을 행하는 것을 보는 순간, 그 근원인 하나님을 찬양하기 시작했습니다. 그녀는 그분이 없이는 우리가 아무것도 할 수 없다는 사실을 잘 알고 있었습니다. 그녀는 선한 일을 할 때, 보통 자기 자신이 아니라 오직 하나님 만을 생각합니다.

6. 이러한 교훈이 주는 유익

이러한 두 가지 진리를 배울 수 있었다면, 이런 주제에 관해 읽거나, 쓰는데 들인 시간은 헛되지 않을 것입니다. 학식 있고 똑똑한 남자들은 그 진리들을 완벽하게 알고 있지만, 여자들은 지혜가 둔해서 모든 면에서 도움을 필요로 하기 때문입니다. 아마도 이것이 우리 주님께서 나에게 이러한 비유를 암시해 주신 이유일 것입니다. 하나님께서 이러한 비유를 통해서 유익을 얻을 수 있게 해 주시기를 바랍니다.

7. 기도

이러한 영적 문제들은 너무 모호해서, 나처럼 무지한 사람들에게 설명하기 위해서는 요점에 이르기 전에 불필요한 말을 많이 할 수밖에 없습니다. 주제에서 동떨어진 말을 해야 할 때도 있습니다. 내 글을 읽는 독자들은 참아 주기 바랍니다. 스스로 이해하지 못한 것을 쓰는 내게도 인내가 필요합니다. 나는 무슨 말을 해야 할지, 어떻게 시작할지를 모르는 채, 바보처럼 종이를 펼칠 때도 있습니다. 이러한 영적인 주제들을 여러분에게 설명하기 위해 내가 최선을 다해야 한다는 것은 의심할 수 없는 사실입니다. 사람들이 기도가 우리의 영혼을 위해 얼마나 유익한지를 언급하는 말을 종종 듣게 되기 때문입니다. 우리 수도회의 회칙에 따르면, 우리는 하루 중의 아주 많은 시간 동안 기도해야 합니다. 하지만 어떻게 기도를 드려야 하는지, 하나님께서 기도를 통하여 우리 영혼 안에서 어떻게 역사하시는지에 대해서는 거의 아무것도 말해주는 바가 없습니다. 따라서 우리 안에 있는 이러한 천상의 건물을 여러가지 방식을 사용하여 설명하는 것은 큰 도움이 될 것입니다. 사람들은 이 건물에 자주 드나들기는 하지만, 그 건물에 대해 거의 이해하지 못하고 있습니다. 우리 주님께서는 내가 이전에 그런 문제들에 관해 글을 쓸 때, 그것들을 어느 정도 이해할 수 있는 은혜를 주셨습니다. 하지만 지금은 더 어려운 문제들을 특별히 더 잘 이해하고 있다고 생각합니다. 불행하게도, 그런 주제들을 다루기에는 내가 너무도 무지해서 잘 알려진 많은 것을 언급할 수밖에 없습니다.

8. 아름다운 성

이제 드디어 많은 방이 있는 우리의 성으로 되돌아갑시다. 여러분은 이 방들이 한 줄로 늘어서 있는 모습을 생각해서는 안 됩니다. 여러분은 왕이 거주하는 궁정에 시선을 고정해야 합니다. 가장 중요한 이 방은 먹을 수 있는 부분이 나오기 전에 여러 번 껍질을 벗겨야 하는 팔미토(palmito, 잎이 부채꼴인 종려나무의 일종으로 그 속살은 매우 맛이 있다-역자주)의 열매처럼 많은 방들로 둘러싸여 있습니다. 이 성은 너무나 크고 웅장하고 넓어서 과장하고 싶어도 할 길이 없습니다. 영혼의 능력은 우리의 이해력을 초월합니다. 그리고 이 궁전 안의 태양은 영혼의 모든 부분을 밝혀줍니다.

9. 자기를 아는 지식

많든 적든 기도에 헌신하는 영혼은 무슨 일이 있더라도 좁은 범위 안에 갇혀 있어서는 안 됩니다. 하나님께서는 영혼에 큰 위엄을 부여하셨습니다. 그러므로 영혼으로 하여금 가장 낮은 곳에서부터 가장 높은 곳까지, 그 성 안에 있는 여러 방들을 마음껏 드나들게 하십시오. 같은 방에 너무 오래 머물도록 강요하지 마십시오. 그것이 자기를 아는 지식(self-knowledge)의 방이라 하더라도 말입니다. 하지만 자기를 아는 지식은 없어서는 안 되는 것임을 명심하십시오. 자기를 아는 지식은 하나님께서 자신과 같은 방에 거하도록 데려가시는 사람들에게도 필요한 것입니다. 아무리 높이 올려진 영혼일지라도, 자신이 아무것도 아니라는 사실을 기억하는 것만큼 영혼을 완전하게 만들어주는 것은 없습니다. 벌통에서 일하는 벌처럼 항상 겸손 하십시오. 그렇지 않으면 모든 것을 잃게 될 것입니다. 하지만 벌은 꽃을 찾기 위해 벌통을 떠난다는 사실을 기억하십시오. 영혼은 자기 관상(self-contemplation) 보다도 이런 방법을 통해 자신의 비천함을 더 잘 배우게 될 것입니다. 그리고 자기를 아는 지식을 습득하는 첫 번째 방에 들어오는 파충류들을 피하기가 한결 쉬울 것입니다. 자기 성찰을 하는 것은 하나님의 큰 은혜지만, 사람들이 말하듯이 "과유불급"입니다. 나를 믿으십시오. 하나님의 도우심으로 우리는 지상의 불쌍한 피조물인 우리 자신에게 시선을 고정하기 보다는 신성(the Divinity)을 관상함으로써 더 큰 진보를 이룰 수 있을 것입니다.

10. 하나님을 묵상함으로 자기를 아는 지식에 이르다

이만하면 설명이 제대로 되었는지 모르겠습니다. 자기를 아는 지식은 매우 중요하기 때문에 기도 중에 하늘로 들어올려 지더라도, 그것을 소홀히 해서는 안 됩니다. 세상에 사는 동안 겸손보다 더 필요한 것은 없기 때문입니다. 그러므로 나는 겸손을 실천할 수 있는 방에 먼저 들어가도록 애를 쓰는 것이 **좋은** 길일 뿐 아니라 **가장 좋은** 길이라는 사실을 반복해서 언급하는 것입니다. 그것이 한

번에 다른 방들로 달려가는 것보다 훨씬 더 좋은 길입니다. 이것이 바른 길입니다. 그 길을 따라 걷는 것이 얼마나 쉽고 안전한지 안다면, 날 수 있도록 날개를 달라고 요구할 이유가 어디 있겠습니까? 차라리 속히 전진하는 법을 배우도록 합시다. 나는 하나님을 알고자 노력함이 없이는 절대로 우리 자신을 알지 못할 것이라고 믿습니다. 그분의 위대하심을 바라볼 때, 우리는 스스로의 비천함에 충격을 받게 됩니다. 또한 그분의 순결하심은 우리의 추함을 드러냅니다. 그리고 우리는 그분의 겸손하심을 묵상함으로써, 우리가 겸손에서 얼마나 멀리 떨어져 있는 지를 발견하게 됩니다.

11. 그런 묵상의 장점

이러한 실천을 통하여 얻을 수 있는 유익이 두 가지 있습니다. 첫째로, 흰색은 검은 것 근처에 있을 때 훨씬 더 희게 보이고, 반대로 검은색은 흰 것 옆에 있을 때 가장 검게 보인다는 것입니다. 둘째로, 시선을 우리 자신에게서 하나님께로 돌릴 때, 우리의 이해력과 의지는 더욱 고결해지고, 모든 면에서 선을 행할 수 있게 됩니다. 우리 자신의 허물의 구렁텅이에서 우리의 정신을 건져 올리지 않는 것은 매우 해로운 일입니다. 나는 대죄에 빠진 영혼의 근원에서 솟아나는 물줄기가 얼마나 더럽고 악취가 심한지를 앞에서 묘사했습니다. 이것은 실제와 동일한 사례라는 의미는 아닙니다. 이것은 단지 비교일 뿐입니다. 따라서 우리가 우리의 연약한 세속적 본성을 계속 묵상하는 동안, 우리 영혼의 샘물은 소심하고, 약하고, 비겁한 생각의 수렁에서 결코 자유롭게 흘러나올 수 없을 것입니다. 그런 생각들 중에는 이런 것들이 있습니다. "사람들이 나를 알아봐 줄까? 이 길을 가는 것이 나에게 해롭지는 않을까? 감히 이 일을 시작해도 될까" 내가 너무 주제넘은 것은 아닐까? 나처럼 허물이 많은 사람이 이렇게 숭고한 주제에 대해서 말하는 것이 옳은 일일까? 내가 두드러진 모습을 나타내면 사람들이 나를 높게 평가하지 않을까? 덕에 있어서도, 극단적인 것은 나쁜 거야. 나같이 죄가 많은 사람은 더 타락하고 말 거야. 아마 난 실패해서 선한 사람들에게 걸림돌이 될 거야. 나 같은 사람에게 특출한 것이 있을 리가 없어."

12. 그리스도는 우리의 모범이 되신다

마귀가 이런 생각들을 불러 일으키는 바람에 얼마나 많은 영혼들이 손실을 입었습니까! 사람들은 이런 생각들과 이와 같은 종류의 다른 많은 생각이 겸손에서 비롯된 것이라고 생각합니다. 이것은 우리 자신의 본성을 이해하지 못한 데서 오는 오해입니다. 우리의 자기를 아는 지식은 왜곡되기 쉽습니다. 따라서 우리 자신에 대한 생각을 버리지 않는 한, 이러한 두려움과 더 나쁜 두려움이 우리를 위협한다고 해도 나는 놀라지 않습니다. 따라서 나는 우리의 유일한 선이 되시는 그리스도와 그분의 성인들에게 우리의 시선을 고정시켜야 한다고 주장합니다. 그럴 때 우리는 진정한 겸손을 배우게 될 것입니다. 또한 우리의 정신이 고귀해짐으로 말미암아, 우리가 자기를 아는 지식으로 인해 비천해지거나, 비겁해지는 일이 없을 것입니다. 이것은 첫 번째 방에 불과하지만, 이 방에는 많은 재물과 보물이 들어 있습니다. 따라서 이곳에 서식하는 파충류를 피하기만 하면, 영혼은 틀림없이 더 멀리 전진할 수 있습니다. 그래서 마귀는 사람들이 자신의 약점을 깨닫지 못하고, 자신이 쳐 놓은 올무를 발견하지 못하도록 온갖 끔찍한 전략과 계략들을 아끼지 않는 것입니다.

13. 마귀는 초심자를 함정에 빠뜨리려 한다

이 첫 번째 방에서 일어나는 일에 대해서는 내 경험에 비추어 상당히 많은 정보를 제공할 수 있습니다. 나는 우선 소수의 방이 아니라 여러 개의 방이 있다고 상상해야 한다는 사실을 언급하고자 합니다. 영혼은 언제나 좋은 의도를 가지고, 다양한 방법으로 그 방들에 들어가기 때문입니다. 이런 사실에 몹시 화가 난 마귀는 그리스도인들의 진보를 막기 위해 악령의 군대를 방마다 숨겨둡니다. 마귀는 이런 사실을 모르는 그리스도인들을 수천 가지 방법으로 함정에 빠뜨리려 합니다. 마귀는 하나님께 더 가까이 거하고 있는 영혼들은 쉽게 속일 수 없습니다. 하지만 여전히 세상과 세상의 쾌락에 빠져 있고, 그 명예와 야욕을 갈망하는 초심자들은 쉽게 속일수 있습니다. 왕이신 하나님께서 그들에게 주신 감각과 능력들은영혼의 신하와 같아서 연약합니다. 그런 사람들은 하나님께 범죄하기를 바라지 않지만 쉽게 정복되고 맙니다.

14. 우리의 힘은 하나님에게서 임해야 한다

이런 상태에 있음을 의식하는 사람들은 되도록이면 자주 하나님과 복된 성모(聖母), 그리고 성인들에게 자기를 대신해서 싸워 달라고 간청해야 합니다. 우리 피조물들에게는 자기를 방어할 힘이 거의 없기 때문입니다. 우리가 삶의 어떤 상태에 처해 있든지, 우리의도움은 하나님으로부터 임해야 합니다. 자비로우신 하나님께서 도움을 베풀어 주시기를 간구합니다. 아멘! 우리는 얼마나 비참한 삶을 살고 있습니까! 겸손과 자기를 아는 지식을 무시하는 것이 초래하는 문제는 다른 글에서 충분히 다뤘기 때문에, 여기서는 더 이상언급하지 않겠습니다. 하나님께서 내가 한 말이 여러분에게 유익할수 있게 해주시기를 기원합니다.

15. 죄는 영혼의 눈을 멀게 한다

왕의 궁전에서 나오는 빛이 이 첫 번째 방에서는 거의 빛나지 않는다는 사실을 주목해야 합니다. 비록 대죄에 빠진 영혼의 경우처럼 우중충하고 어둡지는 않지만, 그 방은 반쯤 어둡고, 그 안에 거하는 사람들은 거의 아무것도 볼 수 없습니다. 어떻게 설명해야 할지 모르겠습니다. 이것은 방 자체에 잘못이 있음을 의미하지 않습니다. 이것은 성 밖에서 들어오는 수많은 뱀과 독사와 독이 있는 파충류들이 영혼이 그 빛을 보지 못하도록 방해하기 때문입니다. 그들은 먼지로 반쯤 눈이 감긴 채로 찬란한 햇살이 가득한 방에 들어가는 사람과 비슷합니다. 방 자체는 밝지만, 스스로 초래한 장애로 인해 그 사람은 아무것도 볼 수 없습니다. 마찬가지로, 사납고 난폭한 이런 짐승들이 초심자의 눈을 멀게 하여 그 짐승들 외에는 아무것도 볼 수 없게 되는 것입니다.

16. 세속적인 것

내가 보기에 그런 영혼은 대죄에 빠진 상태는 아니지만, 너무나 세속적이며, 이 세상의 부와 명예와 문제들에 빠져 있습니다. 따라서 그런 영혼은 자체 안으로 들어가 그 성의 아름다움을 즐기고 싶어도, 이런 것들의 방해를 받아 너무도 많은 장애물을 극복하지 못하는 것처럼 보입니다. 두 번째 방에 들어가기 위해서는 자신의 직

업과 신분에 따르는 의무들에 부합하는 한, 모든 불필요한 근심과 일들을 멀리하는 것이 가장 중요합니다. 이것은 너무나 본질적인 것이라서 즉시 실행에 옮겨야 합니다. 그렇게 하지 않는 한, 어느 누구도 가장 중요한 방에 도달할 수 없을 것이라고 생각합니다. 혹은 이미 얻은 것까지 잃어버리는 큰 위험 부담이 없이는 자기가 처한 자리에 머무는 것도 불가능할 것입니다. 비록 성 안으로 들어와 있다 하더라도, 주변을 둘러싸고 있는 독이 있는 생물들에게 한 두 번은 물릴 수밖에 없을 것이기 때문입니다.

17. 수도원의 상황

만일 우리 같은 종교인들이 이러한 장애물을 벗어나서 더 은밀한 방으로 들어간 후에, 우리 탓으로 이 모든 혼란 속으로 돌아간다면 어떻게 되겠습니까? 하나님께서 큰 은총을 베푸신 많은 사람들이 죄로 인하여 다시 비참한 상태로 돌아가게 되었습니다. 수녀원에 있는 우리는 이러한 외부의 악에서 자유롭습니다. 하나님께서 우리의 정신을 그런 악에서 해방시켜 주시고, 그러한 질병에서 우리를 구원해 주시기를 간구합니다.

18. 마귀의 공격

여러분과 상관없는 걱정거리로 속을 썩이지 마십시오. 이 성에 있는 거의 모든 방에서 마귀와의 싸움이 계속되고 있다는 사실을 주목하십시오. 사실, 내가 설명했듯이, 어떤 방에서는 파수꾼들, 즉 영혼의 능력들이 싸울 힘을 가지고 있습니다. 하지만 우리는 마귀의 권모술수를 날카롭게 경계해야 합니다. 마귀가 빛의 천사로 가장하고 우리를 속이지 못하게 합시다. 마귀는 헤아릴 수 없이 많은 방법으로 서서히 몰래 기어들어와 우리에게 많은 해를 끼칩니다. 때로 그것을 너무 늦게 발견하지만 말입니다.

19. 마귀의 책략의 예

내가 다른 곳에서 언급했듯이, 마귀는 은밀하고 조용히 사물을 깎아내는 줄(file)처럼 역사합니다. 그가 어떻게 책략을 도모하는지를 보여 주는 몇 가지 예를 들어보겠습니다. 예를 들면, 어떤 수녀는 어떤 식으로든 자신을 괴롭혀야만 평화를 느낄 만큼 고행을 갈망합니다. 이것은 그 자체로는 훌륭한 일입니다. 하지만 그녀는 수도원 원장이 특별한 허가 없이는 고행을 하지 않도록 명했음에도 불구하고, 이런 훌륭한 일을 위해서는 감히 그 원장의 명령을 거역해도 괜찮을 것이라고 생각합니다. 그래서 그런 생활을 계속함으로 건강을 잃고, 규칙에 따르는 의무들도 지키지 못하게 됩니다. 좋은 일이 이렇게 끝나는 모습을 보게 되는 것입니다.

또 다른 수녀는 종교적으로 완전함에 이르려고 열의를 다합니다. 이것도 아주 훌륭한 일입니다. 하지만 그녀는 다른 자매들의 사소한 결점 마저도 심각한 범죄처럼 생각하게 됩니다. 그러는가 하면, 자매들이 무슨 잘못을 범하는지 끊임없이 지켜보다가, 심지어는 원장에게 달려가서 고자질을 하기도 합니다. 그와 동시에, 그녀는 다른 사람들이 종교적인 의무들을 지키는데 지나친 관심을 가지다 보니, 자신의 결점은 전혀 알아채지 못할 수 있습니다. 반면에, 그녀의 의도를 모르는 자매들은 끊임없이 자기를 지켜보는 그녀의 행동을 좋지 않게 받아들일 것입니다.

20. 완덕은 사랑으로 이뤄진다.

여기서 마귀의 주된 목표는 수녀들 사이의 사랑과 애정을 차갑게 식혀서 그들에게 심각한 상처를 입히는 것입니다. 참된 완덕은 하나님과 이웃에 대한 사랑으로 이뤄진다는 사실을 명심하십시오. 이러한 가지 계명을 더 잘 지킬수록, 우리는 더 완전해질 것입니다. 우리의 회칙과 회헌(Constitutions)의 유일한 목적은 이 두 가지 계명을 지킬 수 있도록 돕는 것입니다.

21. 무분별한 열심

다른 사람들에 대한 무분별한 열심에 탐닉해서는 안 됩니다. 그것은 우리에게 많은 해를 끼칠 수 있습니다. 각자 자신을 돌아보십시오. 하지만 이 주제에 대해서는 다른 곳에서 충분히 말했기 때문에, 여기서는 더 상세하게 언급하지 않을 생각입니다. 다만 상호 간의 이러한 애정이 반드시 필요하다는 사실을 기억하도록 간청할 뿐입니다. 우리가 다른 사람들의 동기를 잘못 해석하는 나머지 실제로 전혀 문제가 되지 않는 행동을 늘 비판한다면, 우리의 영혼은 평화를 잃고 다른 사람들의 평화까지 어지럽힐 수 있습니다. 완덕에 이르기 위해 치르는 대가를 보십시오! 때때로 마귀는 수녀들로 하여금 수도원장의 언행에 대해서도 이런 식으로 지나친 관심을 기울이도록 유혹합니다. 이것은 훨씬 더 위험한 일입니다. 물론 원장이 회칙이나 회헌을 따르지 않을 경우, 그 문제를 항상 간과해서는 안 됩니다. 오히려 원장에게 그 문제를 언급해야 합니다. 이렇게 한 후에도 문제가 개정되지 않을 경우에는, 수도회의 원장에게 보고를 해야 합니다. 이런 경우에는 말을 하는 것이 진정한 사랑입니다. 그것은 우리 자매들이 심각한 잘못을 범할 때, 두려운 나머지 침묵을 지키는 것이 사랑을 거스르게 하는 유혹이 되는 것과 마찬가지입니다.

22. 험담의 위험

하지만, 마귀가 여러분을 미혹하지 않도록 이런 일들을 놓고 서로 말을 주고받는 일이 있어서는 안 됩니다. 그렇게 하는 경우, 마귀가 큰 유익을 얻게 될 것입니다. 그것이 험담을 하는 습관으로 이어질 수 있기 때문입니다. 오히려 내가 말했듯이, 이런 문제는 그것을 해결해야 할 의무가 있는 사람들에게 이야기하십시오. 거의 종신적인 침묵(perpetual silence)을 지키는 우리의 관습이 그러한 대화의 기회를 거의 제공하지 않는다는 사실에 하나님께 감사드립니다. 그래도 우리는 항상 경계의 끈을 풀지 않는 것이 좋습니다. (성인은 그 주제에 대해 자주 말했을 것이지만, 그녀는 절대로 이곳에서 그것을 더 자세히 다루지 않았습니다).

두 번째 방

1장

마지막 방에 들어가기 위해서는 인내가 매우 중요하다는 사실과 마귀가 우리를 상대로 벌이는 치열한 전쟁을 다루고 있다. 여행을 시작할 때부터 올바른 길을 택하는 것이 얼마나 중요한지를 알려 준다. 경험을 통해 입증된 매우 효과적인 행동 방식을 알려 준다.

1. 두 번째 방에 들어간 영혼

이제 어떤 영혼들이 두 번째 방에 들어가며, 거기서 무엇을 하는지를 생각해봅시다. 다른 곳에서 이미 충분히 다른 바 있기 때문에 이 주제를 상세히 설명하기를 바라지는 않습니다. 기억력이 좋지 않은 나로서는 어쩔 수 없이 내가 했던 말을 되풀이할 수밖에 없을 것입니다. 내 생각을 다른 방식으로 서술할 수 있다면, 여러분이 그것을 읽는데 지루함을 느끼지 않을 수도 있을 텐데 말입니다. 이런 주제를 다룬 책들이 많아도, 우리는 그런 책들을 읽는데 전혀 지겨움을 느끼지 않기 때문입니다.

2. 영혼들의 상태

그 성의 이 부분에서, 우리는 기도를 실천하기 시작한 영혼들을 만나게 됩니다. 그들은 첫 번째 방에 머물지 않는 것이 중요하다는 사실을 깨닫게 됩니다. 하지만, 그들에게는 죄를 범할 기회를 피함으로써 자신이 처한 상태를 떠나려는 결단이 부족합니다. 그것은 매우 위험한 상태입니다.

3. 그런 영혼들의 고통

하지만 그 영혼들이 때때로 주위에 있는 독사와 독충들을 잘 피할 수 있는 것은 큰 은혜입니다. 그리고 그것들을 피해야 할 필요성을 깨닫는 것도 큰 은혜입니다. 어떤 면에서 이 영혼들은 첫 번째 방에 있는 영혼들보다 훨씬 더 큰 고통을 겪습니다. 비록 그런 위험에 처해 있지는 않지만, 그런 위험성을 이해하고 성 안으로 더 깊이 들어갈 수 있으리라는 소망이 있기 때문입니다. 내가 이런 사람들이 더 큰 고통을 겪는다고 말하는 이유는 앞선 단계에 있는 사람들은 귀머거리와 같아서 말을 못하는데 대해서 그다지 괴로움을 겪지 않는 반면에, 들을 수는 있는데 말을 할 수 없는 사람들은 훨씬 더 큰 고통을 겪기 때문입니다. 그와 동시에, 귀머거리가 되지 않는 편이 낫습니다. 남의 말을 들을 수 있다는 것은 결정적인 이점입니다.

4. 그 영혼들은 스스로 불완전함을 없앨 수 없다

이 영혼들은 우리 주님께서 그들을 부르시는 소리를 듣습니다. 존엄하신 주님께서 거하시는 방에 점점 더 다가갈수록, 그분이 사랑이 넘치는 이웃이시라는 사실이 입증되기 때문입니다. 비록 그들이 이 세상의 오락과 일, 쾌락과 허영에 여전히 빠져 있음에도 불구하고 말입니다. 이런 상태에 있는 동안, 우리는 계속해서 죄에 빠지고 다시 일어납니다. 우리 가운데 있는 짐승들이 너무나 독이 있고, 사악하고, 위험하기 때문에, 그것들에 걸려 넘어지기를 피한다는 것은 거의 불가능한 일입니다. 하지만 긍휼과 자비가 풍성하신 우리 주님께서는 우리가 그분을 찾고, 그분과 동행하기를 바라십니다. 그래서 어떻게 하든지 우리를 자신에게 부르시기를 절대로 그치지 않으십니다. 그분의 음성이 어찌나 달콤한지, 가엾은 영혼은 그분의 부르심에 당장 응하지 못함을 인해 비탄에 잠깁니다. 내가 말했듯이, 그분의 음성을 들을 수 없었을 때보다 더 고통을 겪게 되는 것입니다.

5. 하나님께서 이 영혼들을 부르시는 방법

나는 이 방에서 받는 신적인 계시나 영감이 내가 나중에 설명할 것들과 동일하다는 의미로 이렇게 말하는 것이 아닙니다. 하나님께서는 경건한 사람들이 하는 말이나 설교, 좋은 책, 그리고 다른 많은 방법을 통하여 영혼들에게 말씀하십니다. 때때로 그분은 질병이나 문제를 통해서도 영혼들을 부르십니다. 때로는 기도 중에 가르치시는 진리를 통하여 영혼들을 부르시기도 합니다. 하나님께서는 그 영혼들이 자신을 찾는 데 열의가 없음에도 불구하고, 그들을 매우 소중히 여기시기 때문입니다.

6. 인내가 필수적이다

이러한 첫 번째 은혜를 가볍게 여기지 마십시오. 또한 우리 주님의 음성에 당장 응답하지 않았더라도, 풀이 죽지도 마십시오. 하나님께서는 며칠이 되었든 몇 년이 되었든 간에, 우리를 위하여 기꺼이 기다려 주십니다. 특히 우리의 인내와 우리의 마음 속에 있는 선한 갈망을 보실 때는 더욱 기다려 주실 것입니다. 여기서 가장 필요한 것은 줄기차게 인내하는 것입니다. 이로 인해 우리는 반드시 큰 유익을 얻을 것이기 때문입니다. 하지만 마귀는 이제 수천 가지 다른 방법으로 그 영혼을 맹렬히 공격합니다. 그 영혼은 이전보다 더 큰 고통을 당하게 됩니다. 이전에는 눈과 귀가 멀었거나,

최소한 거의 들을 수가 없었기 때문에, 승리에 대한 소망을 거의 모두 잃어버린 사람처럼 마귀의 공격을 받을 때 나약하게 저항할 수밖에 없었기 때문입니다.

7. 마귀의 유혹

하지만 여기서는 우리의 이해력이 더 예민해지고 영혼의 능력들이 더 빈틈없이 경계하기 때문에, 주변에서 들리는 싸우는 소리와 대포 소리를 피할 수가 없습니다. 이제 마귀는 수많은 파충류를 선동합니다. 다시 말하자면, 세상에 대한 생각과 세상이 주는 즐거움을 마치 끝이 없는 것처럼 묘사하며 우리에게 상기시키는 것입니다. 마귀는 우리가 존경하는 사람들, 우리의 친구들과 다른 관계들을 상기시킵니다. 그리고 이 방에 있는 영혼들이 항상 수행하기를 원하는 고행이 어떻게 우리의 건강을 해칠 수 있는지를 이야기해 줍니다. 간단히 말하면, 마귀는 우리가 가는 길에 수천 가지 장애물을 설치하는 것입니다.

8. 세상의 즐거움이라는 망상

오 예수님! 마귀가 불쌍한 영혼 속에서 얼마나 큰 소동을 일으키고 있습니까? 앞으로 나아 가야 할지, 아니면 첫 번째 방으로 돌아가야 할지 갈피를 잡지 못하는 영혼의 괴로움이 얼마나 크겠습니까? 반면에, 이성은 세속적인 것들을 과대평가하는 것이 망상임을 일깨워줍니다. 그와 동시에, 믿음은 영혼의 갈망을 유일하게 채워줄 수 있는 것이 무엇인지를 영혼에게 가르쳐 줍니다. 기억은 아무 걱정 없이 살았던 사람들의 죽음을 상기시켜 줌으로써 세상의 즐거움이 어떻게 끝나는지를 일깨워줍니다. 어떤 사람들은 갑자기 죽어, 이내 잊혀집니다. 한 때 호강하며 지냈던 사람들은 지금은 땅 속에 묻혀 벌레들의 먹이가 되고, 사람들이 그 무덤을 밟고 지나다닙니다. 정신은 그와 같은 많은 일들을 회상하게 되는 것입니다.

9. 하나님 만이 사랑을 받기에 합당하시다

의지는 우리 주님을 사랑하고, 그토록 다정하시고, 수없이 많은 사랑의 증거를 보여주신 그분께 돌아가기를 갈망합니다. 이렇게 신실하신 연인(戀人)께서는 끊임없이 영혼과 함께 임재 하시면서 동행하시고, 생명과 존재를 부여하심으로 자신의 사랑을 특별하게 증거하십니다. 이해는 아무리 오래 살더라도, 하나님보다 더 좋은 친구를 바랄 수는 없다는 사실을 일깨워 줌으로써 도움을 줍니다. 이해는 또한 세상은 거짓으로 가득 차 있으며, 마귀가 정신에게 묘사해주는 세속적인 쾌락은 괴로움과 근심과 골칫거리가 변장한 것에 지나지 않다는 사실을 일깨워줍니다.

10. 여행을 계속하는 이유

이성은 내면의 성 밖에서는 평화나 안전을 얻을 수 없음을 영혼에게 확신시켜줍니다. 그렇기 때문에 영혼은 밖에서 또 다른 집을 찾기를 그쳐야 합니다. 마음껏 즐길 수 있는 재물이 자신 안에 가득하기 때문입니다. 게다가 모든 사람이 자신의 거처에 자기에게 필요한 모든 것을 소유하고 있는 것은 아닙니다. 무엇보다도 탕자처럼 잘못된 길을 가고, 돼지의 먹이로 배를 채우는 선택을 내리지 않는 한, 영혼이 원하는 모든 것을 베풀어 주실 주인이 계십니다. 확실히 이런 주장들은 마귀의 계략을 물리치기에 충분할 정도로 강력합니다! 하지만 하나님이시여, 세속적인 습관들과 그것들을 따라 사는 사람들의 사례들이 끼치는 영향력이 모든 것을 망쳐버립니다! 우리의 믿음이 너무나 죽어 있는 나머지 눈에 보이는 것보다 믿음의 가르침을 덜 신뢰하지만, 우리는 세속적인 삶이 불행을 초래할 뿐이라는 사실을 보게 됩니다. 이 모든 것은 내가 묘사한 악독한 생각에서 비롯됩니다. 세심한 주의를 기울이지 않는 한, 독사에게 물리면 독이 퍼져 온 몸이 부풀어 오르듯이, 마귀가 영혼을 망가뜨릴 것입니다.

11. 마귀의 전쟁

이런 일이 일어날 때, 영혼을 치료하기 위해서는 분명히 정성스러운 돌봄이 필요합니다. 오직 하나님의 자비만이 죽음이 초래되는 것을 막을 수 있습니다. 영혼은 이때 극심한 시련을 통과하게 됩니다. 특히 마귀는 어떤 사람의 성품과 행동이 큰 진보를 이룰 것처럼 보일 때, 지옥을 총 동원하여 그 영혼을 돌이키려고 압박을 가할 것입니다. 오 나의 주님! 여기에 필요한 것은 당신의 자비입니다. 영혼이 미혹되어 선하게 시작한 일을 포기하지 않게 해주십시오. 영혼을 일깨워 주셔서 인내하며 바른 길을 가고, 나쁜 친구들을 멀리하는데 행복이 있음을 깨닫게 해주십시오.

12. 친구 선택의 중요성

초심자들에게는 영적인 삶을 사는 사람들과 어울리는 것이 가장 중요합니다. 자신과 같은 방에 있는 사람들 뿐 아니라 그 성 안으로 더 깊이 들어가 본 사람들과 교제하는 것이 중요한 것입니다. 그들이 그 영혼에게 큰 도움을 주고, 자기들과 합류하도록 이끌어 줄 것이기 때문입니다. 그 영혼은 결코 패배하지 않을 것이라고 단호하게 다짐해야 합니다. 그 영혼이 첫 번째 방으로 돌아 가느니 차라리 목숨과 안락 뿐 아니라 자기가 제공할 수 있는 모든 것을 잃겠다고 굳게 결심한 것을 보면, 마귀가 더 빨리 그 영혼에서 손을 뗄 것이기 때문입니다.

13. 용기가 필요하다

그리스도인들이여, 용기를 내십시오! (언제였는지는 기억이 나지 않지만), 전쟁터에 나갈 때 시내에서 무릎을 꿇고 물을 마신 사람들처럼 되지 마십시오(사사기 7:6 참조). 마귀의 군대와 나가 싸우리라고 결단하고, 십자가 보다 더 좋은 무기는 없음을 확신하십시오. 이미 언급한 바 있지만, 너무나 중요하기 때문에 다시 언급합니다. 시작부터 상급을 거둬들이는 데 대해서 생각하는 사람이 없도록 하십시오. 이것은 그토록 거대하고 위엄 있는 건물을 세우기를 시작하기에는 매우 졸렬한 방법이 될 것입니다. 모래 위에 짓는 집은 곧 무너지고 말 것이기 때문입니다(마태복음 7:26-27). 그렇게 하는 영혼은 낙심과 유혹으로 계속 고통을 겪게 될 것입니다. 이런 방에는 만나가 비처럼 내리지 않기 때문입니다. 더 깊은 곳으로 나아가는 영혼은 자신이 마주치는 모든 것을 기뻐하게 될 것입니다. 그 영혼은 하나님이 뜻하시는 것 만을 갈망하기 때문입니다.

14. 처음부터 영적인 위로를 얻을 것이라고 기대하지 말라

이 얼마나 우스꽝스러운 일입니까! 우리는 여전히 천 가지 장애물과 결점, 그리고 결함을 우리 안에 지니고 있습니다. 이제 막 생겨난 우리의 덕에는 행동으로 옮길 힘이 거의 없습니다(하나님께서 그 덕이 존재하도록 허락해 주십니다!). 그런데도 우리는 기도 중에 달콤함을 찾으며, 부끄럼 없이 메마른 느낌에 대해서 불평합니다.

15. 십자가에 힘이 있다

자매 여러분, 그렇게 행동하지 마십시오. 주님께서 어깨에 지신 십자가를 품에 안으십시오. 이것이 여러분의 좌우명이어야 합니다: "그리스도를 위한 것이라면, 가장 큰 고난을 받는 사람이 가장 행복한 사람이다!" 다른 모든 것은 부차적인 것으로 여겨야 합니다. 우리 주님께서 고난을 주신다면, 그분께 감사를 드리십시오. 하나님께서 내적인 위로를 주신다면, 여러분은 외부적인 시련을 단호하게 견뎌내는 여러분의 모습을 상상할 수 있을 것입니다.

하나님께서는 우리에게 무엇이 유익한 지를 가장 잘 아십니다. 그분이 어떻게 우리를 대하셔야 하는 지를 그분에게 조언하는 것은 우리가 할 일이 아닙니다. 그분은 우리가 무엇을 구하는지 모른다고 말씀하실 수 있는 권리를 가지고 계시기 때문입니다(마태복음 20:22). 이것이 정말로 중요하다는 사실을 기억하십시오. 기도를 실천하기 시작하는 유일한 목적은 시련을 견디고, 하나님의 뜻에 자신의 뜻을 맞출 것을 다짐하고 최선을 다해 노력하는 것입니다. 나중에 설명하겠지만, 영적인 삶 가운데 도달할 수 있는 가장 위대한 완전함은 오직 여기에 달려 있습니다. 이것을 가장 완벽하게 실천하는 사람은 하나님으로부터 가장 귀한 상급을 받을 것입니다.

그 사람은 바른 길을 가는 과정에서 가장 멀리 진보한 사람입니다. 그러 완전함을 얻기 위해 비밀스러운 공식이나 어떤 비술(祕術), 또는 신비로운 것이 필요하다고 생각하지 마십시오. 우리의 행복은 하나님의 뜻을 행하는 데 있습니다. 하나님께서 우리의 뜻을 따르시고, 우리가 가장 좋다고 생각하는 길로 인도해 주시기를 바라는 그릇된 원리에서 출발한다면, 어떻게 이 영적인 건물이 견고한 기초 위에 세워질 수 있겠습니까?

16. 넘어져도 더 높이 들어올려진다

우리의 최선을 다하도록 노력합시다! 독이 있는 파충류를 조심하십시오. 다시 말해서, 하나님께서는 종종 우리가 물리칠 수 없는 나쁜 생각과 기도 중에 겪는 메마름이 우리를 공격하여 괴롭히도록 허용하십니다. 어쩌면 우리는 그 파충류들이 우리를 무는 것을 실제로 느낄 수 있습니다! 그분은 이를 통해 우리가 미래에 더 경계를 늦추지 않도록 가르치시고, 그분께 범죄함으로 그분을 슬프게 한다는 사실을 깨닫게 하십니다. 이따금씩 죄에 빠지더라도 낙심하지 말고 계속 전진하십시오. 하나님께서는 우리의 넘어짐조차도 선으로 바꾸실 수 있기 때문입니다. 그것은 마치 해독제를 파는 사람이 우선 독을 마신 다음에 해독체를 마심으로 그 영약(靈藥)의 효과를 입증하는 것과 같습니다. 바로 이런 방법으로 우리의 결점을 깨달을 경우에, 이러한 영적 전투는 우리의 습관을 고칠 수 있도록 교훈을 주기에 충분할 것입니다. 그것은 또한 방탕한 삶으로부터 받는 상처를 보여줄 것입니다. 우리가 집에서 발견하는 악보다 더 큰 악이 어디에 있겠습니까? 우리 안에 평강이 없다면, 어디에서 평강을 찾을 수 있겠습니까? 원하든 원치 않든 간에, 항상 우리와 동행할 수밖에 없는 영혼의 능력만큼 우리에게 가깝고 친밀한 친구, 또는 친척이 어디 있겠습니까? 우리의 영혼은 마치 우리의 악덕이 그것에 끼친 피해를 알고, 우리에게 전쟁을 일으키고 있는 것처럼 보입니다. 자매 여러분, 우리 주님께서는 사도들에게 여러 차례에 걸쳐 친히 말씀하셨습니다. "나의 평안을 너희에게 주노라." 나를 믿으십시오. 집에서 이러한 평강을 보유하거나 추구하지 않는다면, 결코 밖에서 그 평안을 찾을 수 없을 것입니다.

17. 확신과 인내

아직 자기 안으로 들어가기를 시작하지 않은 사람들에게, 우리 주님께서 우리를 위해 흘리신 피를 의지하여 이러한 싸움을 멈추기를 간청합니다. 이미 옳은 길에 들어선 사람들에게는 싸움으로 인해 되돌아가는 일이 없기를 간청합니다. 되돌아가는 것은 넘어지는 것보다 더 나쁘다는 사실을 생각하십시오. 그리고 그것이 어떤 파멸을 초래할지를 깨닫도록 하십시오. 하나님의 자비하심을 확신하고, 자신을 신뢰하지 말아야 합니다. 그러면 그들은 하나님께서 어떻게 그들을 한 방에서 다른 방으로 인도하실 지를 알게 될 것입니다. 그분은 이러한 야수들이 더 이상 그들은 건드리거나 성가시게 할 수 없는 곳으로 그들을 인도하실 것입니다. 그 때 그 야수들은 마음대로 다스리고 조롱할 수 있는 대상이 될 것입니다. 그들은 더 바랄 수 없는 행복을 이 생으로부터 누리게 될 것입니다.

18. 거둠(Recollection)

이 책의 서두에서 언급했듯이, 나는 마귀가 여러분을 괴롭힐 때 어떻게 행동해야 하는지에 대해 다른 곳에서 설명한 바 있습니다. 나는 또한 거둠의 습관은 무력이 아니라 고요함을 통하여 얻는다는 사실을 언급했습니다. 고요함은 더 긴 시간 동안 거둠을 실천할 수 있게 해 줄 것입니다. 여기서는 다만 그런 문제들에 경험이 있는 사람들에게 조언을 구하는 것이 초심자들에게 유익하다는 사실을 언급하는데 그치려 합니다. 그것은 여러분이 필요한 의무를 수행하기 위해 기도를 중단하는 것이 여러분을 해치리라고 생각하지 않도록 하기 위함입니다. 그것은 사실이 아닙니다. 그런 문제에 대해 조언을 구할 사람이 없더라도, 우리의 유익을 위해 우리 주님께서 우리를 인도해 주실 것입니다. 기도하는 습관을 포기한 데 대한 유일한 치유책은 기도를 다시 시작하는 것입니다. 그렇지 않으면, 영혼은 그 습관을 점점 더 잃어버리게 될 것입니다. 하나님께서 영혼으로 하여금 그 위험성을 깨닫게 해주시기를 바랍니다.

19. 기도해야 하는 이유

기도를 그만두는 것이 그렇게도 해롭다면, 차라리 시작하지 않고 성 밖에 남아 있는 편이 나았을 것이라고 생각할 수도 있습니다. 하지만 바로 하나님께서 "위험을 사랑하는 자는 그로 말미암아 망하리라"(집회서 3:27 참조)라고 말씀하셨습니다. 이 성으로 들어가는 문은 기도입니다. 기억하십시오. 우리는 천국에 가야 합니다. 우리 자신을 알기 위해 때때로 영혼 안으로 들어가지 않거나, 우리의 결점이나 우리가 하나님께 진 빚에 대해 생각하지 않거나, 자주 그분의 자비를 구하지 않고도 천국에 갈 수 있다고 생각하는 것은 미친 짓일 것입니다. 우리 주님은 "나로 말미암지 않고는 아버지께로 올 자가 없느니라"(요한복음 14:6, 이 인용문이 맞는지는 모르겠지만 나는 그렇게 생각합니다), "나를 본 자는 아버지도 보았느니라"(요한복음 14:9)라고 말씀하셨습니다.

20. 묵상은 사랑에 불을 붙인다

주님을 전혀 바라보지 않고, 우리를 위해 죽으신 그분께 진 빚에 대해 생각하지 않는다면, 어떻게 우리가 그분을 알고, 그분을 섬기면서 선을 행할 수 있겠습니까? 행함이 없는 믿음에 무슨 가치가 있겠습니까? 우리의 유일한 선이 되시는 예수 그리스도의 공로와 연합하지 않는다면, 그 선행에 무슨 가치가 있겠습니까? 우리가 그분에 대해 생각하지 않는 한, 무엇이 우리 주님을 사랑하는 마음을 일으킬 수 있겠습니까? 주님께서 우리를 위해 어떤 대가를 치르셨는 지를 이해할 수 있는 은혜를 주시기를 바랍니다. "종이 주인보다 높지 않다"(마 10:24)라는 사실을 이해할 수 있는 은혜를 주시기를 바랍니다. 그분의 영광을 누리려면 그분을 위해 수고해야 합니다. 시험에 빠지지 않기 위해서는 끊임없는 기도가 필요합니다(마 26:41).

세 번째 방

1장

유배 생활의 불안정함을 다룬다. 영혼이 아무리 높이 들어 올려지더라도, 항상 두려운 마음을 가지고 살아야 한다는 사실을 가르쳐준다.

1. 세 번째 방에 있는 영혼들

하나님의 자비하심으로 싸움에서 이기고 인내함으로 세 번째 방으로 들어간 사람들에게 "여호와를 경외하는 자는 복이 있도다"(시편 11:1)라는 말 외에 무슨 말을 할 수 있겠습니까? 우리는 이런 영혼들이 복이 있다고 말할 수 있습니다. 그들이 뒤돌아서지 않는 한, 우리는 그들이 구원에 이르는 안전한 길을 걷고 있다고 말할 수 있기 때문입니다. 이제 여러분은 이전의 싸움에서 승리하는 것이 얼마나 중요한지를 분명히 알 수 있을 것입니다. 우리 주님께서 앞으로도 계속 그들의 양심을 안전하게 지켜 주실 것이라고 확신하기 때문입니다. 이것은 큰 혜택이 아닐 수 없습니다.

2. 이생의 불안함

내가 "안전"이라는 말을 사용한 것은 잘못된 일입니다. 이 세상에는 안전이란 존재하지 않기 때문입니다. 내가 그런 표현을 사용할 때마다, "그들이 한 번 시작한 일을 그만 두지 않는다면"이라는 조건을 붙여서 이해하면 될 것입니다. 이 세상에 산다는 것은 참으로 비참한 일입니다! 우리는 적들을 문 앞에 둔 사람들과 같습니다. 그들은 잠을 자거나 먹을 때도 무기를 내려놓을 수가 없으며, 적들이 성벽을 뚫고 요새 안으로 들어오지 않을까 항상 두려워합니다. 나의 모든 것이 되시는 주님! 어떻게 그런 비참한 존재를 소중히 여기기를 바라실 수 있습니까? 당신을 위해 그런 존재를 잃을 수 있다는 소망이 없거나, 무엇 보다도 그것을 당신을 섬기는 일에 전적으로 바칠 소망이 없다면, 우리는 그것을 거두어 가시기를 갈망하며 당신께 간청할 수밖에 없습니다. 우리가 당신의 뜻을 따라 살아야 함을 알기 때문입니다. 그렇기 때문에, 우리도 도마처럼 "우리도 주와 함께 죽으러 가자"(요한복음 11:16)라고 말할 수밖에 없습니다. 당신에게서 멀어지는 것은 당신을 영원히 잃을 지도 모른다는 두려움에 사로잡힌 채로 죽기를 거듭하는 것을 의미할 뿐이기 때문입니다!

3. 은혜에서 떨어질 위험

이것이 바로 성인들과 함께 안전하게 거할 수 있는 날을 우리에게 선물로 주시기를 주님께 간구해야 하는 이유입니다. 하나님을 기쁘시게 하는 것을 유일한 즐거움으로 삼는 우리가 그런 두려움 속에서 무슨 즐거움을 누릴 수 있겠습니까? 많은 성인들이 우리처럼 이런 고통을 느꼈으며, 우리 보다 훨씬 더 열성적이었음에도 불구하고 무거운 죄에 빠졌다는 사실을 기억하십시오. 우리는 하나님께서 우리를 죄에서 다시 일으켜 주셔서 그들처럼 고행을 실천할 수 있게 해 주실지를 확신할 수 없습니다. 이것은 특별한 은혜에 해당됩니다. 그런 문제를 생각할 때, 나는 너무나 떨리는 나머지 어떻게 써야 할 지를 모르겠고, 어떻게 계속 살아야 할지도 모르겠습니다. 주님께서 내 안에 거하시도록 기도해 주기를 간청합니다. 그렇지 않고는, 나처럼 인생을 엉망으로 허비한 사람이 어떻게 안전하다고 느낄 수 있겠습니까?

4. 과거의 삶을 슬퍼하다

이런 사실을 알고 슬퍼하지 마십시오. 내가 나의 과거의 삶을 언급할 때, 여러분이 걱정하는 모습을 종종 보았습니다. 여러분은 내가 아주 거룩한 삶을 살았으면 좋았을 것이라고 생각할 것입니다. 나도 그랬으면 좋겠습니다. 하지만 내 잘못으로 인생을 완전히 낭비한 지금, 내가 무엇을 할 수 있겠습니까? 여러분의 소원이 이뤄지는데 필요한 도움을 내게 베풀어 주지 않으셨다고 하나님께 불평할 권리가 나에게는 없습니다. 나에게 이런 문제를 가르쳐 줄 수 있는 분들에게 그것을 설명하고 있다는 사실을 생각할 때, 눈물과 부끄러움 없이는 이 글을 쓸 수가 없습니다. 순종함으로 내게 맡겨진 이 일이 얼마나 힘든 일인지 모르겠습니다! 내가 하나님을 위해 감당하는 이 일이 여러분에게 도움이 될 수 있기를 바랍니다. 그러므로 주제 넘게 이런 일을 떠맡은 나를 용서해 주시기를 그분께 빌어 주십시오.

5. 성모의 후원

하나님께서는 내가 그분의 자비 외에는 의지할 것이 없다는 사실을 알고 계십니다. 과거를 거둬들일 수 없는 나로서는 그분께 피하는 것 외에는 달리 해결책이 없습니다. 나는 하나님의 아들과 그분의 동정녀 어머니의 공로를 믿고 의지할 수밖에 없습니다. 자매 여러분, 여러분을 성모의 딸로 만들어 주신 주님을 찬양하십시오. 이토록 훌륭한 성모를 모신 여러분은 나의 사악함 때문에 얼굴을 붉힐 필요가 없습니다. 그녀를 본받으십시오. 나의 죄와 사악한 성품이 우리의 거룩한 수도회의 영광을 더럽히지 않았다는 사실을 볼 때, 그녀가 얼마나 위대하며, 그녀를 후원자로 모시는 것이 여러분에게 얼마나 큰 축복인지를 깊이 헤아려 보십시오.

6. 반드시 필요한 경외심

여러분에게 경고할 것이 한 가지 더 있습니다. 여러분이 수녀이
자, 이러한 성모의 딸이라는 사실 때문에 너무 안심하지는 마십시
오. 다윗은 매우 거룩한 사람이었습니다. 하지만 여러분은 솔로몬이
어떻게 되었는지 알고 있습니다. 그러므로 여러분의 은둔 생활이나
고행의 생활을 의지하지 마십시오. 끊임없이 기도하고, 하나님과 교
제를 나누며, 세상을 멀리하고 세상의 길을 싫어한다는 사실도 의
지하지 마십시오. 이 모든 것이 선하지만, 이미 언급한 것처럼, 두
려움을 모두 없애는 것만으로는 충분하지 않습니다. 그러므로 "여
호와를 경외하는 자는 복이 있도다"라는 구절을 묵상하고 자주 생
각하십시오.

7. 테레사의 회개

내가 무슨 말을 하고 있었는지 기억이 나지 않습니다. 주제에서
많이 빗나간 것 같습니다. 생각해 보면, 내 정신은 날개가 부러진
새처럼 높이 날아오르지 못합니다. 그래서 당분간은 이 주제를 제
쳐 두고자 합니다.

8. 세 번째 방에 있는 사람들의 특징

세 번째 방에 들어간 영혼들에 대해서 설명하려 했던 것으로 되돌아가 봅시다. 하나님께서 그 영혼들이 첫 번째 난관을 통과할 수 있게 해 주신 것은 작은 은혜가 아니라 지극히 큰 은혜를 베푸신 것이었습니다. 나는 하나님의 자비 덕분에 그런 은혜를 받은 사람들이 이 세상에 많다고 믿습니다. 그들은 하나님께 아주 가벼운 죄라도 범하지 않기를 간절히 바랍니다. 그들은 고행을 즐겨하고, 몇 시간씩 묵상하며, 시간을 잘 활용하고, 이웃에게 자비를 베풉니다. 그들은 정숙하게 옷을 입고, 질서 있게 대화하며, 가정이 있는 사람은 가정을 잘 다스립니다. 이것은 확실히 바람직한 일이며, 그들이 마지막 방에 들어가는 것을 금할 이유가 전혀 없는 것처럼 보입니다. 우리 주님께서도 그들이 원한다면 그것을 거절하지 않으실 것입니다. 이것이 주님의 은혜를 받기에 합당한 성품이기 때문입니다.

9. 복음서에 나오는 부자 청년

오 예수님! 특히 큰 어려움을 겪은 후에 이렇게 큰 축복을 갈망하지 않을 사람이 어디 있겠습니까? 아무도 그렇게 할 수 없습니다! 우리는 모두 그런 축복을 갈망한다고 말합니다. 하지만 주님께서 영혼을 온전히 지배하시기 위해서는 그 이상의 것이 필요합니다. 하지만 그렇게 말하는 것 만으로는 충분하지 않습니다. 그것은 우리 주님께서 부자 청년에게 완전해지기 위해 해야 할 일을 말씀하셨을 때, 그가 했던 말이 충분하지 않았던 것과 같습니다(마태복음 19:22-26 참조). 나는 이 방에 관한 이야기를 시작한 이래로 항상 그 청년을 떠올리게 됩니다. 우리가 그 청년과 똑 같기 때문입니다. 바로 이것이 우리가 기도할 때 자주 느끼는 메마름의 원인이 됩니다. 하지만 메마름은 다른 원인 때문에 일어나기도 합니다. 나는 경건한 영혼들이 아무런 잘못 없이 당하는 견딜 수 없는 내면적 고통에 대해 말하는 것이 아닙니다. 하지만 우리 주님께서는 이러한 시련에서 항상 건져 주실 뿐 아니라, 커다란 유익을 베풀어 주십니다. 나는 또한 우울증과 다른 허약함으로 고통받는 사람들에 대해서 말하는 것도 아닙니다. 다른 모든 경우처럼 이런 경우에도 우리는 하나님께 판단을 맡겨야 합니다.

10. 기도가 메마른 이유

나는 이런 결과들이 대부분 내가 언급한 첫 번째 원인에 기인한다고 생각합니다. 그런 영혼들은 무슨 일이 있어도 죄를 범하지 않으려 하고(많은 사람들은 사소한 죄라도 짓지 않으려 합니다), 자신의 생명과 재산을 잘 관리합니다. 그러므로 그들은 왕의 임재에서 제외되는 것을 인내하며 견딜 수 없습니다. 그들은 자기들이 왕의 신하들이라고 생각합니다. 실제로도 그렇습니다. 지상의 왕에게는 많은 신하들이 있을 수 있습니다. 하지만, 그들 모두가 궁정에 들어가는 것은 아닙니다. 그렇다면 들어 가십시오. 여러분의 내면으로 들어 가십시오. 여러분의 사소한 일들에 대한 생각을 넘어서십시오. 그런 일들은 그리스도인들이 마땅히 행해야 하는 일들에 불과합니다. 여러분이 하나님의 종인 것으로 충분합니다. 지나치게 많은 것을 추구하지 마십시오. 그러다가 아무것도 얻지 못할 수도 있습니다. 하나님의 임재 안으로 들어간 성인들을 생각해 보십시오. 그러면 그분들과 여러분의 차이점을 깨달을 수 있을 것입니다.

11. 겸손

여러분이 받기에 합당하지 않은 것을 구하지 마십시오. 하나님을 위하여 아무리 많은 일을 했더라도, 성인들의 상급을 받을 자격이 있다고 생각해서는 안 됩니다. 우리가 하나님께 죄를 범했기 때문입니다. 오, 겸손, 겸손! 왜 그런 지는 모르겠지만, 나는 기도가 메마르다고 불평하는 많은 사람들에게는 이러한 겸손의 덕이 틀림없이 부족하다고 생각하려는 유혹을 항상 받게 됩니다. 하지만 나는 경건의 결핍보다 훨씬 더 심각한 내적 고통을 언급하는 것은 아닙니다.

12. 미지근함

자매들이여, 우리 자신을 시험해 봅시다. 아니면 우리 주님께서 우리를 시험하게 하십시다. 그분은 그렇게 하는 방법을 잘 알고 계십니다(비록 우리가 종종 그분을 오해하는 척하더라도 말입니다). 이제 질서 있는 영혼들에 대해 언급하고자 합니다. 그들이 하나님을 위해 무엇을 하는지 생각해 봅시다. 그러면 우리에게는 하나님께 불평할 권리가 전혀 없다는 사실을 즉시 깨닫게 될 것입니다. 우리가 완전해지기 위해 필요한 일을 주님께서 말씀하실 때, 복음서에 나오는 부자 청년처럼 슬퍼하면서 등을 돌린다면, 하나님께서 무엇을 하실 수 있겠습니까? 그분은 우리가 그분을 사랑하는 만큼 상급을 주시기 때문입니다. 이 사랑은 우리의 상상으로 만들어낸 것이 되어서는 안 됩니다. 행위로 그 사랑을 증명해야 하는 것입니다. 하지만 우리 주님께서 우리의 행위를 필요로 하신다고 생각하지 마십시오. 그분이 우리를 물리치시는 유일한 이유는 우리의 선의를 드러내시기 위함입니다.

13. 모든 것을 하나님께 드려야 한다

스스로의 의지로 수도복을 입고, 세속적인 것들과 모든 소유를 포기한 우리 같은 사람들은 모든 일을 완수한 것처럼 보입니다(하지만 그것들은 베드로의 그물[마태복음 4:20]처럼 우리가 지니고 있던 전부였기 때문에 많은 것처럼 보였을 뿐입니다). 이것은 훌륭한 마음가짐입니다. 계속 그런 상태를 유지하고, 생각만이라도 파충류가 들끓는 첫 번째 방으로 돌아가지 않는다면 말입니다. 모든 것을 초탈한 영혼을 가지고 이러한 가난 속에서 인내함으로 살아간다면, 우리는 우리가 추구하는 모든 것을 얻게 될 것입니다. 하지만 주목할 것이 있습니다. 여기에는 한 가지 조건이 있습니다. 우리는 사도 바울이나 그리스도께서 말씀하신 대로 "스스로를 무익한 종으로"(누가복음 17:20) 여겨야 합니다. 우리는 또한 주님께서 우리에게 은혜를 베푸셔야 할 의무가 있다고 생각하지도 않습니다. 오히려 우리는 많이 받은 사람은 더 많이 빚진 자가 된다는 사실을 기억해야 합니다.

14. 우리가 진 빚

우리를 위해 죽으시고, 우리를 창조하시고, 우리에게 존재를 부여하신 관대하신 하나님을 위해 우리가 할 수 있는 일이 얼마나 적습니까? 우리는 새로운 자비와 은혜를 구할 것이 아니라, 그분께 진 엄청난 빚을 갚지 않아도 된다는 사실을 즐거워해야 할 것입니다. 이런 표현을 사용하는 것이 마음에 들지 않지만, 그것은 사실입니다. 그분이 이 세상에 사시는 동안 하신 일은 우리를 섬기시는 것밖에 없었기 때문입니다.

15. 위로와 메마름

내가 지적한 몇 가지 요점을 잘 생각해 보십시오. 어쩌면 다소 혼란스러울 수도 있을 것입니다. 하지만 그것들을 어떻게 더 잘 설명할 수 있을지 모르겠습니다. 우리 주님께서 여러분이 이런 요점들을 이해할 수 있게 해 주실 것입니다. 그 결과로 여러분은 마귀가 노리는 것처럼, 염려에 빠지는 대신, 여러분의 메마름으로부터 겸손을 거둘 수 있습니다. 하나님께서는 참된 겸손이 있는 곳에 위로를 주지 않으신다 하더라도, 평안과 순종을 주십니다. 그것은 의식적으로 경건 생활을 하는 다른 사람들 보다 그 영혼을 더 행복하게 만들어 줍니다. 여러분이 읽은 것처럼, 하나님께서는 종종 가장 연약한 영혼들에게 이런 위로를 주십니다. 그들은 이런 위로를 기도가 메마른 중에도 하나님을 섬기는 그리스도인들의 용기와 바꾸려고 하지 않을 것이라고 생각합니다. 우리는 십자가보다 위로를 더 사랑합니다! 모든 진리를 아시는 주님, 우리를 시험하셔서 우리 자신을 알 수 있게 해 주소서.

2장

같은 주제를 계속해서 다루고, 기도 중의 메마름과 그 결과에 대해 언급한다. 우리 자신을 시험할 필요가 있다는 사실과 우리 주님께서 이 방 안에 있는 사람들을 시험하시는 방법을 다룬다.

1. 처음 세 방에 거하는 사람들의 불완전함

사실, 나는 이런 상태에 도달한 몇몇 영혼, 아니 많은 영혼을 알고 지냈습니다. 그들은 육신과 정신이 규칙적이고 질서 정연한 삶을 여러 해 동안 살았습니다. 그들은 이 세상을 정복한 것처럼 보입니다. 아니면 최소한 이 세상을 초월한 것처럼 보입니다. 하지만, 주님께서 아주 평범한 시련을 주시면, 그들은 너무나 불안해하고 낙심에 빠지고 맙니다. 나는 그런 모습을 보며 놀랄 뿐 아니라 그들을 염려하게 됩니다. 그런 사람들에게는 조언을 해봐야 쓸모가 없습니다. 그들은 오랫동안 덕을 실천했기 때문에 남들을 가르칠 수 있다고 생각합니다. 그래서 자신이 비참하게 느낄 만한 이유가 아주 많다고 믿는 것입니다.

2. 우리의 시련은 우리의 연약함을 드러낸다

그들을 도울 수 있는 유일한 길은 그들의 고통을 긍휼히 여기는 것뿐입니다. 그처럼 비참한 상황에 처한 사람들을 보면 안타까워할 수밖에 없습니다. 그들과 논쟁을 벌여서는 안 됩니다. 그들은 자기들이 오직 하나님을 위해 고통을 겪고 있다고 확신하고 있습니다. 따라서 그들이 불완전하게 행동하고 있다는 사실을 이해시킬 수가 없기 때문입니다. 이것은 상당히 진보를 이룬 사람들이 범하는 오류입니다. 그들이 한 동안 이런 시련을 느끼는 것은 당연한 일입니다. 하지만 나는 그들이 그런 문제들에 대한 염려를 속히 극복해야 한다고 생각합니다. 하나님께서는 당신이 선택하신 자들이 스스로의 비참함을 깨닫기를 바라십니다. 그래서 일시적으로 자신의 은혜를 거두기도 하십니다. 그런 일이 일어날 때, 우리는 우리가 실제로 어떤 존재인지를 아주 짧은 시간 안에 깨닫게 되는 것입니다.

3. 잘못을 통해 배우는 겸손

영혼들은 이런 식으로 속히 배우게 됩니다. 그들은 자신의 결함을 아주 분명하게 인식하게 됩니다. 자신이 세상의 작은 시련에 얼마나 빨리 넘어지는지를 발견하는 것은 지각할 수 있는 하나님의 은혜를 받지 못하는 것보다 더 고통스럽습니다. 나는 하나님께서 이런 식으로 그들에게 큰 자비를 베푸신다고 생각합니다. 그들의 행실에는 결함이 있을 수 있지만, 겸손 안에서 큰 유익을 얻기 때문입니다. 내가 앞에서 언급한 사람들은 그렇지 않습니다. 그들은 자신의 행동이 성스럽다고 믿으며, 다른 사람들이 동의해 주기를 바랍니다. 나는 하나님께서 우리를 시험하실 때까지 기다리지 않고, 우리 자신을 이해하고 시험하는 데 도움이 될 몇 가지 예를 제시하고자 합니다. 사전에 우리 자신을 살펴서 미리 준비를 갖추는 것이 훨씬 더 나을 것이기 때문입니다.

4. 돈에 대한 사랑

아들이나 상속자가 없는 부자는 재산의 일부를 잃더라도, 자신과 가족을 부양하고도 남을 만한 재산을 소유하고 있습니다. 그런데 그 사람이 이런 불행으로 인해 상심하고 불안한 나머지 먹을 것을 구걸해야 할 것처럼 생각한다면, 우리 주님께서 어떻게 그런 사람에게 자신을 위해 모든 것을 포기하라고 요구하실 수 있겠습니까? 이런 사람은 가난한 사람들에게 돈을 주고 싶었기 때문에 돈 잃은 것을 후회한다고 말할 것입니다.

5. 영혼의 자유

나는 하나님께서 내가 이런 자선을 포함하는 관심사들을 돌보는 동안에도, 그분의 뜻을 따르고 영혼의 평강을 유지하는 것을 더 좋아하실 것이라고 믿습니다. 만일 그 사람이 하나님께서 그의 덕을 높이 세워주지 않으셨다는 이유로 자기를 포기할 수 없다면, 그런 대로 좋습니다. 하지만 그 사람에게는 영혼의 자유가 없다는 사실을 알게 하십시오. 그 자유를 달라고 주님께 간청하게 하십시오. 그리고 그것을 받기에 합당한 마음가짐을 갖게 하십시오.

또 한 사람의 예를 들어 봅시다. 그 사람은 살아가기에 충분하고도 남는 재산을 가지고 있습니다. 그에게 더 많은 재산을 획득할 기회가 왔다고 합시다. 그런 기회가 제공된다면, 무슨 일이 있더라도 그 기회를 잡게 하십시오. 하지만 그런 후에도 더 많은 재물을 얻기 위해 특별히 애를 쓰려 한다면, 의도가 아무리 선하다 하더라도(기도하며 선한 삶을 사는 사람들을 언급하고 있기 때문에 그 의도는 분명히 선할 것입니다), 그 사람은 왕이 계신 곳에 가까운 방에는 들어갈 수 없을 것입니다.

6. 멸시를 참는데 관하여

그런 사람들이 멸시를 당하거나, 마땅히 받아야 할 존경을 받지 못하는 경우에도 비슷한 일이 일어납니다. 하나님께서는 종종 그들에게 잘 참을 수 있는 은혜를 베풀어 주십니다. 덕이 사람들에게 본보기로 세워지는 것을 좋아하시기 때문입니다. 그분은 그런 덕을 실천하는 사람의 덕이 손상되게 하지 않으실 것입니다. 아니면 자신을 신실하게 섬겼다는 이유로도 그렇게 하십니다. 지고하신 하나님께서는 우리에게 지극히 선하십니다. 그럼에도 불구하고 이런 사람들은 불안에 빠집니다. 그러고는 한 동안 그런 느낌을 극복하거나 없애지를 못합니다. 참으로 안타까운 일입니다! 그들은 우리 주님께서 견디신 고통을 오래 묵상하지 않았습니까? 고통을 당하는 것이 얼마나 좋은 일인 지를 묵상하지 않았습니까? 그리고 그렇게 고통을 당하기를 오래동안 갈망하지 않았습니까? 그들은 모든 사람이 자기처럼 덕스럽기를 바랍니다. 하나님께서 그들이 자신의 고통을 다른 사람들의 책임으로 돌리거나, 자신의 공로로 여기지 않게 해주시기를 바랍니다!

7. 시련으로 입증되는 초탈(detachment)

내가 주제에서 벗어나 헤맨다고 생각할 지도 모르겠습니다. 이 모든 것이 여러분과 상관이 없고, 그런 일이 여기서는 전혀 일어나지 않기 때문입니다. 우리는 여기에서 재산을 가지지 않을 뿐 아니라, 바라지도 않고, 얻으려고 노력하지도 않으며, 우리에게 몹쓸 짓을 하는 사람도 없습니다. 내가 언급한 사례들은 우리와 정확히 맞아 떨어지지는 않지만, 거기서 끌어낸 결론들은 우리에게 적용될 수 있습니다. 이런 사례들은 여러분이 이미 버린 모든 것에서 정말로 초탈했는지를 보여줄 것입니다. 완전히 동일하지는 않지만 사소한 일들이 종종 일어납니다. 여러분은 이런 일들을 통하여 여러분이 정욕을 다스릴 수 있는지를 증명할 수 있습니다.

8. 덕과 겸손은 본질적이다

나를 믿으십시오. 문제는 수도복을 입고 있는 지의 여부가 아니라 덕을 실천하며, 범사에 하나님의 뜻에 복종하는 지의 여부에 있습니다. 우리의 삶의 목적은 하나님께서 우리에게 요구하시는 것을 행하는 것이어야 합니다. **우리의** 뜻이 아니라 **그분의** 뜻이 이루어지기를 간구합시다. 우리가 아직 이런 수준에 이르지 못했다면, 앞서 언급했듯이 겸손해집시다. 겸손은 우리의 상처에 바르는 연고입니다. 하나님께서는 잠시 우리에게 임하기를 미루실 수도 있습니다. 우리에게 겸손이 있다면, 우리의 의사이자 치료자가 되시는 하나님께서는 오셔서 우리를 치료해 주실 것입니다.

9. 완전함은 초탈을 요구한다

내가 언급한 사람들은 그들의 생활만큼 규칙적으로 고행을 실천합니다. 그들은 고행을 매우 가치 있게 여깁니다. 고행으로 우리 주님을 섬기기를 바라기 때문입니다. 이것은 물론 전혀 비난할 일이 아닙니다. 그들은 건강을 해치지 않도록 아주 신중하게 고행을 실천합니다. 혹시 그들이 스스로 목숨을 끊지나 않을까 하고 염려하지 마십시오. 그들은 아주 합리적인 사람들입니다! 그들의 사랑은 이성을 압도할 만큼 강하지 못합니다. 나는 그들이 하나님을 향해 가는 길을 기어가는데 만족하지 않기를 바랍니다. 그런 속도로 가다가는 결코 그들의 여정을 끝내지 못할 것입니다!

10. 빠르게 전진하려고 애써야 한다

우리는 스스로가 보기에 전진하고 있는 것처럼 보입니다. 하지만 우리는 얼마 못 가서 지치게 됩니다. 나를 믿으십시오. 우리가 안개 속을 걷고 있기 때문입니다. 길을 잃지나 않으면 다행일 것입니다. 팔 일이면 한 나라에서 다른 나라로 갈 수 있는데, 바람과 눈과 홍수를 만나고 험난한 길을 거쳐서 1년을 여행하는 것이 좋겠습니까? 그 길이 위험과 뱀으로 가득 차 있음을 감안한다면, 단번에 여행을 끝내는 것이 낫지 않겠습니까? 이런 사실에 관해 제시할 수 있는 인상적인 예들은 얼마든지 있습니다! 하나님께서 나 자신이 이런 상태를 벗어났음을 확신하게 해주시기를 바랍니다. 그렇지 못하다는 생각이 때때로 들곤 합니다.

11. 염려를 하나님의 손에 맡겨라

신중함이 우리의 행동을 지배하는 동안에는 모든 것이 우리를 가로 막게 됩니다. 우리는 모든 것을 두려워하는 나머지, 앞으로 나아가기를 두려워합니다. 마치 다른 사람들이 우리 대신 여행을 하는 동안 우리가 내면의 방에 도달할 수 있기나 한 것처럼 말입니다. 이것은 불가능한 일입니다. 그러므로 하나님의 사랑으로 힘을 다합시다. 우리를 지체시킬 수 있는 약한 본성에 관심을 기울이지 말고, 우리의 판단이나 두려움을 그분의 손에 맡깁시다. 책임을 맡은 우리 지도자들에게 우리의 육신을 돌보게 합시다. 우리 주님의 임재에 이르도록 길을 서두르는 것에만 관심을 기울입시다. 건강에 대한 염려는 우리를 잘못된 길로 인도할 수 있습니다. 내가 잘 알고 있듯이, 염려한다고 해서 건강이 조금이라도 더 좋아지는 것이 아니기 때문입니다.

12. 고행 보다 겸손이 더 필수적이다

나는 우리의 육신이 우리 앞에 놓인 일의 주된 요인이 아니라는 사실을 잘 알고 있습니다. 우리의 몸은 장신구입니다. 지극한 겸손이 초점입니다. 나는 사람들의 진보가 멈추는 것이 겸손이 부족하기 때문이라고 믿습니다. 우리가 몇 발자국 밖에 진전하지 못한 것처럼 보일 수도 있습니다. 우리는 그것이 사실이라고 믿어야 합니다. 다른 자매들이 우리 보다 훨씬 더 빨리 진보하고 있다고 여깁시다. 우리는 다른 사람들이 우리를 가장 못난 사람으로 여기기를 바랄 뿐 아니라 그들이 그렇게 생각하게 만들도록 힘을 써야 합니다. 이런 식으로 행동한다면, 우리의 영혼은 잘 될 것입니다. 그렇지 않을 경우, 우리는 전혀 진보를 이루지 못할 것입니다. 그리고 항상 수천 가지 고통과 불행의 먹이로 남게 될 것입니다. 자기를 버리지 않는다면, 그 길은 힘들고 지루한 길이 될 것입니다. 더 내면에 있는 방들 안에서는 더 이상 느껴지지 않는 인간 본성의 부담과 나약함에 짓눌리기 때문입니다.

13. 네 번째 방에 이르기 전까지는 드물게 위로를 받는다

주님께서는 이 세 번째 방에서 우리의 섬김을 어김없이 갚아 주십시다. 의로우신 동시에 자비로우신 하나님께서는 분에 넘치게 많은 것을 주시며, 세상의 즐거움과 쾌락에서 얻을 수 있는 것보다 더 큰 행복을 주십니다. 내 생각에 그분은 여기에서는 마지막 방에 무엇이 들어 있는지를 보여주시는 것을 제외하고는 약간의 위로를 베풀어 주십니다. 그렇게 하심으로 우리가 그 방에 들어갈 수 있도록 준비를 갖추게 하시려는 것입니다. 지각 있는 경건과 위로 사이에는 명칭을 제외하면 아무런 차이가 없는 것처럼 보일 수도 있습니다. 따라서 내가 그것들을 구분하는 이유를 묻고 싶을 지도 모릅니다. 내가 잘못 생각하는 것일 수도 있겠지만, 그것들 사이에는 큰 차이가 있습니다.

14. 위로를 받는데 따르는 유리한 점

이것에 대해서는 다음에 나오는 네 번째 방에서 주님으로부터 받는 위로에 관해 언급할 때 아주 상세하게 설명할 것입니다. 그런 주제가 소용없는 것처럼 보일 수도 있습니다. 하지만, 그것은 각 방에 무엇이 들어 있는지를 아는 영혼들에게 가장 좋은 방에 들어가기에 힘쓰라고 권고하는데 유익할 수 있습니다. 그것은 하나님께서 이 지점까지 인도하신 사람들에게 위로를 줄 것입니다. 반면에 정상에 올랐다고 생각하는 사람들은 부끄러움을 느끼게 될 것입니다. 하지만 겸손한 사람들은 하나님께 감사를 드리게 될 것입니다.

15. 완덕은 상급이 아니라 사랑에 있다

이러한 위로를 받지 못하는 사람들은 낙담할 수도 있습니다. 하지만 그것은 필요 없는 일입니다. 완덕은 위로가 아니라 더 큰 사랑에 있기 때문입니다. 우리의 상급은 우리의 사랑, 그리고 우리의 의롭고 성실한 행동에 비례할 것입니다. 내가 이러한 내면적인 은혜와 그 본질을 다루는 이유가 무엇인지 궁금할 것입니다. 나도 잘 모르겠습니다. 나에게 이것을 쓰라고 명하신 분에게 물어보십시오. 나는 윗사람들에게 복종할 따름이지, 그분들과 논쟁할 처지가 아닙니다. 내게는 그렇게 할 권리가 없습니다.

16. 다른 사람들이 은혜를 받는 모습을 보는 기쁨

나는 이런 은혜를 받은 적도 없고, 경험을 통해 이해하지도 못했으며, 기대하지도 않았다는 사실을 분명히 밝힙니다(이것은 당연한 일입니다. 내가 어떤 식으로든 하나님의 마음에 들었다는 사실을 알거나 추측할 수 있었더라면, 그것을 확신할 수 있었을 것이기 때문입니다). 하지만 나는 주님께서 당신의 종들에게 베푸신 자비와 위로에 대해 책에서 읽었을 때, 기쁨이 넘쳐 열렬히 주님을 찬양했습니다. 나 같은 사람이 그렇게 했다면, 겸손하고 선한 사람들은 얼마나 더 큰 영광을 주님께 돌리겠습니까! 단 한 영혼이라도 감동시켜 단 한 번이라도 하나님을 찬양하게 할 수 있다면, 이러한 주제들을 설명하고, 우리 자신의 잘못으로 인해 어떤 위로와 기쁨을 잃게 되는지를 보여 주는 것은 가치 있는 일이라고 생각합니다.

17. 이러한 은혜를 갈망하라

하나님으로부터 임하는 이러한 기쁨은 사랑과 힘을 동반하기 때문에 완덕의 길을 가는 영혼에게 도움을 주며, 선행과 덕을 증가시킵니다. 이러한 은혜를 얻으려고 노력하는 것이 중요한 일이 아니라고 생각하지 마십시오. 의로우신 주님께서는 여러분에게 잘못이 없을 경우에, 한 길에서 거절하시는 것을 다른 길에서 주실 것입니다. 그분이 사용하시는 은밀한 길은 매우 신비롭습니다. 의심할 여지가 없는 것은 그분이 여러분에게 가장 좋은 것을 주신다는 사실입니다.

18. 순종과 지도

하나님의 자비하심으로 여기까지 이른 영혼들(내가 말했듯이, 이것은 작은 자비가 아닙니다. 더 높이 올라갈 가능성이 크기 때문입니다)은 지체 없이 순종함으로써 큰 유익을 얻을 것입니다. 수도원 생활을 하지 않는 사람들도 자기 뜻대로 하지 않도록 다른 사람들처럼 지도자를 두는 것이 유익할 것입니다. 그것이 대부분의 질병의 원인이 되기 때문입니다. 그들은 여러분처럼 지나치게 신중하게 행동하는 사람을 고르지 말고(사람들이 말하듯이), 세속적인 것들로부터 완전히 분리된 사람을 골라야 합니다. 이런 것을 배우고 가르칠 수 있는 사람의 조언을 듣는 것은 큰 도움이 됩니다. 극복할 수 없었던 것처럼 보였던 시련들을 다른 사람들이 극복하는 모습을 보는 것은 고무적인 일입니다. 그들이 기쁘게 그 시련들을 감당하는 모습을 보는 것도 고무적인 일입니다. 그들이 날아오르는 모습을 보면 우리도 날아보고 싶은 생각이 듭니다. 그것은 아기 새들이 어미 새에게서 날기를 배우는 것과 흡사합니다. 처음에는 멀리 날지 못하지만, 차차로 어미 새처럼 멀리 날 수 있게 되는 것입니다. 나는 이렇게 하는데 따르는 유익이 매우 크다는 사실을 잘 알고 있습니다. 그런 사람들은 우리 주님께 죄를 범하지 않기로 아무리 굳게 결심했더라도, 자신을 유혹에 노출시켜서는 안 됩니다. 그들은 쉽게 돌아갈 수 있는 첫 번째 방에 여전히 가까이 있습니다. 그들의 힘은 아직 견고한 토대 위에 세워져 있지 않습니다. 그들은 고난을 통해 연단을 받은 결과, 이 세상의 풍파를 두려워하지 않고, 세상의 쾌락에 전혀 관심을 두지 않는 사람들과 같지 않기 때문입니다. 초심자들은 가혹한 시련 앞에 굴복할 수 있습니다. 우리에게 해를 입히는 방법을 알고 있는 마귀가 일으키는 큰 박해들은 초심자들을 돌아서게 만들 수 있습니다. 초심자들은 다른 사람들을 죄에서 물러나도록 돕기 위해 열심을 내면서도 막상 자기에게 닥치는 공격에 굴복할 수도 있습니다.

19. 다른 사람들을 향한 그릇된 열심

다른 사람들의 잘못이 아니라 우리 자신의 잘못을 살피도록 합시다. 지극히 올바른 사람들은 자신이 목격하는 모든 것에 충격을 받습니다. 하지만 우리는 우리가 책망하는 바로 그런 사람들로부터 지극히 중요한 교훈들을 배울 수 있습니다. 우리의 겉모습이나 태도가 그들 보다 나을 수 있습니다. 이것은 충분히 좋은 것이라고 할 수 있습니다. 하지만, 그것은 가장 중요한 것이 아닙니다. 모든 사람에게 우리의 발자취를 따르도록 강요해서는 안 됩니다. 다른 사람들에게 영적인 조언을 하는 일을 쉽게 떠맡아서도 안 됩니다. 자신이 무엇인지조차 모르는 일에 대해서는 더더욱 그렇습니다. 영혼의 유익에 대한 열심은 하나님께서 주신 것이지만, 종종 우리를 잘못된 길로 인도할 수도 있습니다. 항상 침묵과 소망 안에서 살 수 있도록 우리의 규칙을 지키는 것이 가장 좋습니다. 우리 주님께서는 그분에게 속한 영혼들을 돌보실 것입니다. 하나님께 간청한다면, 그분의 은혜로 그들을 크게 도울 수 있게 될 것입니다. 하나님께서 영원히 찬양을 받으시기를 바랍니다!

네 번째 방

1장

기도 중에 느끼는 달콤함과 부드러움이 위로와 어떻게 다른 지를 가르친다. 상상과 이해가 같은 것이 아니라는 사실을 이 해하는 것이 얼마나 유익한 지를 설명한다. 이 장은 기도하는 동안 생각이 방황하는 사람들에게 유용하다.

1. 네 번째 방에서 받는 은혜

이제 네 번째 방에 대해 글을 쓰기 시작한 내게 필요한 것은 나 자신을 성령께 맡기고, 지금부터 이런 문제들을 총명하게 다룰 수 있도록 내 대신 말씀해 주시기를 간구하는 것입니다. 이후로 이런 문제들은 초자연적인 특성을 지니게 될 것입니다. 따라서 약 14년 전에 내가(내가 이해하는 한) 그런 문제들에 관하여 설명했을 때처럼, 주님께서 나를 대신해 이 일을 맡아 주시지 않으면 그 문제들을 분명하게 설명하는 것은 너무도 어려운 일이 될 것입니다. 나는 지금 하나님께서 영혼들에게 베푸시는 은총에 대해 더 분명하게 이해하고 있다고 믿지만, 그것은 그것을 설명할 수 있는 것과는 다릅니다. 그것이 영혼들에게 유익하다면, 하나님께서 그렇게 할 수 있게 해주시기를 바랄 뿐입니다. 그렇지 않다면, 그렇게 하지 않으시기를 바랍니다.

2. 신비로운 은혜

이 모든 방들은 하나님의 거처에 더 가깝기 때문에 너무나 아름답습니다. 그리고 그 안에서 보고 들을 수 있는 것들은 너무나 미묘합니다. 정신은 그 문제에 대한 경험이 없는 사람들에게 그런 것들을 명쾌하게 설명해 줄 수 없습니다. 그것은 우리에게 그렇게 하기를 시도했던 사람들도 할 수 없는 일이었습니다. 이러한 은혜를 받아 누린 사람들, 특히 크게 받아 누린 사람들은 내 말을 쉽게 이해할 것입니다.

3. 유혹은 겸손과 공로를 초래한다

이 방에 있는 사람은 이 방에 들어가기 전에 분명히 오래 동안 이전 방에 머물렀을 것입니다. 일반적인 경우라면, 그 영혼은 내가 바로 앞서 언급한 방에 머물렀겠지만, 정해진 규칙이 있는 것은 아닙니다. 하나님께서는 자신의 뜻에 따라 언제, 어떻게, 누구에게 주실 것인지를 정하시기 때문입니다 - 모든 것이 그분의 것이며, 그분의 선택은 어느 누구에게도 불의하지 않습니다.

유독한 파충류는 이 방에 거의 들어오지 않습니다. 혹시 들어오더라도, 해를 끼치기 보다는 이익을 줍니다. 이러한 기도의 상태에서는 그런 파충류들이 영혼에 들어가 전쟁을 벌이는 편이 훨씬 낫다고 생각합니다. 그 영혼이 유혹을 받지 않을 경우, 마귀가 때때로 하나님의 위로에 관해 속임수를 쓸 수 있게 되어, 훨씬 더 큰 해를 입힐 수 있기 때문입니다. 게다가 그 영혼이 계속해서 하나님께 몰두한다면, 공로를 얻을 수 있는 기회가 모두 사라질 것이기 때문에 영혼에게 덜 유익할 것입니다. 나는 이렇게 몰입된 상태가 항상 동일하게 유지될 때, 그것이 진짜인지의 여부를 확신할 수 없습니다. 이 땅에서 유배 생활을 하는 우리에게 성령께서 그런 정도로 끊임없이 우리 안에 거하시는 것이 가능한 지의 여부도 마찬가지입니다.

4. 분별력 있는 경건과 본성적인 기쁨

약속한 대로, 기도 중에 느끼는 달콤함과 영적 위로 사이의 차이를 설명하겠습니다. 묵상과 주님께 간구하는 중에 스스로 획득하는 기쁨을 "기도 중의 달콤함"이라고 부를 수 있을 것 같습니다. 비록 궁극적으로는 하나님의 은혜를 힘입기는 하지만, 그것은 본성적인 것입니다. 내가 하는 모든 말을 이런 사실을 암시하고 있는 것으로 이해해야 합니다. 우리는 그분 없이는 아무것도 할 수 없기 때문입니다. 이러한 달콤함은 주로 우리가 실천하는 선행에서 비롯되며, 수고의 결과인 것처럼 보입니다. 우리는 이렇게 시간을 보낼 때, 당연히 기쁨을 느낄 수 있습니다. 돌이켜보면, 많은 일시적인 일들이 우리에게 동일한 만족을 부여한다는 사실을 발견하게 될 것입니다. 예를 들어, 뜻하지 않게 큰 재산을 얻게 되거나, 갑자기 사랑하는 친구를 만나거나, 중요하거나 영향력 있는 일에 성공해서 세상을 놀라게 하는 것과 같은 일들 말입니다. 죽은 줄 알았던 남편이나 형제 또는 아들이 살아서 돌아오는 모습을 본 사람도 그렇게 느꼈을 것입니다. 나는 사람들이 내가 그랬던 것처럼, 그런 행복을 인해 눈물을 흘리는 모습을 보았습니다. 나는 이러한 기쁨과 우리가 종교적인 문제에서 느끼는 기쁨을 모두 본성적인 것이라고 생각합니다. 전자가 잘못된 것은 아니지만, 경건을 통해 산출된 기쁨은 우리 자신에게서 시작하여 더 고귀한 근원, 즉 하나님 안에서 끝나게 됩니다. 이와는 대조적으로, 영적 위로는 하나님으로부터 임하며, 우리의 본성은 그것을 느끼고, 내가 묘사했던 세상의 위로를 받을 때보다 훨씬 더 크게 즐거워합니다.

5. 기도 중에 느끼는 달콤함

오 예수님! 내가 이런 사실을 제대로 설명할 수 있다면 얼마나 좋겠습니까! 두 가지 기쁨 사이의 차이점을 완벽하게 구별할 수 있을 것 같기는 하지만, 그것을 설명할 수 있는 기술이 없습니다. 하나님께서 그 기술을 내게 주시기를 바랍니다! 시편의 마지막 편에 있는 구절을 기억합니다. 그 마지막 문장은 다음과 같습니다. "Cum dilatasti cor meum" – "당신이 제 마음을 넓혀 주셨을 때." 경험이 많은 사람이라면, 이 구절 하나로 기도의 달콤함과 영적 위로 사이의 차이점을 쉽게 발견할 수 있을 것입니다. 하지만 그렇지 못한 사람들에게는 설명이 더 필요합니다. 내가 언급한 분별 있는 경건은 마음을 넓혀 주지는 않습니다. 일반적으로는 마음을 약간 좁혀주는 것처럼 보입니다. 하나님을 위해 일하면서 스스로 기뻐하는 사람들은 격정에서 치솟는 것처럼 보이는 슬픔의 눈물을 흘립니다. 나는 영혼의 격정에 대해서는 거의 알지 못합니다. 그렇지 않다면, 민감한 감성에서 오는 것과 본성에서 오는 것을 더 분명하게 기록하고 규명할 수 있겠지만, 나는 매우 어리석습니다. 이래서 지식과 배움이 모두에게 크게 유익한 것입니다.

6. 테레사의 개인적 경험

나는 주님의 수난을 묵상하다 울기 시작했을 때, 이러한 묵상에 따라는 기쁨과 달콤함을 체험했습니다. 나는 그 때 심한 두통이 올 때까지 울음을 멈출 수 없었습니다. 내가 나의 죄 때문에 슬퍼했을 때도 동일한 일이 일어났습니다. 이것은 우리 주님께서 주신 큰 은혜였습니다. 나는 지금 기도에 따르는 이런 상태들 중에서 어느 것이 더 나은지를 탐구하려는 의도는 없습니다. 하지만, 이 둘 사이의 차이점을 설명할 수 있으면 좋겠습니다. 내가 언급하는 눈물과 선한 갈망은 종종 타고난 성향에 기인합니다. 이것이 사실일지 모르지만, 앞서 언급했듯이 이런 감정은 하나님 안에서 끝이 납니다. 영혼이 이런 감정 때문에 더 거룩한 것은 아니라는 사실을 이해할 정도로 겸손하다면, 분별 있는 경건은 매우 바람직한 것입니다. 이러한 감정이 항상 확실하게 사랑에 속하는 것으로 간주할 수는 없습니다. 그럼에도 그것은 여전히 하나님의 선물입니다.

7. 하나님의 사랑과 그것을 배양하는 법

이러한 경건한 감정들은 처음 세 방에 있는 영혼들에게 가장 보편적인 감정들입니다. 이런 영혼들은 묵상할 때 거의 항상 이해력과 이성을 사용합니다. 이것은 훌륭한 일입니다. 왜냐하면, 그들에게 더 많은 은혜가 부여되지 않았기 때문입니다. 하지만 그들은 이따금씩 하나님을 찬양하고, 그분의 선하심을 기뻐하는 것과 같은 행위들을 이끌어내기 위해 노력해야 합니다. 그들이 하나님이 존귀와 영광을 받으시기를 갈망하게 하십시오. 그들은 최선을 다해 이렇게 해야 합니다. 그것이 그들의 의지를 크게 자극하기 때문입니다. 하나님께서 이런 감정들을 주실 때, 습관적으로 하는 묵상을 마치기 위해 그것들을 제쳐 두지 않도록 조심하게 하십시오. 하지만 이런 주제에 대해서는 다른 곳에서 충분히 이야기했으므로, 이제 더 이상 언급하지는 않겠습니다.

다만 여러분에게 경고하고 싶습니다. 신속하게 영적인 진보를 이루고, 들어가고 싶은 방에 도달하기 위해서는 많이 생각하는 것보다 많이 사랑하는 것이 더 중요합니다. 따라서 갈망을 불러일으키는 것이 무엇이든, 그것을 실천해야 합니다. 아마도 우리는 사랑이 무엇인지를 모를 수도 있습니다. 나는 이런 사실에 놀라지 않습니다. 사랑은 달콤한 경건에 있는 것이 아닙니다. 사랑은 모든 일에 하나님을 기쁘시게 하기를 힘쓰고, 하나님께 범죄하게 만드는 모든 것을 가능한 한 멀리하며, 하나님께 존귀와 영광이 돌려지고, 교회가 성장하도록 열심히 기도하는데 있습니다. 이런 것들이 사랑의 표시입니다. 사랑이 하나님 외에는 아무것도 생각하지 않는 데 있다고 생각하지 마십시오. 그리고 생각이 약간 방황하는 일이 있더라도, 모든 것을 잃었다고 생각하지도 마십시오.

8. 산만함

나 자신도 이런 혼란스러운 생각 때문에 때로 고통을 겪었습니다. 나는 약 4년 전에 우리의 생각, 또는 더 분명하게 상상이라고 부르는 것이 이해력과 같은 것이 아니라는 사실을 경험을 통해 배우게 되었습니다. 나는 한 신학자에게 그 주제에 대해 질문한 적이 있습니다. 그에게서 그것이 사실이라는 말을 들었을 때, 나는 적지 않은 위로를 받았습니다. 이해력이 영혼의 능력 중 하나이기 때문에, 우리는 그 기능이 너무나 둔한 데 대해서 때로 어리둥절해집니다. 반면에, 상상은 보통 순식간에 날아가 버립니다. 따라서 하나님만이 우리를 당신과 연합하심을 통하여 상상을 제어하실 수 있습니다. 그럴 때, 우리는 어떤 면에서 우리 몸에서 분리된 것처럼 보입니다. 겉으로 보기에는 영혼의 능력이 하나님께 사로잡혀 있고, 그분 안에 거두어진 있는 반면에, 상상은 다른 곳에서 방황하고 있다는 사실에 나는 어리둥절할 뿐이었습니다.

9. 산만함은 신적 합일을 파괴하지 않는다

오 주님, 우리가 무지한 탓으로 이런 식으로 고통받는다는 사실을 헤아려 주십시오. 우리는 당신 만을 생각하면 된다고 생각하는 오류를 범하게 됩니다. 우리는 우리 보다 더 잘 배운 사람들과 상의해야 한다는 사실을 이해하지 못합니다. 또한 배워야 할 것이 많다는 사실도 의식하지 못합니다. 우리는 우리 자신의 본성을 이해하지 못하기 때문에 끔찍한 시련을 겪게 됩니다. 그리고 해롭지 않을 뿐 아니라 사실은 선한 일을 큰 잘못으로 간주하기도 합니다. 이로 인해 기도를 실천하는 많은 사람들, 특히 배우지 못한 사람들이 고통을 겪습니다. 그들은 내적으로 겪는 시련을 호소하고, 우울증에 걸리며, 건강을 잃습니다. 그들 안에 내면의 세계가 있다는 사실을 의식하지 못하는 까닭에 아예 기도를 포기해 버리기도 합니다.

우리는 신속하게 움직이는 천체의 움직임을 막을 수 없으며, 우리의 상상 역시 제어할 수 없습니다. 우리는 우리의 상상이 방황할 때, 영혼의 모든 능력이 즉시 그 상상을 따른다고 상상합니다. 우리는 모든 것을 잃어버렸으며, 하나님의 임재 가운데 보낸 시간이 허사가 되었다고 생각합니다. 한편, 영혼은 가장 안쪽에 있는 방 안에서 하나님과 완전히 합일되어 있을 수도 있습니다. 그 사이에 상상력은 성의 경내에서 수많은 독 있는 생물들과 싸우는 과정을 통하여 공로를 쌓아갑니다. 따라서 마귀가 부추기는 대로 근심하거나, 기도를 포기할 필요가 없습니다. 대체로 우리의 모든 불안과 고민은 우리 자신의 본성을 오해하는 데서 비롯됩니다.

10. 테레사의 육신적 산만함

나는 이 글을 쓰는 동안 서문에서 언급한, 내 머리 속에 일어나고 있는 시끄러운 소리에 대해 생각하고 있습니다. 이 소리 때문에 이 글을 쓰라는 명령에 거의 순종할 수 없었습니다. 내 머리 속에는 폭포수가 쏟아지는 것 같은 소리가 들립니다. 반면에 다른 부분에서는 물소리에 묻히기는 했지만, 새가 지저귀고 휘파람을 부는 소리가 들립니다. 이렇게 소란한 소리는 내 귀가 아니라 내 머리의 윗부분에서 들리는 것입니다. 사람들은 그것이 영혼의 윗부분에 자리잡고 있다고 말합니다. 나는 영혼의 비행(飛行)이 이런 부분에서 엄청난 속도로 일어나는 것처럼 보이기 때문에, 오래 동안 이것이 사실일 것이라고 생각해 왔습니다. 지금은 이러한 산만함의 원인을 설명하기에 적절한 시점이 아닙니다. 하나님이시여, 나중에 다른 방들에 대해 기록할 때 설명할 수 있도록 나를 일깨워 주시기를 바랍니다. 하나님께서 내가 이러한 문제를 이해할 수 있도록 도우시려는 목적으로 내 머리 속에 이런 고통을 보내셨는 지도 모릅니다. 내 머리 속에서 일어나는 이 모든 소란이 기도할 때나 이 글을 쓰는 동안 방해를 받지 않은 채로 남아 있기 때문입니다. 오히려 내 영혼의 놀라운 고요함과 사랑과 갈망은 그런 소란에 영향을 받지 않고 있으며, 내 정신도 또렷합니다.

11. 산만함을 다루는 법

영혼의 윗부분이 뇌의 윗부분에 자리잡고 있다면, 어떻게 더 우월한 그 부분이 방해받지 않은 채로 남아 있을 수 있습니까? 그것을 설명할 수는 없지만, 나는 내가 진실을 말하고 있다고 확신합니다. 이러한 소음은 황홀경(ecstasy)이 수반되지 않을 때, 내 기도를 방해합니다. 하지만 황홀경에 빠질 때는 아무런 통증도 느끼지 않습니다. 이러한 연약함을 핑계로 기도를 억지로 중단한다면, 나는 극심한 고통을 겪게 될 것입니다. 우리는 우리의 생각 때문에 괴로워하거나 염려에 빠지지 말아야 합니다. 그 생각이 마귀에게서 온 것이라면, 무시해 버리십시오. 그러면 우리를 내버려 둘 것입니다.

반면에 종종 그렇듯이, 그런 생각이 아담의 죄가 수반하는 많은 약점 중에 하나라면, 하나님을 사랑하는 마음으로 인내하고, 고난을 감수합시다. 우리는 먹고 자는 것을 피할 수 없는 존재입니다. 그러므로 슬프지만 우리가 인간임을 인정하고, 아무도 우리를 멸시하지 않는 곳에 거하게 될 날을 갈망하도록 합시다. 가끔 아가서에서 신부가 한 말이 생각납니다. 이 말처럼 이런 상황에 잘 들어맞는 말도 없을 것입니다. 이 세상의 어떤 멸시나 고난도 우리 영혼이 겪는 이러한 갈등만큼 가혹하게 우리를 시험할 수는 없을 것이기 때문입니다. 내가 말했듯이, 우리는 우리 안에 평강이 있는 동안에는 어떤 불안이나 갈등도 감당할 수 있습니다. 하지만 하나님께서 우리를 위해 안식을 예비하고 계신다는 사실을 알고, 세상의 수많은 시련 중에 안식을 추구하는 동안에 우리 안에 장애물이 발견된다면, 그런 시련은 반드시 고통스러우며, 거의 감당할 수 없는 것으로 입증될 필요가 있습니다.

12. 산만함을 무시하라

오 주여, 이러한 고통을 인하여 우리가 더 이상 멸시를 받지 않을 곳으로 우리를 인도해 주소서. 때로 그런 고통이 우리의 영혼을 조롱하는 것처럼 보이기 때문입니다. 우리가 마지막 방에 이를 때, 자비로운 하나님께서는 이 생에서도 우리를 그런 고통에서 건져 주십니다. 그것에 대해서는 주님의 은혜를 따라 다음에 설명하도록 하겠습니다. 모든 사람이 나처럼 여러 해 동안 이러한 약점 때문에 심하게 괴로워하거나 공격을 당하는 것은 아닙니다. 내가 나 자신의 사악함에 대하여 스스로에게 복수하려고 애를 쓴 것처럼 보일 수도 있을 것입니다. 내가 이런 식으로 너무나 많은 고난을 겪었기 때문에, 여러분도 그럴 수 있을 것 같다는 생각이 듭니다. 그래서 나는 동일한 주제를 여러분에게 설명하고자 합니다. 그것은 그 주제를 분명하게 설명할 수 있는 어떤 수단을 발견하기 위함입니다. 그것이 피할 수 없는 일인만큼, 그로 인해 괴로워하거나 슬퍼하지 마십시오. 밀을 가는 동안 계속 맷돌을 돌리도록 하십시오. 다시 말해서, 의지와 지성을 사용하여 계속 일하십시오.

13. 자기를 아는 지식의 필요성

이러한 고통은 우리의 건강 상태나 상황에 따라 얼마간 우리를 귀찮게 합니다. 가련한 영혼은 고통을 겪습니다. 그 영혼이 인내해야 하는 이유는 이번에는 잘못이 없더라도, 다른 경우에 여러 번 죄를 범했기 때문입니다. 우리는 너무나 무지해서 책을 읽거나 사람들의 말을 듣는 것 만으로는 잡념을 무시할 수 있기에 충분한 가르침을 받지 못합니다. 따라서 나는 여러분에게 이러한 시련에 대해 가르치고 위로하는 데 시간을 낭비하지 않을 생각입니다. 하나님께서 여러분을 깨우치기를 선택하시고, 추가적인 조치가 필요할 때까지는, 이렇게 하는 것이 여러분에게 거의 도움이 되지 못할 것입니다. 주님께서는 우리가 일반적인 수단으로 우리 자신을 이해하고, 우리의 방황하는 상상, 본성, 그리고 모든 책임을 우리 영혼 대신에 마귀의 유혹으로 돌리기를 원하십니다.

2장

하나님의 위로가 어떤 것인 지를 계속 설명하고, 영적인 위로를 얻기 위해 어떻게 준비해야 하는지에 대해 설명한다.

1. 분별 있는 경건에 따르는 육체적 결과

하나님, 나를 도와주십시오! 주제에서 벗어나고 말았습니다! 내가 무슨 말을 하고 있었는지조차 잊어버렸습니다. 여러 가지 일과 건강 문제 때문에 더 적절한 시간이 올 때까지 글쓰기를 중단해야 했던 경우가 종종 있었기 때문입니다. 의미가 잘 연결되지 않을 지도 모르겠습니다. 기억력이 극도로 나빠진 데다가, 내가 쓴 글을 읽을 시간조차 없기에, 내가 확실히 이해하는 내용마저 모호하게 표현될까 두렵습니다. 영적인 위로가 때때로 격정과 연결된다고 말했던 것으로 기억합니다. 이러한 경건한 감정은 흐느낌을 낳습니다. 나는 그런 감정 때문에 가슴이 메어지고, 코피를 흘리거나, 다른 고통을 겪을 정도로 격렬한, 주체할 수 없는 외부적인 현상이 나타난다는 말을 들은 적이 있습니다.

2. 신적 위로의 효과

나는 이런 일을 한 번도 경험한 적이 없기 때문에, 이 문제에 관해 아무 말도 할 수 없습니다. 하지만 거기에는 위로를 초래하는 어떤 것이 존재하는 것처럼 보입니다. 내가 말했듯이, 모든 것은 하나님을 기쁘시게 하고 그분의 임재를 누리고자 하는 열망으로 끝나기 때문입니다. 내가 신적 위로라고 부르거나 다른 곳에서 "고요의 기도"(prayer of quiet)라고 부르는 것은 매우 다른 것입니다. 하나님의 자비하심으로 그것을 경험한 사람들은 이해할 것입니다.

3. 두 개의 샘

이 주제를 더 명확히 하기 위해, 두 개의 샘과 물을 채울 수 있는 두개의 물통을 상상해 봅시다. 나는 무지하고 지혜가 부족해서 영적인 일을 설명하는 데 물보다 더 간단하면서도 적절한 비유를 찾을 수 없습니다. 게다가 나는 워낙 이 물이라는 원소를 좋아해서 다른 것보다 더 주의 깊게 연구했습니다. 위대하시고 지혜로우신 하나님께서는 자신이 창조하신 만물에 반드시 어떤 비밀을 숨겨두십니다. 따라서 그런 문제를 이해하는 사람들이 말하는 것처럼, 그런 비밀을 알게 될 경우, 우리는 큰 유익을 얻게 될 것입니다. 나는 개미처럼 그분이 만드신 가장 작은 피조물 하나하나에, 이해할 수 있는 것보다 더 큰 경이로움이 담겨 있다고 믿습니다. 이러한 두 개의 물통은 다른 방식으로 물이 채워집니다. 하나는 많은 관과 수로를 통해서 멀리서 흘러 들어온 물로 채워지는 반면에, 다른 하나는 샘물의 근원에 가까이 있어서 소리 없이 물로 가득 채워집니다. 우리가 언급하고 있는 것처럼, 샘이 풍족하고 물통에 물이 가득하면 물이 흘러 넘쳐 끊임없이 물줄기를 이루어 흐르게 됩니다. 여기에는 기계가 필요하지 않으며, 물이 수로를 통해 흐르지도 않습니다.

4. 두 가지 샘은 두 가지 기도를 상징한다.

이것이 두 가지 기도 사이의 차이입니다. 수로를 통해 흐르는 물은 묵상을 통하여 얻는 분별 있는 경건과 비슷합니다. 우리는 생각하고, 피조물에 관해 묵상하고, 정신으로 수고함을 통하여 그런 경건을 얻습니다. 한 마디로, 그것은 우리의 노력의 결과이며, 영혼을 이롭게 하는 동시에 내가 언급한 소란을 초래합니다. 다른 샘은 신적 위로와 마찬가지로 하나님을 의미하는 근원 자체에서 물을 받습니다. 하나님께서 우리에게 어떤 초자연적인 은혜를 베풀고자 하실 때, 우리는 늘 그렇듯이 우리의 존재의 가장 깊은 곳에서 가장 놀라운 평화와 고요함, 그리고 달콤함을 경험합니다. 나는 어디서, 어떻게 그런 일이 일어나는 지를 알지 못합니다.

5. 육신과 영혼이 공유하는 신적 위로

이러한 기쁨은 이 세상의 행복처럼 마음으로 즉시 느끼는 것이 아닙니다. 그 기쁨은 서서히 꼭대기까지 찬 후에 모든 방과 건물을 통하여 흘러 넘쳐 마침내 육신에까지 이르게 됩니다. 그러므로 나는 그 기쁨이 하나님에게서 비롯되어 우리 안에서 끝난다고 이야기합니다. 그러한 기쁨을 경험하는 모든 사람은 우리의 본성에 속한 모든 육체적인 부분이 이 기쁨과 달콤함을 함께 누린다는 사실을 발견하게 될 것입니다.

이 글을 쓰는 동안, 나는 "Dilatasti cor meum", "제 마음을 넓혀주셨기에"라는 구절을 생각했습니다. 이 말씀은 마음이 넓혀진다고 선언하고 있습니다. 이러한 기쁨은 마음에서 비롯되는 것이 아니라, 더 내면적인 부분, 말하자면 우리 존재의 깊숙한 곳에서 일어나는 것처럼 보입니다. 내가 그 이후로 배웠으며, 나중에 설명할 것처럼, 나는 이것이 영혼의 중심임에 틀림없다고 생각합니다.

나는 우리 안에 있는 비밀을 발견하고 종종 놀라곤 합니다. 내가 모르는 것이 얼마나 더 많겠습니까! 오 나의 주님, 나의 하나님! 당신의 위대하심이 얼마나 엄청나신 지요! 우리는 너무나 어리석은 어린 농부들과 같습니다. 우리는 당신에 관하여 뭔가를 안다고 생각하지만, 이것은 상대적으로 아무것도 아닐 것입니다. 우리 안에도 우리가 전혀 알지 못하는 심오한 비밀이 있기 때문입니다. 우리 안에 감춰진 모든 비밀에 대해 "상대적으로 아무것"도 아니라고 말하지만, 우리가 알고 있고, 당신의 행하신 일을 연구함으로 배울 수 있는 당신의 신비가 얼마나 큰 지요!

6. 영혼 안의 향기

내가 인용했던 구절로 돌아가 봅시다. 그것은 우리 존재의 깊은 곳에서 솟아나는 천상의 물로 마음이 넓어지기 시작하는 것을 설명하는 데 도움이 될 수 있습니다. 그 물은 우리를 내면적으로 넓혀주고 채워주며, 설명할 수 없는 방식으로 우리를 유익하게 하는 것처럼 보입니다. 영혼도 자기가 받는 것이 무엇 인지를 이해해지 못합니다. 영혼은 어떤 특정한 향기로 묘사될 수 있는 것을 의식합니다. 그 영혼은 마치 가장 깊은 곳에 달콤한 향수가 뿌려진 화로와 같습니다. 비록 불꽃을 보지도 못하고, 그것이 어디에 있는지도 알지 못하지만, 때로 몸으로도 감지되는 따뜻함과 향기로운 연기가 그 안으로 스며들게 됩니다. 내 말을 이해해 주십시오. 그 영혼은 실제적인 열이나 냄새를 느끼지 못하지만, 훨씬 더 미묘한 무언가를 느낍니다. 그래서 내가 이런 비유를 사용하여 설명하는 것입니다. 그런 경험이 전혀 없는 사람들에게, 그런 일이 다른 사람들에게 일어나다는 사실을 믿게 하십시오. 영혼은 그런 일이 일어나고 있다는 사실을 설명할 수 있는 것보다 더 분명히 느낍니다. 그것은 우리가 상상하거나, 우리가 하는 어떤 일을 통해서도 얻을 수 없는 것이라는 사실을 믿게 하십시오. 분명히 그것은 인간의 본성에서 나오는 것이 아니라 신적 지혜라는 가장 순수한 금에서 나오는 것입니다. 나는 이런 경우, 영혼의 능력이 하나님께 연합된 것이 아니라 흡수된다고 믿습니다. 영혼은 자기 앞에서 일어나는 경이로운 일을 보고 경탄하게 됩니다.

이것은 내가 다른 곳에서 썼던 내용과 다르게 보일 지도 모르겠습니다. 이것은 놀랄 만한 일이 아닙니다. 그것은 약 15년 전에 일어난 일이고, 하나님께서 그 이후로 그 문제에 관한 더 명확한 통찰력 내게 주셨을 것이기 때문입니다. 그때나 지금이나 나는 그 주제에 대해 완전히 잘못 알고 있을 수도 있습니다. 하지만 나는 사실이 아닌 것은 절대 고의적으로 말하지 않습니다. 하나님의 자비를 믿고 하는 말이지만, 나는 차라리 천 번을 죽었으면 죽었지 거짓말을 하지는 않을 것입니다. 나는 그 문제에 대해 내가 이해하는 대로 언급할 뿐입니다. 나는 이런 경우에, 의지가 어떤 식으로든 하나님의 의지와 결합된다고 믿습니다. 이 기도가 진짜인지 아닌 지를 보여 주는 것은 그것이 영혼에 미치는 영향과 그 사람의 추후의 행동입니다. 이것이 기도를 시험하기에 가장 좋은 용광로인 것입니다.

7. 이런 기도 중에 받는 은혜

우리 주님께서는 이 은혜가 얼마나 큰지를 깨닫는 영혼에게 큰 은혜를 베푸십니다. 또한 올바른 길에서 돌아서지 않는 경우에는 훨씬 더 큰 은혜를 베푸십니다. 여러분은 이러한 기도의 상태에 단 번에 들어가기를 갈망하고 있습니다. 여러분의 생각이 맞습니다. 내가 말했듯이, 영혼이 하나님께서 베푸신 은혜의 가치와 영혼을 더 가까이하시는 그분의 사랑의 가치를 이해할 수 없기 때문입니다. 우리는 이러한 은혜를 분명히 받을 수 있는 방법을 배우기를 갈망해야 합니다. 내가 그런 방법에 관해 알고 있는 바를 여러분에게 말하고자 합니다. 하나님께서 오직 당신의 선택으로 이러한 은혜를 베푸시는 특정한 경우를 제외한다면, 우리에게는 질문할 권리가 없습니다.

8. 그런 은혜는 지금 추구하는 것이 아니다

내가 앞에 있는 방에서 권면했던 것을 실천하십시오. 겸손 하십시오! 겸손 하십시오! 하나님께서는 겸손을 보시고, 우리가 구하는 모든 것을 우리에게 베풀어 주십니다. 여러분이 겸손을 소유하고 있다는 첫 번째 증거는 지금 하나님의 이러한 은혜와 위로를 받을 자격이 있다고 생각하지 않는 것입니다. 그리고 살아 있는 한, 그럴 자격이 없다고 생각하는 것입니다. 여러분은 아마도 이렇게 질문할 것입니다. "그 은혜를 얻으려고 시도하지 않는다면, 어떻게 그 은혜를 받을 수 있겠습니까?" 내 대답은 내가 여러분에게 말한 방법 보다 더 확실한 방법이 없기 때문에 얻으려고 애쓰지 말라는 것입니다. 그것은 다음과 같은 이유들 때문입니다.

첫째로, 그런 은혜를 얻는 주된 수단은 사리사욕 없이 하나님을 사랑하는 것입니다. 둘째로, 보잘것없는 우리의 섬김을 통하여 그토록 큰 상급을 얻을 수 있다고 생각하는 것은 다소 겸손이 부족한 까닭입니다. 셋째로, 그런 은혜를 받기 위한 진정한 준비는 위로를 받기보다는 고난을 받고, 우리 주님을 본받기를 바라는 것입니다. 우리 모두 그분께 죄를 범했기 때문입니다. 넷째로, 주님께서는 우리가 그분의 계명을 지킬 때 우리에게 영원한 영광을 주실 것이라고 약속하신 것과 같은 방식으로 이러한 은총을 주실 것이라고 약속하지 않으셨기 때문입니다.

우리는 이러한 특별한 은혜 없이도 구원을 받을 수 있습니다. 그분은 무엇이 우리에게 가장 좋은 지, 누가 그분을 진정으로 사랑하는지를 우리 보다 더 잘 알고 계십니다. 내가 아는 어떤 사람들은 사랑의 길로 행하며(따라서 십자가에 못 박히신 예수 그리스도만 섬기려고 하며), 그런 위로를 구하거나 바라지 않습니다. 그 뿐 아니라 그들은 이 세상을 사는 동안에는 그런 위로를 베풀어 주지 않으시기를 간구하기도 합니다. 이것은 사실입니다.

다섯째로, 우리는 헛된 수고를 할 뿐이기 때문입니다. 이 물은 우리가 처음에 말한 것처럼, 수로를 통해 흐르지 않습니다. 만일 샘이 물을 공급해 주지 못한다면, 우리의 수고는 헛될 것입니다. 내 말은 묵상을 하고, 최선을 다 하고, 심지어 눈물을 흘린다 하더라도, 그 물을 흐르게 할 수는 없다는 것입니다. 하나님만이 택하신 사람들에게 그 물을 주십니다. 때로는 영혼이 전혀 생각하지 못하고 있을 때, 그것을 주시기도 하는 것입니다. 우리는 그분의 것입니다. 그분이 뜻하시는 일을 우리에게 행하시게 하고, 그분이 원하시는 곳으로 우리를 인도하시도록 맡겨 드립시다. 우리가 진정으로 겸손하고 우리의 자아를 죽인다면, 우리 주님께서는 우리에게 이러한 은혜를 베풀어 주실 뿐만 아니라 우리가 알지 못하거나 바라지도 못하는 다른 은혜들을 우리에게 베풀어 주실 것입니다. 주님께서 영원히 찬양과 축복을 받으소서! 아멘.

3장

하나님께서 앞서 묘사한 은혜를 베풀어 주시기 전에 일반적으로 부여해 주시는 거둠의 기도를 다룬다. 앞서 다룬 신적 위로의 효과를 다룬다.

1. 성의 거주자들과 비교되는 거둠의 기도

신적 위로의 효과는 매우 다양합니다. 그것을 묘사하기 전에, 보통 그것에 선행하는 또 다른 종류의 기도를 언급하고자 합니다. 이 주제에 대해서는 다른 곳에서 기록했기 때문에, 많은 말을 하지는 않겠습니다. 내가 믿기에, 이것은 일종의 초자연적인 거둠(recollection)입니다. 이를 위해 조용한 곳으로 물러나거나, 눈을 감고 있을 필요가 없습니다. 어떤 외부적인 것에 의존할 필요도 없습니다. 그저 무심코 눈을 감을 때, 홀로 있음(soliotude)을 발견하게 됩니다. 스스로 노력하지 않았는데도, 내가 언급했던 성전이 영혼을 위해 지어집니다. 그리고 그 영혼은 그 성전 안에서 기도를 하게 되는 것입니다.

감각이나 외부 환경은 통제력을 잃은 것처럼 보입니다. 반면에, 영혼은 잃어버렸던 주권을 서서히 되찾고 있습니다. 어떤 사람들은 영혼이 자기 안으로 들어간다고 말합니다. 혹은 영혼이 자기 위로 올라간다고 말하기도 합니다. 나는 이런 표현들에 대해 아무런 말도 할 수 없습니다. 하지만 내가 이해하는 대로 그 주제에 대해 언급하는 것이 좋을 것 같습니다. 그것을 이해할 수 있는 사람이 나밖에 없을 수도 있지만, 어쩌면 여러분은 내 말의 의미를 파악할 수도 있을 것입니다.

영혼(내가 사용한 비유에서 성의 거주자들과 비교한 바 있습니다)의 감각과 능력들이 달아나서 외부의 적들과 합류했다고 상상해 봅시다. 성을 떠난 지 오랜 세월이 지난 후에, 그들은 얼마나 손실이 큰지를 깨닫고 성으로 되돌아갑니다. 하지만 악한 습관을 끊기 어렵기 때문에, 아무리 수를 써도 성 안으로 다시 들어갈 수가 없습니다. 이제 그들은 더 이상 배신자가 아니지만, 성밖을 맴돌게 됩니다.

2. 목자가 자기 양떼를 성 안으로 다시 불러들인다

성 안의 궁정에 계시는 왕은 그들의 선한 뜻을 보시고, 크신 자비로 그들이 자신에게 돌아오기를 원하십니다. 그분은 선한 목자처럼 너무나 감미롭게 피리를 부십니다. 그들은 그 피리 소리를 거의 들을 수 없더라도, 그분의 부르심을 알아차리고 더 이상 방황하지 않고 길 잃은 양처럼 방으로 돌아갑니다. 양떼에 대한 이 목자의 권세가 너무도 강해서, 그들은 그들을 오도했던 세상의 염려를 버리고 성 안으로 다시 들어갑니다.

3. 초자연적인 거둠

내가 이전에 이런 문제를 이렇게 명확하게 설명한 적이 없다는 생각이 듭니다. 우리 자신 안에서 하나님을 찾는 것은 피조물 안에서 하나님을 찾는 것보다 훨씬 더 유익합니다. 성 어거스틴은 오랫동안 다른 곳에서 하나님을 찾은 후에, 자신의 영혼 안에서 어떻게 그분을 찾게 되었는지에 대해 이야기하고 있습니다. 하나님께서 이러한 거둠을 우리에게 주실 때, 그것은 큰 도움이 됩니다. 하지만 여러분 안에 거하시는 하나님을 생각하거나, 여러분의 영혼에 그분이 계신다고 상상함으로써 그것을 얻을 수 있다고 생각하지 마십시오. 이것은 훌륭한 수행이자 묵상입니다. 하나님이 우리 안에 거하신다는 사실에 기초를 두고 있기 때문입니다. 그러나 그것은 거둠의 기도가 아닙니다. 하나님의 도우심으로 모든 사람이 그것을 실천할 수 있기 때문입니다.

내가 의미하는 것은 완전히 다른 것입니다. 때때로 영혼은 그 능력을 통해 하나님에 대해 미처 생각하기도 전에, 성 안에 있는 자신을 발견합니다. 나는 영혼이 성 안에 어떤 수단으로 들어왔는지, 어떻게 목자의 피리 소리를 들었는지 알지 못합니다. 영혼은 귀로 그 소리를 듣지는 못하지만, 이러한 은혜를 누리는 사람들이 경험하는 달콤한 기억을 예민하게 의식하고 있습니다.

4. 거둠은 더 높은 차원의 은혜를 받기 위한 준비가 된다

영혼은 자기 안으로 움츠러드는 거북이나 성게와 같다는 말을 어딘가에서 읽은 것 같습니다. 이런 말을 한 사람들은 자신이 언급하는 내용을 분명히 이해하고 있었습니다. 하지만 이러한 피조물들은 마음대로 자신 안으로 물러날 수 있지만, 하나님께서 은혜를 주시지 않는 한, 우리에게는 자신 안으로 물러날 수 있는 힘이 없습니다. 내 생각에, 그들의 삶의 상태가 **사실 상** 그렇게 할 수 있도록 허락하지 않는다면, 주님께서는 최소한 세상을 포기하려는 **갈망**을 가진 사람들에게만 이런 은혜를 베푸십니다. 따라서 그분은 그들에게 영적인 일에 헌신하기를 특별히 명하십니다. 만일 그들이 주님께 자유롭게 행하실 수 있도록 허용한다면, 그분은 더 높은 삶으로 부르시기를 시작하시는 사람들에게 훨씬 더 큰 은혜를 베풀어 주십니다.

이러한 거둠을 누리는 사람들은 하나님께 열렬히 감사해야 합니다. 이런 은혜의 가치를 깨닫는 것이 그들에게 가장 중요한 일입니다. 그런 감사는 그들이 훨씬 더 큰 은혜를 받을 수 있도록 준비시켜 줍니다. 어떤 책들은 주님께서 우리에게 말씀하시는 것을 들을 수 있도록 마음을 안정시키고, 그분이 우리 영혼 안에서 어떻게 역사하실 지를 기다림으로써 준비를 갖추라고 조언합니다. 하지만 주님께서 우리의 기능들을 정지시키시지 않는 한, 우리 자신에게 이익보다 해를 끼치지 않고 생각을 멈출 수 있는 방법을 이해할 수 없습니다. 바로 이런 점이 영적인 문제들에 박식한 사람들의 많은 논쟁거리가 되었습니다. 그들의 의견에 굴복할 수 없었던 내게 겸손이 부족했음을 고백합니다.

5. 하나님께서 사랑으로 회상을 불러일으키실 때까지 정신은 계속 활동해야 한다

어떤 사람이 알칸타라(Alcantara)의 수사 베드로(그분을 그렇게 공정하게 부를 수 있다고 생각합니다)가 이 주제에 관해 쓴 책에 관해 언급해 주었습니다. 그분에게 이런 주제에 관해 판단할 수 있는 능력이 있음을 알기에, 나는 그분의 결정에 복종했어야 합니다. 그 책을 읽어본 결과, 사랑으로 물러나도록 부름을 받을 때까지, 정신이 계속 행동을 취해야 한다고 생각하는 면에서 그분이 나와 의견이 일치한다는 사실을 발견했습니다. 그분이 그 의견을 다른 말로 표현했지만 말입니다. 내 생각이 틀렸을 수도 있지만, 나는 이런 이유들에 의존합니다.

첫째로, 추론을 적게 하고 가장 적게 행동하려고 애쓰는 사람이 영적인 문제에서 많은 일을 한다는 것입니다. 우리는 권세 있고 부유한 황제 앞에 있는 거지처럼 간구해야 합니다. 그런 다음, 눈을 내리뜬 채로 겸손하게 기다리십시오. 그분이 우리의 기도를 듣고 계신다는 사실을 은밀히 보여주실 때, 침묵하는 것이 좋습니다. 그분이 우리를 자신에게로 이끄시기 때문입니다. 따라서 우리의 정신을 쉬게 하려고 노력하는 것(말하자면, 그렇게 할 수 있다면 말입니다) 전혀 해롭지 않을 것입니다. 하지만 왕께서 우리의 기도를 들으시거나 우리를 보고 계신다는 징조가 없다면, 영혼이 멍청이 같이 힘을 잃고 서 있을 필요가 없습니다. 영혼이 계속 그렇게 활동을 하지 않는다면, 바보처럼 보일 것입니다. 이런 경우에 영혼은 훨씬 더 메마른 상태에 빠지게 되며, 상상력은 아무 생각도 하지 않으려는 바로 그 노력으로 인해 이전보다 더 들뜨게 될 것입니다. 우리 주님께서는 그런 때에 우리가 그분께 간구하고 자신의 임재 안에 거하기를 바라십니다. 그분은 무엇이 우리에게 가장 좋은 지를 알고 계십니다.

6. 영혼은 하나님의 손에 자신을 내려놓아야 한다.

이런 문제에서는 인간의 노력이 아무 소용이 없다고 믿습니다. 주님께서는 우리의 능력을 제한하시고, 그 능력을 자신에게 남겨두시는 것처럼 보입니다. 참회와 선행과 기도 같은 다른 많은 일에서는 인간의 연약함이 허용하는 한, 우리는 그분의 도우심으로 스스로를 도울 수 있습니다. 두 번째 이유는 이러한 내면의 활동은 달콤하고 평화롭기 때문에 고통스러운 노력은 우리에게 득보다 실이 더 많습니다. "고통스러운 노력"이란 숨을 참는 것처럼, 우리 자신에게 가하는 모든 강제적인 제약을 의미합니다. 우리는 오히려 자기 이익을 추구하기를 포기하고, 그분의 뜻에 전적으로 우리를 맡겨야 합니다. 세 번째 이유는 아무것도 생각하지 않으려는 노력 자체가 우리의 상상력을 더욱 자극하기 때문입니다. 네 번째는 우리가 하나님의 존귀와 영광만을 위하고, 우리 자신과 우리의 유익과 안위와 행복을 잊어버리며, 가장 참되고 합당한 섬김을 하나님께 드리기 때문입니다. 하나님의 더 큰 영광을 갈망하고 그분이 소유하신 영광을 갈망할 수 있도록, 움직이거나, 생각하거나, 정신에게 충분한 자유를 부여하기를 두려워할 정도로 엄격한 통제 아래 있는 우리가 어떻게 자신을 의식하지 않을 수 있겠습니까?

주님께서는 정신이 일을 하지 않고 쉬기를 원하실 때, 다른 방식으로 그것을 이용하십니다. 주님께서는 정신에게 자신의 노력으로 얻을 수 것보다 훨씬 더 많은 빛과 지식을 주시고, 자신 안으로 온전히 흡수시키십니다. 그러면 정신은 어떻게 그런 일이 일어나는지는 모르더라도, 생각을 멈추기 위해 스스로 노력함을 통해서는 얻을 수 없는 지혜로 가득 차게 됩니다. 하나님께서는 우리가 사용할 수 있도록 여러 가지 기능을 주셨습니다. 각각의 기능은 합당한 보상을 받을 것입니다. 그러므로 그 기능들을 유혹하여 잠들게 하지 말고, 더 높은 목적으로 부르실 때까지 제 구실을 하게 하십시오.

7. 거둠의 기도와 기도 중의 산만함

내 생각으로는 하나님께서 영혼을 이 방에 두시기로 결정하실 때, 내가 권고한 대로 행한 다음, 억지를 쓰거나 방해함이 없이 방황하는 생각으로부터 자유롭도록 영혼을 지키는 것이 가장 좋습니다. 하지만 상상력이 작동하는 것을 완전히 중단시키려고 해서는 안 됩니다. 하나님의 임재를 기억하고, 그분이 어떤 분이신 지를 생각하는 것은 좋은 일이기 때문입니다. 영혼이 감정에 의해 그 자체로부터 옮겨진다면, 그것은 좋은 일입니다. 하지만 그 안에서 무엇이 지나가는 지를 이해하려고 하지 마십시오. 이러한 은혜는 평화롭게 그 은혜를 즐길 수 있도록 내버려두어야 할 의지에 부여되기 때문입니다. 의지는 종종 갈망을 일으킬 뿐입니다. 하지만, 이런 종류의 기도 중에, 영혼은 그 기도를 위해 아무 노력도 하지 않습니다. 하지만 종종 아주 짧은 시간 동안 정신이 완전히 생각을 멈추게 됩니다.

이런 영적 상태에 있는 동안 이런 일이 일어나는 이유에 대해서는 다른 곳에서 설명한 바 있습니다. 네 번째 방을 처음 언급했을 때, 거둠의 기도 전에 신적 위로를 언급했습니다. 거둠의 기도가 먼저 임해야 하는 이유는 그것이 위로 보다 훨씬 열등하기 때문입니다. 거둠은 묵상을 포기하거나 이성을 사용하지 말 것을 요구하지 않습니다. 고요의 기도에서 물이 수로를 통하지 않고 샘 자체에서 흐를 때, 정신은 활동을 멈추게 됩니다. 정신은 무슨 일이 일어나고 있는지 이해하지 못함에도 불구하고, 그렇게 하도록 강요를 당합니다. 그래서 어리둥절하여 이리저리 떠돌며 쉴 곳을 찾지 못합니다. 그 사이에 의지는 하나님과 완전히 연합될 것입니다. 그러면서도 의지는 생각의 소란으로 인해 크게 시달립니다. 그러나 그것에 대해서는 주의를 기울이지 마십시오. 그렇지 않으면, 영혼이 누리고 있는 은혜의 상당 부분을 잃게 될 것입니다. 영혼으로 하여금 이러한 방해를 무시하고 신성한 사랑의 팔에 자신을 맡기게 하십시오. 주님께서 최선으로 행동하는 방법을 가르쳐 주실 것입니다. 그것은 주로 자신이 그렇게 선한 것을 받을 만한 가치가 없음을 깨닫고, 온 마음을 쏟아 그것에 대해 감사하는 데 있습니다.

8. 위로를 통해 얻는 영혼의 자유

거둠의 기도를 다루기 위해 나는 하나님의 은혜를 받은 영혼들에게서 발견되는 효과와 증상을 묵묵히 지나쳤습니다. 신적인 위로는 분명히 샘에서 흘러나오는 물이 출구가 없는 물통으로 흘러 들어가는 것과 비교할 수 있는 영혼의 팽창이나 확장을 유발합니다. 하지만, 그것은 그 통에 부어지는 물의 양에 비례하여 크기와 비율이 증가하도록 구성되어 있습니다. 하나님께서는 다른 많은 놀라운 은혜를 베풀어 주시는 것 외에, 이런 기도를 통해 동일한 효과를 일으키시는 것처럼 보입니다. 그래서 영혼에게 주시고자 하는 모든 것을 담을 수 있도록 준비시키십니다. 내적인 달콤함과 팽창을 겪은 영혼은 이전에 하나님을 섬길 때처럼 억제되지 않고, 훨씬 더 큰 영의 자유를 소유하게 됩니다. 영혼은 더 이상 지옥의 공포로 인해 괴로워하지 않습니다. 하나님께 죄를 범하지 않으려고 어느 때보다 더 신경을 쓰지만, 노예적인 두려움을 버렸으며, 언젠가는 주님을 모시게 될 것이라고 확신하기 때문입니다. 영혼은 금욕 생활로 건강을 잃을까 두려워하지 않습니다. 영혼은 그분의 은혜로 무엇이든 할 수 있다고 믿으며, 이전보다 더 고행을 열망합니다. 고난에 더 무관심해지게 된 이유는 믿음이 더 강해졌기 때문입니다. 그래서 하나님을 위해 고난을 당할 때, 그분이 그것을 인내하며 감당할 수 있는 은혜를 주실 것이라고 믿기 때문입니다.

실제로 그런 사람은 때때로 시련을 갈망하기까지 합니다. 하나님을 위해 뭔가를 행하고자 하는 간절한 갈망을 지니고 있기 때문입니다. 영혼은 거룩하신 주님을 더 잘 이해할수록 자신의 비천함을 더욱 생생하게 깨닫게 됩니다. 신적인 위로는 세상의 쾌락이 얼마나 부정한지를 보여줍니다. 영혼은 세상의 쾌락에서 서서히 물러남으로써, 더 큰 자제력을 얻습니다. 한 마디로, 영혼의 덕이 증가합니다. 그 영혼은 돌아서서 하나님께 범죄하지 않는 한, 완덕을 향한 진보를 그치지 않을 것입니다. 따라서 하나님께 범죄한다면, 그 영혼은 아무리 높은 상태에 도달한다 하더라도 모든 것을 잃게 될 것입니다.

9. 영혼은 경계해야 한다

이런 모든 효과들이 하나님께서 이러한 은혜를 한두 번 베풀어 주심으로 산출되었다고 생각해서는 안 됩니다. 그런 은혜는 계속해서 받아야 합니다. 영혼의 행복이 그 은혜를 얼마나 자주 받느냐에 달려 있기 때문입니다. 나는 이런 상태에 도달한 사람들에게 어떤 경우라도 하나님께 죄를 범하지 말 것을 강력히 권고하고 싶습니다. 아직 덕이 완전히 확립되지 못한 영혼은 처음으로 어머니의 젖을 빨기 시작한 아기와 같습니다. 아기가 어머니를 떠난다면, 죽음 밖에 무엇을 더 바라겠습니까? 내가 두려워하는 것은 하나님께서 이러한 은혜를 베푸신 영혼이 기도를 중단하는 것입니다. 긴급한 경우를 제외하고는, 즉시 기도로 돌아가지 않는 한, 상황이 갈수록 더 악화될 것입니다.

10. 마귀는 특히 그런 영혼을 유혹한다

나는 그러한 경우에 따르는 위험을 깨닫게 됩니다. 내가 아는 사람들이 하나님에게서 멀어짐으로 타락하는 모습을 보면서 슬펐던 적이 있습니다. 하나님께서는 그들을 다루신 방식으로 입증해 보이셨듯이, 너무나 큰 사랑으로 그들을 자신의 친구로 삼으셨습니다. 나는 그런 사람들에게 죄를 짓는 위험을 무릅쓰지 말라고 신신당부하고 싶습니다. 마귀는 그런 은혜를 받지 않은 수많은 영혼보다 은혜를 받은 한 영혼을 더 노리기 때문입니다. 그런 은혜를 받은 사람들은 다른 사람들이 자신의 모범을 따르도록 인도함으로써 마귀에게 더 큰 손실을 초래하고, 하나님의 교회를 위해 크게 봉사할 수 있기 때문입니다. 마귀는 주님께서 이런 사람들에게 베푸시는 특별한 사랑을 목격한 것 외에는 별다른 이유도 없이, 그들이 영원히 길을 잃도록 그들 안에 있는 하나님의 역사를 미친듯이 망치려 듭니다. 그래서 그들은 심한 시험을 받고 넘어질 경우에, 다른 사람보다 더 심하게 넘어지는 것입니다.

11. 그릇된 황홀경

우리가 말할 수 있는 한, 여러분은 그러한 위험에서 자유롭습니다. 하나님께서 여러분을 교만과 허영으로부터 지켜 주시기를 바랍니다! 마귀는 때때로 내가 언급한 은혜의 위조품을 제공합니다. 이것은 쉽게 감지할 수 있습니다. 그것이 초래하는 결과가 진짜 은혜가 초래하는 결과와 정반대가 되기 때문입니다. 다른 곳에서 언급한 적이 있지만, 여기서는 특별한 위험에 대해 경고하고 싶습니다. 기도를 하는 사람들, 특히 체질이 약한 여성들의 경우에 그러한 실수를 범하기가 쉽습니다. 어떤 사람들은 고행과 기도와 철야 때문에, 혹은 단순히 건강이 나쁜 까닭에 영적인 위로를 받을 때마다 그것에 의해 압도됩니다. 어떤 내적인 기쁨을 느낄 때, 그들의 육신은 나른하고, 약해지며, 잠에 빠져듭니다. 그들은 그것을 영적인 잠이라고 부릅니다. 이것은 내가 묘사한 것보다 더 발전된 단계입니다. 그들은 영혼이 육체와 마찬가지로 그런 상태를 공유한다고 생각하고 일종의 취한 상태에 자신을 내맡깁니다. 그들이 자제력을 더 잃을수록, 감정이 그들을 더 지배하게 됩니다. 체력이 약해지기 때문입니다. 그들은 이것을 황홀경이라고 생각하고 그것을 그렇게 부르지만 나는 그것을 허튼소리라고 부릅니다. 그것은 시간을 낭비하고 건강을 해칠 뿐입니다.

12. 이런 식으로 미혹되는 것을 다루는 방법

어떤 사람에게 이러한 상태가 8시간 동안 지속되었습니다. 그 동안 그녀는 감각을 잃지 않았으며, 하나님에 대한 생각도 없었습니다. 그녀는 잘 먹고, 잘 자고, 고행을 금하게 했더니 회복이 되었습니다. 그녀가 회복될 수 있었던 것은 그녀와 같은 경우를 이해하는 어떤 사람 덕분이었습니다. 지금까지 그녀는 의도치 않게 자신 뿐 아니라 자신의 고해 신부와 다른 사람들을 속였습니다. 나는 마귀가 자신의 목적을 이루기 위해 여기에서 역사했으며, 그것으로부터 많은 것을 얻기 시작하고 있었다고 확신합니다. 하나님께서 영혼에게 그러한 은총을 베푸실 때, 비록 심신이 모두 쇠약 해지더라도, 자신이 하나님과 가까이 있음을 알고 큰 기쁨을 얻은 그 영혼은 그런 쇠약함을 공유하지 않는다는 사실을 알아야 합니다. 그 영혼은 이러한 상태가 아주 짧은 시간 이상 지속되지 않는다는 사실 역시 알아야 합니다. 비록 그 영혼이 다시 황홀경에 들어갈 수도 있습니다. 하지만 육신은 이미 언급했듯이 이미 쇠약하지 않은 한 피곤하거나 고통을 겪지 않습니다.

　나는 후자를 경험한 사람은 누구든지 원장에게 알리고, 그런 문제에서 가능한 한 생각을 돌리라고 조언합니다. 원장은 그런 수녀가 몇 시간 이상 기도하지 않도록 인도해야 합니다. 만일 그녀가 이런 식으로 건강을 잃었다면, 평소의 기력을 회복할 때까지 잘 먹고, 잘 자도록 인도해야 합니다. 그 수녀의 체질이 너무 약해서 이런 조치로 충분하지 않다면, 그녀는 활동적인 삶으로 부르심을 받았을 것입니다. 수도원에는 그런 사람들이 있어야 합니다. 그녀에게 다양한 일을 맡기고, 오래도록 혼자 있게 내버려 두지 않도록 조심하십시오. 그렇지 않으면, 그녀는 완전히 건강을 잃고 말 것입니다. 이렇게 그녀를 대하는 것이 그녀에게는 견디기 어려운 큰 고통이 될 것입니다. 우리 주님께서는 그녀가 그분의 부재를 감당하는 방식을 보시고, 자신에 대한 그녀의 사랑을 시험하십니다. 그분은 오래지 않아 그녀의 기력을 회복시켜 주실 것입니다. 그렇지 않을 경우, 그녀는 관상을 실천할 때와 마찬가지로 구송 기도와 순종을 통하여 큰 진보를 이루고 상급을 받게 될 것입니다.

13. 이 방에서 겪는 망상

정신과 상상력이 너무 활발한 나머지, 자신이 생각하는 모든 것을 보고 있다고 착각하는 사람들이 있습니다. 이것은 몹시 위험한 일입니다. 이 문제에 대해서는 나중에 더 자세히 다룰 수 있을 것입니다. 나는 이 방이 가장 많은 영혼들이 들어가는 곳이라고 믿기 때문에, 이 방에 오랫동안 머물렀습니다. 자연적인 것이 초자연적인 것과 결합되기 때문에, 마귀는 하나님께서 그에게 많은 기회를 주지 않으실 미래 보다 여기에서 더 많은 해를 끼칠 수 있습니다. 하나님께서 영원히 찬양을 받으시기를 바랍니다! 아멘.

다섯 번째 방

1장

기도 중에 일어나는 하나님과의 합일을 다루기 시작한다. 우리가 이런 문제에서 속지 않았는지 확인하는 방법을 다룬다.

1. 다섯 번째 방의 은혜

오, 나의 자매들이여, 다섯 번째 방에 들어 있는 부와 보물과 기쁨을 어떻게 묘사할 수 있겠습니까! 그것들에 대해 아무 말도 하지 않는 편이 낫지 않을까요? 그것들은 묘사하기가 불가능하고, 정신으로 상상할 수도 없으며, 비교해서 묘사할 만한 것도 없습니다. 세상의 모든 것은 너무 미천해서 그런 목적에 부합하지 않습니다. 오나의 주님, 하늘로부터 빛을 비춰 주셔서 이런 종들에게 나눠줄 수 있게 하소서. 그들 중 몇 사람은 주의 선하심으로 자주 이런 기쁨을 누리게 하소서. 마귀가 광명의 천사로 가장하여 당신을 기쁘시게 하기 만을 바라는 사람들을 속이지 않게 하소서.

2. 관상을 갈구하라

나는 이런 은혜를 받는 사람들이 "몇 명" 있다고 말했지만, 실제로 이 방에 절대로 들어가지 못하는 사람은 거의 없습니다. 들어가는 횟수에는 차이가 있겠지만, 최소한 대부분이 이 방에 들어갈 수 있다고 말할 수 있을 것입니다. 내가 설명하고자 하는 어떤 은총은 소수의 수녀들에게만 부여되지만, 나머지 수녀들은 이 문에 도착하기만 해도 하나님의 큰 은총을 받는다고 생각합니다. "청함을 받은 자는 많으나 택함을 입은 자는 적"기 때문입니다. 가르멜의 거룩한 수도복을 입은 우리는 모두 기도와 관상을 실천하도록 부름 받았습니다. 이것은 우리가 속한 이 수도회의 목적이었습니다. 가르멜 산의 거룩한 교부들은 이러한 보화, 즉 우리가 언급한 진주를 위해 완전한 독거와 세상을 완전히 멸시하기를 추구했습니다. 우리는 그들의 후손입니다. 우리 주님께서 이러한 보석을 우리에게 보여주시도록 영혼을 준비하는 일에 우리 대부분은 거의 관심을 기울이지 않습니다! 겉으로 보기에, 우리는 필요한 덕을 행하는 것처럼 보입니다. 하지만 우리는 관상을 획득해야 하며, 그것을 위해서는 크든 작든 간에 어떤 수단이든 무시해서는 안 됩니다.

자매 여러분, 용기를 내십시오. 우리 중에 이 생에서 천국을 미리 맛보는 사람들이 있을지도 모르니, 우리 자신의 잘못으로 인해 천국을 놓치지 않도록 주님의 은총을 구하십시오. 그것을 찾을 수 있는 곳을 보여 주시도록 그분께 구하십시오. 우리 마음 속에 묻혀 있는 이 숨겨진 보물을 찾을 때까지, 깊이 팔 수 있는 영혼의 힘을 주시기를 간구하십시오. "영혼의 힘"'이라고 말한 것은 우리 주 하나님께서 강한 육신을 주시기를 보류하기로 선택하실 때, 강한 육신이 필수적이지 않다는 사실을 이해할 수 있게 하기 위함입니다. 그분은 누구든지 이런 부요함을 얻을 수 있게 하시지만, 각 사람이 최선을 다하는 것으로 만족하십니다. 그런 하나님께 찬양을 드립니다!

3. 합일을 위한 기도가 육체에 미치는 영향

하지만 우리가 언급하고 있는 이러한 보물을 구입하기 위해서는 크든 작든 아무것도 하나님께 감추지 말아야 합니다. 그분은 모든 것을 소유하실 것입니다. 여러분은 크든 작은 여러분이 바친 것만큼 상급을 받게 될 것입니다. 우리가 합일의 기도에 도달했는지 아닌 지를 아는 데 이보다 더 확실한 표징은 없습니다. 이러한 기도의 상태가 앞의 상태와 같은 일종의 (조는 상태)와 같은 것이라고 상상하지 마십시오 (나는 영혼이 잠든 것도 아니고 완전히 깨어 있는 것도 아닌 자는 상태처럼 보이기 때문에 그것을 "조는 상태"라고 부릅니다).

합일의 기도에서 영혼은 세상과 그 자체에 대해 깊이 잠들어 있습니다. 사실 이런 상태가 지속되는 짧은 시간 동안 모든 감정을 빼앗기고, 원한다 하더라도 아무런 주제에 대해서도 생각할 수 없습니다. 여기서는 생각을 멈추기 위해 어떤 노력도 필요가 없습니다. 영혼은 사랑을 할 수 있는 경우에도, 어떻게 사랑할지, 누구를 사랑할지, 무엇을 원하는지를 모릅니다. 사실 영혼은 하나님 안에서 진정으로 살기 위해 그 어느 때보다도 이 세상에 대해 완전히 죽었습니다. 이것은 감미로운 죽음입니다. 그 영혼이 육신에 있는 동안 수행한 기능을 상실하기 때문입니다. 그것은 감미롭습니다. (실제로 그렇지는 않지만) 하나님 안에 더 온전히 거하기 위해 필멸의 덮개(mortal covering)를 남겨둔 것처럼 보이기 때문입니다. 이런 일이 철저하게 이뤄지기 때문에, 몸이 호흡을 계속할 수 있을 만큼 충분한 생명을 유지하고 있는 지의 여부는 알 수 없습니다. 생각해보면, 그렇지 않다고 생각합니다. 어쨌든 여전히 숨을 쉬고 있다면, 무의식적으로 그렇게 하는 것입니다.

4. 놀라는 이성

정신은 무슨 일이 일어나고 있는지 이해하려고 노력하는데 완전히 집중하고 있습니다. 그것은 정신의 능력을 초월합니다. 너무나 놀란 정신은 의식을 완전히 상실하지는 않더라도, 최소한 전혀 움직일 수 없습니다. 그런 사람은 충격을 받아 기절한 사람에 비유될 수 있습니다.

5. 합일의 기도와 고요의 기도 비교

오, 하나님의 크신 비밀이여! 성공할 수 있다고 생각한다면, 그 비밀을 설명하려고 애쓰는 데 지쳐서는 안 될 것입니다! 우리가 하나님을 더 찬양할 수 있게 만들 수만 있다면, 나는 어떤 노력도 아끼지 않을 것입니다. 나는 이러한 기도가 정신에 졸음을 일으키지 않는다고 말했습니다. 반면에 마지막 방에서 묘사된 (고요의) 기도에서 영혼은 많은 경험을 쌓을 때까지 자신에게 실제로 무슨 일이 일어났는지 확신하지 못합니다. "그것은 상상에 불과한 일이었을까? 잠이 들었던 것인가? 그것은 하나님에게서 온 것이었을까 아니면 빛의 천사로 가장한 마귀에게서 온 것이었을까" 정신은 온갖 의혹을 느낍니다. 그것은 당연한 일입니다. 내가 말했듯이, 이런 경우, 본성이 때때로 우리를 속일 수 있기 때문입니다.

독 있는 파충류들이 여기에 들어올 가능성은 거의 없습니다. 하지만 해를 끼칠 수는 없지만, 민첩한 작은 도마뱀들이 특히 눈에 띄지 않는 경우에 스며들려고 할 것입니다. 내가 말했듯이, 이런 것들은 종종 아주 골치 아픈 상상력에서 오는 사소한 공상입니다. 이런 작은 도마뱀들은 아무리 활동적일지라도 다섯 번째 방에 들어올 수 없습니다. 그 방에 부여된 은혜를 방해할 만한 상상력도, 이해력도, 기억력도 가지고 있지 못하기 때문입니다.

6. 신적 합일과 세상적 합일

이것이 하나님과의 참된 합일이라면, 마귀가 간섭하거나 해를 끼칠 수 없다고 나는 감히 주장합니다. 하나님께서 영혼의 본질과 너무나 깊이 연결되고 결합되어 있으시기 때문에, 악한 자가 감히 접근할 수 없기 때문입니다. 그는 또한 이러한 신비를 이해할 수도 없습니다. 이것은 확실한 사실입니다. 마귀는 우리의 생각을 알지 못합니다. 더욱이 하나님께서 우리에게도 알려주시지 않을 정도로 심오한 비밀을 꿰뚫어 볼 수는 없습니다. 오, 이 저주받은 자가 우리를 해칠 수 없는 이러한 축복받은 상태를 무엇에 비길 수 있겠습니까! 하나님께서 우리 안에서 역사하셔서 우리 자신이나 그 누구도 그분을 방해할 수 없을 때, 우리가 어떤 재물을 얻겠습니까! 그토록 주시기를 간절히 원하시고, 자신이 바라시는 모든 것을 주실 수 있는 분이 우리에게 무엇을 주지 않으시겠습니까? 여러분은 "이것이 하나님과의 참된 합일이라면"이라는 나의 말을 듣고 당황했을지도 모릅니다. 마치 다른 연합이 있는 것처럼 말입니다. 그런 합일이 있기는 하지만, 그것들은 하나님과의 합일이 아니라 허영과의 합일입니다. 마귀가 정욕을 이용하여 영혼을 허영에 중독되게 만들 때 일어나는 합일은 신적 합일과는 다르며, 정신은 신적 합일에 속한 기쁨과 만족, 평화와 행복을 놓치게 됩니다. 이러한 하늘의 위로는 지상의 모든 기쁨과 즐거움, 그리고 만족보다 더 중요합니다. 경험으로 알 수 있듯이, 그것들의 근원과 세속적인 쾌락의 근원 사이에는 큰 차이가 있습니다.

7. 이러한 문제들에 도움을 주는 능력 있는 지도자들

나는 어디선가 하나는 육체의 피부만 접촉하는 것처럼 보이고, 다른 하나는 골수까지 꿰뚫는다고 말한 적이 있습니다(완덕의 길 31장 참조). 나는 이것이 옳다고 믿으며, 이 보다 나 자신을 더 잘 표현할 수는 없을 것 같습니다. 나는 여러분이 이런 질문에 대해서 아직 만족하지 못하지만, 속임수를 두려워하는 모습을 상상하게 됩니다. 영적인 문제는 설명하기가 매우 어렵기 때문입니다. 하지만 이런 은혜를 받은 자들을 위해서는 충분히 설명했다고 생각합니다. 하나님과의 합일과 다른 합일과의 차이가 매우 눈에 띄기 때문입니다. 하지만 여러분을 오도할 가능성이 없고, 은혜가 하나님에게서 오는 것인지의 여부에 대한 의심을 남기지 않는 분명한 증거를 제시하고자 합니다. 주님께서는 바로 오늘 그것을 기억할 수 있게 해주셨습니다. 그것은 틀림없는 신호인 것처럼 보입니다.

나는 어려운 문제에 대해서 말할 때면, 내가 제대로 이해하고 있고 진실을 말하고 있는 것 같아도, 항상 "그런 것 같습니다"라고 말합니다. 내 의견이 틀릴 경우 신학자들의 판단에 기꺼이 따를 것이기 때문입니다. 비록 그들이 그런 문제들을 개인적으로 경험해 보지 못했을 지도 모르지만. 하나님께서는 자신의 교회에 빛을 비추도록 내가 모르는 방식으로 그들을 세우십니다. 하나님께서는 그들 앞에 진리가 놓여 있을 때, 그들이 진리를 인식할 수 있게 해 주십니다. 그들이 생각이 없고 불 경건한 사람들이 아니라 진정한 하나님의 종이라면, 그들은 하나님의 전능한 역사를 보고 절대로 당황하지 않습니다. 그분이 훨씬 더 경이로운 일들을 행하는 권능을 소유하고 계심을 잘 알고 있기 때문입니다. 우리가 언급한 경이로운 일들 중의 일부는 그들에게 새로운 것이지만, 그들은 그런 일들이 가능하다는 다른 사람들의 글을 읽었습니다. 나는 이런 문제에 대해 많은 경험을 했으며, 소심하고 어중간하게 배운 사람들을 만나기도 했습니다. 그런 사람들은 그들의 무지함으로 내게 큰 대가를 치르게 했습니다. 하나님께서 이 보다 훨씬 더 큰 일을 행하실 수 있으며, 지금도 과거처럼 피조물에게 자신의 뜻을 전하기를 기뻐하신다는 사실을 믿기를 거부하는 사람들은 스스로 그런 은혜를 받는데 대해서 신속하게 마음을 닫을 것이라고 확신합니다. 자매 여러분, 그들을 본받지 마십시오. 하나님께서 더 큰 기적을 행하실 수 있음을 확신하십시오. 이런 은혜를 받는 사람들이 선한 지 악한 지에 대해 염려하지 마십시오. 내가 말했듯이, 그분이 가장 잘 아십니다. 그것은 여러분이 판단한 일이 아닙니다. 여러분은 순수한 마음과 겸손으로 그분을 섬기고, 그분께서 행하신 일들과 경이로운 일들을 인해 그분을 찬양해야 합니다.

8. 합일의 증거

이제 합일의 기도가 진짜였음을 증명하는 표징에 대해 이야기해 봅시다. 여러분이 보았듯이, 하나님께서는 그럴 때, 참된 지혜를 영혼에 더 잘 각인하시기 위해 영혼의 모든 감각을 박탈하십니다. 이러한 상태가 지속되는 동안에는 그 영혼이 아무것도 보거나 듣거나 이해하지 못합니다. 그런 상태는 아주 짧은 시간 동안 지속될 뿐입니다. 영혼은 실제보다 그런 시간을 훨씬 짧은 것처럼 인식하게 됩니다. 하나님께서는 특별한 방식으로 영혼을 방문하십니다. 영혼은 제 정신이 돌아온 뒤에, 자기가 하나님 앞에 거하고 그분이 자기 안에 계신다는 사실을 의심하지 않게 됩니다. 여러 해가 지난 후에 이런 은혜를 다시 받게 되더라도, 그 영혼은 그 사실을 결코 잊을 수 없고 의심할 수도 없습니다. 이런 기도의 결과에 대해서는 나중에 언급하도록 하겠습니다. 여기서 중요한 것은 영혼이 느끼는 확신입니다.

하지만 여러분은 보지도 못하고 듣지도 못하는 사람이 어떻게 이런 일들을 보거나 알 수 있느냐고 질문할 지도 모르겠습니다. 나는 그녀가 그런 일이 일어났을 때 그것을 보았다고 말하는 것이 아닙니다. 하지만 그녀는 어떤 환상에 의해서가 아니라 오직 하나님만이 주실 수 있는 마음에 남아 있는 확신을 통하여 나중에 그것을 분명히 인식하게 됩니다. 내가 아는 어떤 사람은 임재와 권능과 본질을 통하여 모든 것 안에 임재하시는 하나님의 존재를 인식하지 못했지만, 이런 종류의 신적인 은혜를 인해 하나님의 존재를 확신하게 되었습니다. 그녀는 내가 언급한 이런 문제에 대해서 무지한 사제에게 하나님께서 어떤 방식으로 우리 안에 거하시는 지에 대해 질문했습니다. 우리 주님께서 그녀에게 진리를 계시하기 전에 그녀가 그랬던 것처럼, 그는 이런 주제에 대해서 무지했습니다. 그는 전능하신 분이 오직 은혜로만 우리 안에 임재 하신다고 대답했습니다. 하지만 그녀는 그 진리에 대한 확신이 너무 강했기 때문에 그를 믿지 않고, 다른 영적인 사람들에게 그 주제에 관해 질문했습니다. 그들은 참된 교리에 근거해서 그녀를 확증해 줌으로써 그녀를 기쁘게 해주었습니다.

하나님께서 이렇게 확실하게 영혼을 방문하셨다는 사실이 비록 보이지는 않으시지만, 지극히 거룩한 성례 안에 거하시는 우리 주 예수 그리스도의 임재처럼 물질적인 임재와 관련이 있다고 착각하거나 상상하지 마십시오. 그것은 전적으로 신성(the Divinity)과 관련되어 있습니다. 그것을 보지 못했다면, 우리가 어떻게 그런 확신을 가질 수 있겠습니까? 그것에 대해서는 나도 알 수 없습니다: 그것은 전능하신 분의 역사입니다. 하지만 나는 내가 하는 말이 사실임을 확신합니다.

나는 이러한 확신을 느끼지 못하는 영혼은 하나님과 완전한 합일에 도달하지 못했다고 주장합니다. 그 영혼은 그 능력들 중 하나를 통해 합일을 경험한 것이거나, 아니면 하나님께서 인간에게 부여하시는 다른 많은 은혜 중 하나를 받았을 뿐입니다. 우리는 그런 모든 문제에서 어떻게 일들이 일어났는지를 알려고 하지 말아야 합니다. 우리의 이해력으로는 그것들을 파악할 수 없는데, 그런 문제로 스스로를 괴롭히는 이유가 무엇입니까? 그런 일을 행하신 분이 전능하신 하나님이시라는 사실을 아는 것으로 충분합니다. 이런 은혜를 얻기 위해, 우리 스스로 할 수 있는 일은 아무것도 없습니다. 그 은혜는 오직 하나님으로부터 임합니다. 그러므로 그것을 이해하려고 애쓰지 맙시다.

10. 거룩한 합일은 우리의 능력을 초월한다

"우리 스스로 할 수 있는 일은 아무것도 없습니다"라는 나의 말에 관해 생각해 봅시다. 나는 아가서에서 신부가 "그가 나를 인도하여 잔치집에 들어갔으니"(또는 두셨으니, 아가서 2:4)라고 말한 사실에 놀랐습니다. 그녀는 자기가 사랑하는 자를 찾기 위해 이리 저리로 헤맨 사실을 이야기하지만, 자신이 스스로 갔다고는 말하지 않습니다. 나는 합일의 기도가 "잔치집"이라고 생각합니다. 그곳은 주님께서 선택하신 시기와 방법을 따라 우리를 두신 곳이지만, 우리 자신의 노력으로는 들어갈 수 없습니다. 주님만이 우리를 그곳으로 인도하시고, 우리 영혼의 중심으로 들어오실 수 있습니다. 주님께서는 자신의 놀라운 역사를 더 분명하게 선포하시기 위해, 우리가 모든 것을 포기하지 않는 한, 우리를 그 일에 참여시키지 않으실 것입니다.

그분은 그분에게 이르는 문을 여는데 필요한 능력이나 감각을 요구하지 않으십니다. 그것들은 모두 잠이 들어 있습니다. 그분은 제자들이 앉아 있는 방으로 들어가실 때, "너희에게 평안이 있을지어다"라고 말씀하셨던 것처럼, 그리고 무덤의 입구를 막고 있던 돌을 치우지 않으신 채로 무덤에서 나오실 때처럼, 아무런 문이 없어도 우리 영혼의 가장 깊은 곳으로 들어오십니다. 여러분은 하나님께서 영혼이 그 중심에서 자신의 임재를 누릴 수 있게 해 주시는 방법을 여기보다 훨씬 더 멀리 떨어진 일곱 번째 방에서 볼 수 있게 될 것입니다. 우리가 우리 자신의 천박함과 나약함을 항상 염두에 두고, 우리의 이해를 초월하시는 지존하신 하나님의 종이 되기에 얼마나 부당한 존재인지를 깨닫는다면, 얼마나 놀라운 일을 보게 되겠습니까! 그분이 영원히 찬양을 받으시기를! 아멘.

2장

합일의 기도를 섬세한 비교를 통해 설명하고, 그것이 영혼에 미치는 영향에 대해 설명한다.

1. 나비에 비유된 영혼

여러분은 이 방에 대해서 더 이상 설명할 것이 없을 것이라고 상상할지도 모릅니다. 하지만 아직도 말할 것이 많이 남아 있습니다. 내가 말했듯이, 이 방은 다양한 등급의 은혜를 포함하고 있기 때문입니다. 나는 합일의 기도에 대해서는 더 추가할 말이 없다고 생각하지만, 하나님께서 이러한 은총을 베푸시는 영혼 안에서 행하시는 놀라운 역사에 대해서는 많은 것을 언급할 수 있습니다. 나는 그런 일들 중의 일부를 내 방식대로 설명하고, 그것들이 영혼에 미치는 영향에 대해서도 설명하고자 합니다. 또한 이 문제를 설명하기 위해 적절한 비유를 사용하고자 합니다. 우리는 우리 안에 일어나는 이러한 하나님의 역사에 적극적으로 참여할 수는 없지만, 이러한 은혜를 받을 수 있도록 많은 준비를 갖출 수 있습니다.

여러분은 얼마나 놀라운 방법으로 비단이 만들어지는 지에 대해 들어본 적이 있을 것입니다. 그것은 하나님만이 계획하실 수 있는 방법입니다. 이 모든 일은 작은 후추 알갱이를 닮은 알에서 시작됩니다. 나는 이것을 직접 본 것이 아니라 소문으로 들어서 알고 있기 때문에, 이것이 사실이 아니라면 그것은 내 잘못이 아닙니다. 날이 따뜻해지면 뽕나무에서 잎이 나오고, 죽은 것처럼 보였던 작은 알에서 애벌레가 나와 살기 시작합니다. 그 애벌레는 뽕나무 잎을 먹고 자랍니다. 그 애벌레가 충분히 크게 자라면, 사람들이 그 근처에 작은 나뭇가지를 얹어 놓습니다. 그 애벌레는 작은 입에서 명주실을 뽑아내어 그 나뭇가지 위에 자기가 들어갈 수 있는 촘촘한 고치를 만듭니다. 그런 다음 이 커다랗고 못생긴 벌레는 아름다운 하얀 나비가 되어 고치를 떠납니다.

2. 창조의 위대함

우리가 이런 과정을 보지 못하고 오래 된 전설로 들었다면 누가 이런 사실을 믿을 수 있겠습니까? 누에나 벌처럼 이성을 전혀 사용하지 않는 곤충이 그렇게 부지런하게 일하고 재주껏 우리를 섬긴다는 사실을 우리가 납득할 수 있겠습니까? 불쌍한 작은 누에가 그런 일 때문에 목숨을 잃는다는 사실을 누가 믿으려 들겠습니까? 자매 여러분, 내가 더 많은 말을 하지 않더라도 짧은 묵상으로 충분할 것입니다. 이런 사실로부터 하나님의 경이로움과 지혜를 배울 수 있을 것이기 때문입니다. 우리가 만물의 속성을 모두 헤아릴 수 있다면 얼마나 놀랍겠습니까? 창조의 위대함을 깊이 생각하고, 그토록 지혜롭고 전능하신 왕의 신부인 것을 기뻐하는 것은 가장 유익한 일입니다.

3. 영혼의 상징인 누에

우리의 주제로 돌아가 봅시다. 누에는 성령의 불이 붙어서 살기 시작하는 영혼을 상징합니다. 영혼은 하나님께서 모든 사람에게 주시는 일반적인 도움을 사용하기 시작하며, 그분이 교회에 남기신 정기적인 고해성사, 종교 서적, 설교와 같은 치료법을 적용합니다. 이것은 태만과 죄로 죽어 있어서 유혹에 빠지기 쉬운 영혼을 위한 치료법입니다. 그 결과로 소생한 영혼은 이런 음식과 경건한 묵상을 양분으로 삼아 완전한 활력을 얻을 때까지 성장합니다. 이것이 본질적인 요점입니다. 나머지 부분에 대해서는 내가 중요하게 생각하지 않기 때문입니다. 이 장의 첫 부분에서 말했듯이, 누에가 다 자라면 비단을 짜기 시작하고, 자신이 그 안에서 죽어야 할 집을 짓습니다. 영혼을 언급할 때, 이 집은 그리스도를 의미합니다. 나는 우리의 생명이 그리스도 안에 숨겨져 있거나(같은 의미를 지닙니다),

하나님 안에 있거나, 그리스도가 우리의 생명이라는 말을 어디선가 읽거나 들은 것 같습니다. 이 인용문 중 어느 것이 옳든, 제가 의미하는 바와 거의 차이가 없습니다.

4. 하나님의 내주를 위한 영혼의 준비

이것은 하나님의 은혜로 우리가 우리 자신을 위하여 이러한 집을 준비함을 통하여 얼마나 많은 일을 할 수 있는지를 보여줍니다. 합일의 기도의 경우처럼, 하나님이 우리의 거처가 되시도록 애써 그 집을 준비하는 것입니다. 여러분은 내가 하나님이 우리의 집이라고 말할 때, 우리가 하나님으로부터 무엇을 빼거나 더할 수 있고, 우리가 이 집을 만들고 우리 자신의 힘으로 그 안에 거할 수 있다고 생각할 수도 있을 것입니다. 우리는 정말로 그렇게 할 수 있습니다. 비록 하나님으로부터 아무것도 빼거나 더할 수는 없지만 말입니다. 하지만, 우리는 누에처럼 우리 자신으로부터는 빼거나 더할 수 있습니다. 우리가 할 수 있는 적은 일은 완수될 가능성이 거의 없습니다. 하지만 아무것도 아닌 이런 하찮은 일은 하나님의 위대하심과 결합될 것입니다. 그래서 그 가치가 엄청나게 늘어날 때, 주님 자신이 우리의 수고에 대한 상급이 되실 것입니다. 가장 크게 수고한 것은 주님이시지만, 그분은 우리의 하찮은 고통에 우리를 위해 견디신 쓰라린 고통을 합쳐서 하나로 만드실 것입니다.

5. 누에의 신비한 죽음

그렇다면 이제 앞으로 나아가십시오! 서둘러 작은 고치를 만드는 일에 힘쓰십시오. 자기 사랑과 자기 의지를 버립시다. 세상의 모든 것에 대한 집착을 버리고, 참회하고, 기도하고, 고행하고, 순종하고, 우리가 알고 있는 모든 선을 행합시다. 여러분의 빛에 따라 행동하십시오. 여러분은 감당해야 할 의무들에 대해 배웠습니다. 죽으십시오! 누에가 창조시에 부여받은 임무를 완수하고나서 죽는 것처럼 죽으십시오. 그러면 작은 누에가 고치에 싸여 있듯이, 하나님을 보게 될 것이며, 그분의 위대하심에 몰두하게 될 것입니다. "하나님을 보게 될 것"이라는 표현은 그분이 이런 종류의 합일로 자신을 나타내시는 방식을 의미하는 것으로 이해하십시오.

6. 신적 합일의 결과

이제 "누에"가 어떻게 되는지 살펴봅시다. 내가 이제까지 말한 모든 것이 이것으로 이어집니다. 영혼은 이런 기도를 통하여 세상에 대해 순식간에 완전히 죽게 되었습니다. 그렇게 되면, 영혼은 사랑스러운 작은 하얀 나비처럼 나타납니다! 오, 하나님은 얼마나 위대하신 분입니까! 잠시 만이라도 하나님의 위대하심에 몰두하고, 그분과 합일을 이룬 영혼이 얼마나 아름답습니까! 사실, 나는 그 시간이 30분이 채 안 된다고 생각합니다. 사실, 영혼은 자신을 인식하지 못합니다. 그것은 마치 하얀 나비와 역겨운 애벌레가 다른 것과 같습니다. 자신에게 공로가 없는 줄을 잘 아는 영혼은 어떻게 이런 은총이 임했는지 알지 못합니다. 영혼은 우리 주 하나님을 찬양하기를 바라고, 그분을 위하여 자신을 희생하고 수천 번이라도 죽을 수 있기를 갈망합니다. 이와 동시에 십자가를 지고 극심한 고행을 수행하기를 갈망합니다. 영혼은 독거(獨居, solitude)를 갈망합니다. 그리고 모든 사람이 하나님을 알기를 갈망하기 때문에, 사람들이 하나님께 범죄하는 모습을 보고 몹시 슬퍼합니다. 이런 문제들은 다음 방에서 더 자세히 묘사될 것입니다. 그 문제들은 거기에서도 똑 같은 특성을 갖지만, 더 발전된 상태에서는 그 효과가 훨씬 더 강합니다. 전에도 말했듯이, 이런 은혜를 받은 영혼은 더욱 발전하기 위해 애를 쓰게 되며, 그 결과로 큰 일을 경험하게 될 것이기 때문입니다. 작은 나비에게 이보다 더 고요하고 평화스러운 적은 없었습니다. 하지만 이렇게 매력적인 작은 나비의 쉬지 않는 모습을 보십시오. 하나님께서 찬양을 받으시기를! 그 영혼은 어디에 안착하여 쉬어야 할지를 모릅니다. 은혜를 경험한 영혼은 이 땅의 모든 것을 역겨워하게 됩니다. 하나님께서 종종 포도주를 주실 때 특히 그렇습니다. 그 포도주를 한 모금씩 마실 때마다, 그것이 신선한 은혜를 배후에 남기기 때문입니다.

7. 열정과 초연의 증가

나비는 애벌레로서 했던 일(천천히 실로 고치를 짓는 것)을 멸시합니다. 날개가 자라서 날 수 있는데, 기어다니는 것에 만족할 수 있겠습니까? 영혼이 하나님을 위해 할 수 있는 모든 것은 그것이 갈망하는 것에 비하면 아무것도 아닌 것처럼 보입니다. 이제 그 영혼은 성인들이 그분을 위해 감당했던 일들을 더 이상 의아하게 생각하지 않습니다. 우리 주님께서 성격과 겉모습이 완전히 다르게 보일 때까지 어떻게 자기를 도우시고 변화시키셨는지를 경험으로 알게 되었기 때문입니다. 이전에는 고행을 두려워했지만 지금은 능히 감당할 수 있도록 강해졌습니다. 이전에는 관계나 친구나 재산을 포기할 수 있는 용기를 원했습니다. 행동이나 결심이나 사랑하는 사람들을 멀리하려고 애를 써도 오히려 그 사랑이 늘어나는 것처럼 보였습니다. 이제는 정당하게 주장할 수 있는 것들조차 짐스러워지고, 하나님을 거스르지 않도록 그것들과 접촉하기를 두려워하고 있습니다. 피조물 안에서는 진정한 안식을 찾을 수 없음을 깨달았기 때문에 모든 것이 귀찮아질 따름입니다.

8. 합일의 기도에 이어지는 시련

이러한 주제를 확대해 온 것 같지만, 사실 그 주제에 관해서 할 수 있는 말은 훨씬 더 많습니다. 이러한 은혜를 받은 사람들은 내가 그 주제를 너무 간략하게 다뤘다고 생각할 것입니다. 이 땅에 속한 것에서 멀어진 이 어여쁜 작은 피조물이 다른 데서 쉴 곳을 찾는다는 것은 놀랄 일이 아닙니다. 그것은 자기가 왔던 곳으로 돌아갈 수 없습니다. 위에서 말했듯이, 그것이 영혼의 능력에 달려 있지 않기 때문입니다. 그것은 전적으로 하나님의 기뻐하심에 달려 있습니다. 아아, 참으로 새로운 시련이 정신을 괴롭히기 시작합니다! 그처럼 숭고한 은혜를 받은 후에 이런 시련을 기대할 사람이 어디 있겠습니까? 사실 우리는 살아 있는 동안에는 어떻게든 십자가를 져야 합니다. 합일의 기도를 드린 이후로 끊임없이 평화와 위로를 누려 왔다고 말하는 사람들이 있다면, 나는 그들이 결코 그런 상태에 도달해본 적이 없다고 대답해야 할 것입니다. 그들이 마지막 방까지 도달했다면, 그들이 느낀 감정은 기껏해야 육체적 쇠약과 연결된 어떤 영적 만족이었을 것입니다. 그것은 나중에 훨씬 더 치열한 전쟁을 벌이기 전에 잠시 평화를 주는 마귀가 불러일으킨 거짓된 감정일 수도 있습니다. 이 단계에 도달한 사람들이 평화를 보유하지 못한다는 말은 아닙니다. 그들은 아주 높은 수준의 평화를 얻습니다. 그들은 지극히 심한 슬픔을 겪을 수도 있습니다. 하지만 그 슬픔은 매우 유익하며, 평화와 행복을 모두 얻을 수 있을 만큼 선한 근원에서 나옵니다.

9. 죽음에 대한 갈망과 하나님의 영광을 위한 열심

이 세상에 불만족하게 된 영혼은 그것에서 벗어나기를 애타게 바라게 됩니다. 그 마음은 하나님께서 우리가 이 땅에서 유배된 상태로 머물기를 바라신다는 생각을 통해서만 위로를 찾을 수 있습니다. 하지만 그런 생각조차도 그 영혼이 체념하고 운명을 받아들이기에 충분하지 못합니다. 그 영혼이 모든 은혜를 받은 후에도, 아직은 나중에 그렇게 할 수 있는 것처럼 전적으로 하나님의 뜻에 복종하지 않기 때문입니다. 그 영혼은 하나님의 뜻을 따름에도 불구하고, 그 뜻에 순복하기를 주저합니다. 우리 주님께서 더 높은 은혜를 주지 않으셨기 때문입니다. 이러한 슬픔은 기도하는 동안 홍수 같은 눈물을 흘리게 합니다. 아마도 그것은 사람들이 하나님께 죄를 범하는 모습을 보고 큰 고통을 느꼈기 때문일 것입니다. 그리고 너무나 많은 이단과 이교도들 뿐 아니라 그리스도인들이 영원히 길을 잃은 모습을 보고 큰 슬픔을 느꼈기 때문일 것입니다. 하나님의 위대한 자비를 깨달은 영혼은 아무리 악한 사람도 회개하고 구원을 받을 수 있다는 사실을 알고 있습니다. 그럼에도 불구하고, 많은 사람들이 지옥에 떨어질까 두려워하는 것입니다. 오, 하나님의 무한하신 위대하심이여! 몇 년 전, 아니 며칠 전까지 만해도, 이 영혼은 자기 밖에는 생각할 줄 몰랐습니다. 누구 때문에 그 영혼이 그토록 괴로워하며 염려하게 되었습니까? 우리는 묵상을 통해 그러한 슬픔을 얻으려고 여러 해 동안 애를 쓴다고 해도 성공하지 못했을 것입니다.

11. 이러한 초자연적인 열심

하나님 나를 도와주십시오! 만일 내가 오랜 세월 동안 하나님께 범죄하는 것이 얼마나 큰 잘못이며, 잃어버린 영혼들이 그분의 자녀요 내 형제들이라는 사실을 생각했다면, 그리고 이 세상의 위험을 숙고하고 이 비참한 삶을 떠나는 것이 얼마나 큰 축복인지를 생각했다면, 그것으로 충분하지 않겠습니까? 그렇지 않습니다. 그 고통은 동일하지 않을 것입니다. 이런 고통은 하나님의 도우심으로 그러한 묵상을 통해 얻을 수 있는 것이기 때문입니다. 하지만 그런 고통은 우리 존재의 깊숙한 곳까지 침투하지 못하는 것처럼 보입니다. 그것은 아무런 행동을 통하지 않고도(때로는 아무 바람도 없이) 영혼을 갈기갈기 찢고 가루로 만드는 것처럼 보이는 고통과는 다릅니다. 그렇다면 이러한 슬픔은 무엇입니까? 어디에서 오는 것입니까? 이제 말하겠습니다. 하나님께서 그 신부를 인도하여 잔치집에 들어갔다고 말했던 것을 기억합니까(지금 여러분에게 이 말을 인용했지만, 이런 의미에 적용하지는 않았습니다)? 이것이 여기에서 일어나고 있는 일입니다. 영혼은 자신을 완전히 그분의 손에 드렸으며, 그분을 향한 사랑에 완전히 정복된 나머지, 하나님의 뜻 외에는 아무것도 모르거나 관심을 두지 않습니다.

12. 우리 주님께서 지상에서 느끼셨던 것과 동일한 열심

나는 하나님께서 전적으로 자신의 것으로 삼으신 사람들에게만 이러한 은혜를 주신다고 믿습니다. 그분은 영혼이 어떤 영문인지 모르는 채, 자신의 인이 찍힌 채로 나오기를 원하십니다. 왜냐하면 실제로 영혼이 하는 일은 인장에 찍힌 밀랍이 하는 일과 다를 바가 없기 때문입니다. 밀랍은 자체적으로 성형되지는 않지만, 인이 찍히기에 적합한 부드럽고 유연한 상태에 있어야 합니다. 그런 경우에도, 밀랍은 스스로 부드러워지지는 않지만, 인이 찍혀지는 것에 잠잠히 순복하기만 하면 되는 것입니다.

12. 그리스도의 열심

오 하나님, 당신은 얼마나 선하신 지요! 당신은 우리를 위해 모든 것을 행하십니다. 당신은 우리가 당신의 손에 있는 밀랍처럼 당신이 원하시는 모습이 될 수 있도록 우리의 의지를 당신께 바치기를 원하십니다. 자매 여러분, 하나님께서 이 영혼이 자기가 그분의 것임을 알 수 있도록 하시는 일을 보십시오. 그분은 그 영혼에게 자신에게 속한 어떤 것을 주십니다. 즉 자신의 아들이 이 땅에 사셨을 때 소유하셨던 것을 주십니다. 그분이 이보다 더 큰 선물을 우리에게 주실 수는 없었습니다. 그리스도보다 더 이 세상을 떠나기를 열망할 수 있는 사람이 어디 있겠습니까? 그분은 최후의 만찬에서 "내가 이것을 참으로 간절히 바랐다" (누가복음 22:15 참조)라고 말씀하셨습니다. 오 주님! 당신께서 겪으실 그 쓰라린 죽음이 그 모든 고통과 공포 가운데 당신의 눈앞에 나타나지 않습니까? 주님께서는 이렇게 대답하십니다. "그렇지 않다. 열렬한 사랑과 영혼을 구원하려는 열망이 그 고통과 비교도 안 되게 강하기 때문이다. 내가 이 땅에 살면서 겪었고 지금도 겪고 있는 이러한 깊은 슬픔도 그 고통에 비하면 아무것도 아닌 것이다."

13. 그리스도의 극심한 고통

나는 가끔 이것에 대해 묵상해 보았습니다. 나는 내 친구(테레사 자신-역자주)가 느꼈고, 지금도 느끼고 있는 고통을 알고 있습니다. 그녀는 사람들이 우리 주님께 죄를 짓는 모습을 보는 고통을 견디기가 너무 힘든 나머지, 계속 괴로움을 겪으니 차라리 죽는 것이 낫겠다고 생각했습니다. 나는 그 때 이런 생각을 하게 되었습니다. 그리스도에 비하면 우리의 사랑은 너무 약합니다. 그분의 사랑에 비하면 우리의 사랑은 존재하지도 않는다고 말할 수 있을 것입니다. 영혼이 이렇게 참을 수 없는 슬픔을 겪는다고 한다면, 우리 주 예수 그리스도의 마음은 어떠셨으며, 그분의 삶은 또 어땠겠습니까? 만물이 그분의 눈앞에 있었고, 사람들이 아버지께 저지른 큰 범죄들을 끊임없이 목격하셨기 때문입니다. 나는 어쩌면 이것이 그분이 겪으신 신성한 수난보다 훨씬 더 큰 고통을 그분께 안겨주었을 것임을 믿어 의심치 않습니다. 그분은 수난을 당하실 때, 적어도 그분의 모든 시련에는 끝이 있었습니다. 동시에 자신의 죽음을 통해 우리의 구원을 얻으시고, 아버지를 위해 고난을 받으심으로 아버지를 얼마나 사랑했는지를 입증하셨다는 사실로 인해 위로를 받으셨습니다.

열렬한 사랑에 끌려서 엄청난 고행을 행하는 사람은 거의 고통을 느끼지 않습니다. 오히려 고행을 더 행하려 하고, 그 고행을 사소한 것으로 여기는 것입니다. 그렇다면 주님께서 아버지에 대한 완전한 순종과 형제들에 대한 사랑을 이렇게 공개적으로 나타내셨을 때 무엇을 느끼셨겠습니까? 하나님의 뜻을 행하면서 고난을 겪는 것은 참으로 기쁜 일입니다! 하지만 하나님께 저질러진 많은 죄들과 지옥으로 가는 무수한 영혼들을 보시면서 그분은 큰 고통을 느끼셨을 것입니다. 그분이 평범한 인간을 초월하는 분이 아니셨다면, 그분은 자신의 생명 뿐 아니라 훨씬 더 많은 생명이라도 잃으셨을 것입니다.

3장

영혼이 하나님의 도움으로 얻을 수 있는 또 다른 종류의
합일을 묘사한다 이웃에 대한 사랑의 중요성을 다룬다.

1. 신적 합일을 향한 영혼의 열심

이제 우리의 작은 비둘기로 돌아가, 하나님께서 이런 상태에서
어떤 은혜를 베푸시는지 살펴봅시다. 이것은 영혼이 우리 주님을
섬기는 일과 자기 자신을 아는 일에 진보하기 위해 애쓰는 것을 의
미합니다. 영혼이 합일의 은총을 받은 후에 스스로 안전하다 생각
하여 더 이상 애를 쓰지 않고 부주의한 삶을 산다면, 천국에 이르
는 길(즉 계명을 지키는 길)에서 벗어나 누에에서 나온 나비와 운명
을 함께 하게 될 것입니다. 나비는 다른 나비들이 될 약간의 알을
낳은 후에 영원히 죽습니다. 약간의 알을 남긴다고 말하는 이유는
하나님께서 그렇게 큰 은혜가 상실되는 것을 허락하지 않으실 것이

기 때문입니다. 하지만 그런 은혜를 받는 사람이 그것을 통하여 유익을 얻지 못한다면, 다른 사람들이 유익을 얻게 될 것입니다. 이 영혼은 바른 길을 가는 동안에는 간절한 갈망과 위대한 덕으로 남을 도우며, 자신의 열정을 불타오르게 합니다. 하지만 영혼은 이러한 은혜를 잃은 후에도, 다른 사람들에게 유익을 주기를 갈망하고, 하나님을 사랑하고 섬기는 사람들에게 하나님께서 베푸신 자비를 알리기를 기뻐할 수 있습니다.

2. 영혼은 그런 상태에서 떨어질 수 있다

나는 이런 일이 일어난 사람(테레사 자신을 가리킴-역자주)을 알고 있습니다. 그녀는 비록 큰 잘못을 범했지만, 하나님께서 자기에게 베푸신 은혜로 다른 사람들이 유익을 얻기를 간절히 바랐습니다. 그래서 기도하는 방법을 모르는 사람들에게 그 방법을 가르쳐 줌으로 큰 도움을 주었습니다. 그 후에 하나님은 그녀에게 새로운 빛을 주셨습니다. 이제까지 합일의 기도는 그녀에게 위와 같은 효과를 낳지 못했습니다. 유다처럼 주님으로부터 직접 사도로 부름을 받고, 사울처럼 왕이 되었지만, 나중에 자기 잘못으로 모든 것을 잃는 사람들이 얼마나 많습니까! 자매 여러분, 우리가 새로운 은혜를 받고, 이미 소유하고 있는 은혜를 잃지 않으려면, 순종하고 하나님의 율법을 따르는 것만이 안전한 길이라는 사실을 배워야 합니다. 이 말은 은혜를 받은 자와 받지 못한 자에게 다 같이 해당되는 말입니다.

3. 신적 합일을 얻는 법

내가 기록한 모든 것에도 불구하고, 이 방을 이해하는 데 여전히 약간의 어려움이 있는 것 같습니다. 그 안에 들어가는 데 따르는 장점이 너무나 크기 때문에, 하나님께서 위에 묘사한 초자연적 은혜를 주시지 않더라도 절망할 필요가 없습니다. 우리는 하나님의 은혜를 힘입어 우리 자신의 의지를 포기하고, 모든 일에 하나님의 뜻을 따름으로써 언제나 진정한 합일을 얻을 수 있습니다.

4. 모든 초자역적 합일의 기초는 하나님의 뜻과 합일하는 것이다

우리 중의 얼마나 많은 사람들이 하나님의 뜻을 따른다고 믿고 있는지 모릅니다! 우리는 다른 어떤 것도 추구하지 않는다고 믿고 있습니다. 진리를 위해서는 실제로 목숨까지도 바치리라고 말하는 것입니다. 이것이 사실이라면, 나는 전에 상상했고 거듭해서 그럴 수 있는 것처럼, 우리가 이미 하나님으로부터 이런 은혜를 얻었다고 선언할 수 있습니다. 따라서 우리는 위에서 설명한 것과 다른 기쁜 합일을 갈망할 필요가 없습니다. 그 합일의 가장 중요한 가치는 우리의 의지를 하나님의 뜻에 복종시키는데 있기 때문입니다. 이것이 없이는 합일에 이를 수 없습니다. 이러한 합일은 얼마나 바람직한 것입니까! 그것을 얻은 행복한 영혼은 이 세상과 다음 세상에서 아무 걱정 없이 살 것입니다. 하나님을 잃어버릴 위험에 처하거나 하나님께 죄를 범하는 모습을 보지 않는 한, 이 세상의 어떤 사건도 그 영혼을 곤경에 빠뜨릴 수 없습니다. 하나님의 교회에 유용한 사람들의 죽음을 제외하면, 질병이나 빈곤 또는 사망으로 인한 손실도 그 영혼에 영향을 미치지 못합니다. 그 영혼은 하나님께서 사용하시는 방법이 자신의 욕망보다 지혜롭다는 사실을 철저히 깨닫고 있기 때문입니다.

5. 고행을 통해 얻는 합일의 이점

슬픔에는 여러 종류가 있음을 알아야 합니다. 본성의 충동에서 일어나는 슬픔과 기쁨이 있습니다. 또는 어떤 슬픔은 우리 구주께서 나사로를 죽은 자 가운데서 살리셨을 때 느끼셨던 것처럼, 이웃을 동정하는 사랑에서 우러나오기도 합니다. 이러한 감정들은 하나님의 뜻과의 합일을 파괴하지 않으며, 불안하고 혼란스럽고 지속적인 격정으로 영혼을 교란시키지도 않습니다. 그런 감정들은 곧 지나갑니다. 기도 중에 느끼는 달콤함에 대해 말했듯이, 그런 감정들은 영혼의 깊숙한 곳에는 영향을 미치지 않고, 감각과 기능에만 영향을 미치기 때문입니다. 그런 감정들은 이전의 방들 가운데 발견되지만, 마지막 방에는 들어가지 않습니다.

이런 종류의 신적 합일에 이르기 위해 영혼의 능력이 정지될 필요가 있습니까? 그렇지 않습니다. 하나님께서는 "지름길"이라고 부르는 것 외에도 많은 방법으로 영혼을 풍요롭게 하실 수 있으며, 이 방으로 데려가실 수도 있습니다. 하지만 어쨌든 누에는 반드시 죽어야 한다는 사실을 명심하십시오. 여러분은 이런 식으로 더 많은 대가를 치르게 될 것입니다. 전자의 방식에서, 이러한 죽음은 우리 자신이 새로운 삶에 들어갔음을 발견함으로써 촉진됩니다. 여기서는 반대로 우리 자신에게 치명타를 입혀야 합니다. 나는 그것이 훨씬 더 어려운 일이 되리라는 사실을 인정합니다. 하지만 여러분이 승리한다면 그것은 더 가치가 있는 일이기 때문에, 여러분의 상급도 더 클 것입니다. 이처럼 하나님의 의지와 진정으로 합일하는 것이 가능하다는 사실에는 의심의 여지가 없습니다.

6. 이러한 합일을 방해하는 결함

이것이 바로 내가 평생을 두고 갈망했던 합일이며, 주님께 허락해 달라고 간청했던 합일입니다. 그것은 가장 확실하고도 안전한 것입니다. 아아, 애석하게도, 그런 합일에 도달한 사람이 우리 중에 얼마나 되겠습니까! 하나님을 거스르지 않도록 조심하고, 종교적인 상태 (수도원 생활)에 들어간 사람들은 더 이상 할 일이 없다고 생각합니다. 요나의 박 넝쿨을 갉아먹는 벌레처럼, 얼마나 많은 구더기들이 우리의 덕을 갉아먹으려고 숨어 있습니까(요나서 4:6-7 참조)? 이러한 해충들은 자기애, 자만심, 작은 일에도 남을 함부로 판단하는 것, 이웃을 자신만큼 사랑하지 않는 사랑의 결핍과 같은 악입니다. 죄를 피할 수 있을 만큼 충분히 의무를 다한다 하더라도, 우리는 하나님의 뜻과 완전한 합일을 이루기 위해 해야 할 일에는 훨씬 미치지 못합니다.

7. 하나님과 이웃에 대한 완전한 사랑을 통하여 얻어지는 신적 합일

하나님의 뜻은 무엇이라고 생각합니까? 우리가 완전해지는 것과 주님께서 기도하신 대로(요 17:22 참조) 그분과 그분의 아버지와 하나가 되는 것입니다. 그렇다면 이런 것을 얻기 위해 우리에게 부족한 것이 무엇인지 살펴보십시오. 이러한 주제에 대해 글을 쓰는 것이 내게 가장 고통스러운 일이라는 사실을 분명히 말해 두고 싶습니다. 나 자신도 스스로의 잘못으로 얼마나 멀리 완덕에서 떨어져 있는지를 알기 때문입니다. 하나님의 뜻을 따르기 위해 하나님의 특별한 위로를 받을 필요는 없습니다. 우리에게 그 길을 가르치기 위해 당신의 아들을 주신 것으로 충분합니다. 이것은 우리가 아버지나 형제의 죽음과 같은 고난을 슬퍼하지 않는다 거나, 기쁨으로 십자가와 질병을 짊어짐으로써 하나님의 뜻에 복종해야 한다는 것을 의미하지 않습니다. 이것은 훌륭한 일입니다. 하지만 이것은 종종 우리의 상식에 기인합니다. 우리가 스스로를 도울 수 없기 때문에 덕을 반드시 필요한 것으로 만드는 것입니다. 지혜로운 이교도 철학자들이 이런 종류의 시련을 얼마나 자주 극복할 수 있었습니까?

우리 주님께서는 우리에게 두 가지만을 요구하십니다. 그분에 대한 사랑과 이웃에 대한 사랑이 그것입니다. 이것이 우리가 얻기 위해 노력해야 하는 것입니다. 우리가 이러한 두 가지 덕을 완벽하게 실천한다면, 우리는 그분의 뜻을 행하게 될 것이며, 그분과 하나가 될 것입니다. 하지만 앞서 말했듯이, 우리는 이러한 두 가지 문제에서 위대하신 주님께 완벽하게 순종하고 섬기고 있는 것과는 너무나 거리가 멉니다. 그것은 마음만 있으면 우리가 할 수 있는 일입니다.

8. 하나님 사랑과 이웃 사랑은 비례한다

우리가 이러한 두 가지 계명을 지키고 있는지를 보여주는 가장 확실한 표시는 다른 사람에 대한 진정한 사랑을 소유하는 것이라고 생각합니다. 우리가 하나님을 사랑하는 지의 여부는 우리가 그렇게 하고 있다고 생각하는 강력한 이유가 있다 하더라도, 알 수가 없습니다. 하지만, 우리가 이웃을 사랑하는 지의 여부에 대해서는 의심의 여지가 없습니다. 이웃을 사랑하는 것에 비례해서 하나님에 대한 사랑도 반드시 자란다고 확신하십시오. 우리를 향한 하나님의 사랑은 너무도 커서, 우리가 이웃을 사랑하는 값으로 자신에 대한 우리의 사랑을 갖가지 방법으로 키워 주실 것입니다. 나는 이런 사실을 절대로 의심할 수 없습니다. 우리는 이러한 이웃 사랑의 문제에서 우리 자신을 가장 주의 깊게 살펴야 합니다. 우리가 이런 점에서 흠이 없다면 우리는 할 일을 다 한 것입니다. 인간의 본성은 너무나 악해서 하나님의 사랑에 뿌리를 두지 않는 한, 이웃에 대한 사랑은 온전해질 수 없다고 믿습니다.

9. 실제적인 덕과 상상의 덕

자매 여러분, 우리는 이렇게 가장 중요한 사랑이라는 문제에서 사소한 것들에 주의를 기울여야 합니다. 기도 중에 우리가 계획하고 있는 어떤 엄청난 일에 신경을 쓰지 말아야 합니다. 예를 들어, 다른 사람을 위해, 심지어 한 사람을 구원하기 위해 이런 저런 일을 하리라는 상상을 하지 말아야 하는 것입니다. 나중에 우리가 취하는 행동이 이러한 웅대한 계획이 허위였음을 드러내게 된다면, 우리가 그런 일을 해야 한다고 생각할 이유가 전혀 없는 것입니다. 나는 겸손과 다른 덕에 대해서도 똑같은 말을 할 수 있습니다. 마귀는 꾀가 많습니다. 마귀는 우리가 스스로를 실제보다 낫다고 생각하게 만들기 위해서라면, 지옥을 천 번이라도 발칵 뒤집어 놓을 것입니다. 그에게는 그럴 만한 이유가 있습니다. 그런 생각처럼 해로운 것이 없기 때문입니다. 이런 뿌리에서 나오는 가짜 덕에는 항상 허영심이 동반됩니다. 신적인 기원을 둔 덕에서는 교만을 찾아볼 수 없습니다.

10. 상상적인 선한 결단

　기도하는 동안 하나님에 대한 사랑 때문에 기꺼이 멸시를 받고 공개적으로 모욕을 당하는 모습을 상상하는 영혼들을 보는 것은 재미있는 일입니다. 하지만 나중에 그들은 온갖 수단을 다 동원해서 자신의 사소한 허물조차 감추려고 애를 씁니다. 누군가가 부당하게 그들의 허물을 고발한다면, 하나님께서 우리를 그들의 부르짖음에서 구원하시기를 바랍니다! 그런 일을 견딜 수 없는 사람들은 그런 사람들이 혼자 있을 때 세운 엄청난 계획에 관심을 갖지 마십시오. 그런 계획은 진정한 의지의 결단이 아니라 상상이 만들어내는 속임수일 수도 있습니다. 그렇지 않다면, 그 결과가 매우 달랐을 것입니다. 마귀는 이런 식으로 사람들을 공격하고 속입니다. 마귀는 영혼의 능력과 상상력, 그리고 그 밖의 수많은 문제들 사이의 차이를 이해하지 못하는 무지한 사람들과 여성들에게 종종 큰 해를 끼칩니다. 자매들이여, 여러분 중에 누가 이웃에 대한 진실한 사랑을 얻었으며, 누가 그것에서 멀리 떨어져 있는 지를 아는 것은 얼마나 쉬운 일입니까? 이러한 덕이 중요하다는 사실을 안다면, 그것을 얻는 것이 유일한 관심이 되어야 마땅할 것입니다.

11. 감정이 아닌 수고가 합일에 이르게 한다

　어떤 사람들은 자신이 어떤 기도를 드리고 있는지에 대해서 몹시 염려하며 궁금해합니다. 그들은 기도 중에 느끼는 달콤한 맛과 경건한 느낌을 조금이라도 잃지 않으려고 얼굴을 가리고는 움직이거나 생각하는 것조차 두려워합니다. 나는 그런 사람들을 볼 때, 그들이 하나님과의 합일에 이르는 길을 전혀 모르고 있다고 생각합니다. 그들은 그 길이 이런 일들을 하는데 있다고 생각하기 때문입니다. 그렇지 않습니다. 우리 주님께서는 우리가 수고하기를 기대하십니다. 도와줄 수 있는 병든 자매를 볼 때, 경건을 상실할까 두려워하지 마십시오. 그녀를 긍휼히 여기십시오. 그녀가 고통을 겪고 있다면, 그것이 당신의 고통인 것처럼 느끼십시오. 필요할 경우에는 그녀를 먹일 수 있도록 금식하십시오. 이것은 그녀를 위한 것 만이라기 보다는 주님께서 여러분에게 그것을 바라신다는 사실을 알기 때문입니다. 이것이 우리의 의지와 하나님의 뜻의 진정한 합일입니다. 다른 사람이 칭찬받는 것을 보거든, 본인이 칭찬을 받는 것보다 더 기뻐하십시오. 이것은 충분히 쉬운 일입니다. 여러분이 정말로 겸손하다면 칭찬을 받는 것이 성가신 일이 될 것이기 때문입니다. 여러분의 자매의 덕이 알려지는 것을 기뻐하고, 그녀의 결점을 마치 자신의 것인 양 안타깝게 여기고 다른 사람의 눈에 띄지 않게 덮어주는 것은 대단히 선한 일입니다.

12. 형제애는 분명히 이 합일을 얻게 해 줄 것이다.

나는 이러한 주제에 대해서 다른 곳 (완덕의 길 7장 참조)에서 자주 이야기했습니다. 이런 문제에서 실패하면 모든 것을 잃게 되리라는 사실을 알고 있기 때문입니다. 하나님, 이런 일이 일어나지 않게 하소서! 여러분이 형제애를 소유하고 있다면, 내가 묘사해 온 합일을 분명히 얻을 수 있을 것이라고 확신합니다. 당신이 이러한 사랑의 면에서 부족함을 의식하고 있다면, 고요의 기도 중에 경건하고 달콤하며 짧은 몰입된 감정을 느낀다 하더라도(하나님과의 합일에 도달했다고 생각하게 만들지라도), 여러분은 아직 합일에 이르지 못한 것입니다. 내 말을 믿으십시오. 우리 주님께 이웃에 대한 완전한 사랑을 주시도록 간구하고, 나머지는 그분께 맡기도록 하십시오. 스스로를 억제하고 그런 사랑을 얻기 위해 모든 힘을 다해 노력하면, 주님께서 여러분이 원하는 것보다 더 많은 것을 주실 것입니다. 그렇게 함으로써 여러분의 권리를 박탈당할 때도 있겠지만, 모든 일에 억지로라도 자매들의 소원을 따르도록 하십시오. 아무리 본성이 반항하더라도 그들을 위해 자신의 이해타산을 잊어버리십시오. 기회가 생길 때, 이웃의 짐을 덜어서 스스로 지도록 하십시오. 아무런 대가도 치루지 않을 것이라고 생각하지 마십시오. 모든 것이 여러분을 위해 이뤄질 것이라고 생각하지도 마십시오. 주님께서 우리를 위해 지신 사랑의 짐을 생각하십시오, 우리를 죽음에서 해방시키기 위해 가장 고통스러운 죽음, 즉 십자가를 겪으신 우리 주님을 생각하십시오.

4장

이런 기도에 대해 설명한다. 영혼을 올바른 길에서 돌이키게 하기를 열망하는 마귀를 경계하는 일의 중요성을 지적한다.

1. 영적 약혼

아마도 여러분은 작은 비둘기가 어떻게 되었으며, 어디에서 안식을 얻는지를 궁금히 여길 줄로 믿습니다. 그것은 영적인 위로나 세속적인 쾌락에서는 안식을 찾을 수 없음을 알고, 오히려 더 높이 날고 있기 때문입니다. 나는 마지막 방에 이르기 전까지는 여러분의 궁금증을 풀어줄 수 없습니다. 하나님, 기억을 일깨워 주시고, 그것을 쓸 수 있는 시간을 허락해 주시기를 간구합니다. 내가 이 글을 쓰기 시작한지 거의 5개월이 지났습니다. 머리가 너무 아파서 다시 읽어볼 수가 없었기 때문에 틀림없이 앞뒤가 잘 맞지 않고 중복되는 내용도 있을 것입니다. 하지만 이 글은 우리 자매님들 만을 위한 것이기 때문에, 별로 문제가 되지는 않을 것입니다. 하지만 나는 합일의 기도에 대해서는 더 충분히 설명하고 싶습니다.

나는 나의 부족한 지혜를 최대한 활용하여 비유를 사용하고자 합니다. 작은 나비에 대해서는 나중에 언급하겠습니다. 그 나비는 절대로 가만히 있지 않습니다. 진정한 안식을 찾지 못하기 때문입니다. 하지만 그 나비는 항상 번식력이 있어서 자신과 다른 사람들을 위해 좋은 일을 합니다. 여러분은 하나님께서 영적으로 영혼들을 신부로 삼는다는 말을 자주 들었을 것입니다. 이처럼 철저하게 자신을 낮추시는 하나님께서 찬양을 받으시기를 원합니다. 초라한 비유에 불과하지만, 내 뜻을 설명하기에 결혼식 보다 더 나은 비유를 찾을 수가 없습니다. 두 가지가 아주 다르지만 말입니다. 신적 합일에서 모든 것은 영적이며, 육신적인 모든 것은 배제되었습니다. 우리 주님께서 주시는 모든 기쁨과 천국에서 상호 간에 느끼는 즐거움은 인간의 결혼에서 느끼는 기쁨과 비교할 수 없습니다. 여기에서는 모든 것이 사랑과 사랑의 결합입니다. 그 작용은 묘사할 수 있는 것보다 더 순수하고 세련되고 감미롭습니다. 오직 우리 주님만이 영혼이 사랑이 어떻게 작용하는 지를 분별할 수 있게 해 주십니다.

2. 합일의 기도는 약혼과 같다

내 생각에 이러한 합일은 영적인 약혼에 이르지는 못하지만, 두 사람이 결혼을 진지하게 생각할 때 일어나는 예비 단계와 비슷합니다. 두 사람은 우선 서로 짝이 맞는 지, 결혼할 뜻이 있는 지에 대해서 먼저 논의합니다. 그런 다음, 그들은 최종적인 결정을 내릴 수 있도록 이따금씩 서로를 만나도록 허락을 받을 수 있습니다. 그 결과로 영적인 약혼 기간 중에 이런 일이 일어나게 됩니다. 예비적인 합의가 이루어지고, 어떤 큰 유익을 얻게 될지를 충분히 깨닫게 된 영혼은 모든 일에 신랑의 뜻을 성취하고 그를 기쁘게 하는 일이라면 무엇이든 하리라고 결심하게 됩니다. 이런 영혼의 뜻이 사실인지의 여부를 잘 아시는 주님께서는 그 보답으로 신부를 기쁘게 하시기를 원하십니다. 따라서 그분은 그 영혼에게 이러한 은혜를 베풀어 주시고, 그것을 방문하여 자신의 임재 안으로 이끄십니다.

우리는 합일의 기도를 방문에 비유할 수 있습니다. 그 기도가 아주 짧은 시간 동안 지속되기 때문입니다. 거기에는 더 이상 심사숙고할 문제가 없습니다. 하지만 그 영혼은 은밀한 방식으로 결혼할 신랑의 모습을 엿보고 있습니다. 하지만 감각과 다른 기능들을 가지고는 아주 짧은 시간에 부여된 그러한 지식을 천 년이 걸려도 깨달을 수 없습니다. 말하자면, 신랑은 자신의 성품대로 배우자를 훨씬 더 귀한 존재로 만들어 주시고, 떠나시는 것입니다. 사랑에 빠진 영혼은 하나님과의 약혼이 깨지지 않도록 모든 노력을 기울입니다. 만일 영혼이 소홀해지는 나머지 우리 주님 외의 다른 것에 애정을 쏟는다면 모든 것을 잃게 될 것입니다. 이것은 그 영혼이 이제까지 계속해서 받아온 형언할 수 없을 정도로 소중한 은혜를 잃는 것만큼이나 큰 손실인 것입니다.

3. 영적 결혼 전에 일어나는 유혹은 위험하다.

오 그리스도인들이여! 하나님께서 여기까지 여러분을 인도해 주셨습니다! 태만해지지 말고, 죄에 빠질 만한 모든 기회를 멀리하기를 주님의 이름으로 간청합니다. 여러분은 아직 유혹을 통과할 만큼 충분히 강하지 못합니다. 여러분은 다음 방에서 영적 결혼이 이뤄진 후에 비로소 유혹을 감당할 수 있게 될 것입니다. 여기서 약혼자들은 사람들이 말하듯이, 안면이 있을 뿐입니다. 그들의 결혼을 반대하는 마귀는 그 결혼을 방해하기 위해 온갖 수단을 다 사용할 것입니다. 결혼 후에 신부가 신랑에게 온전히 드려진 것을 볼 때, 마귀는 간섭하기를 두려워합니다. 신부를 괴롭힐 경우에, 자기는 많은 것을 잃는 반면에, 그녀는 큰 덕을 본다는 사실을 경험을 통해 배웠기 때문입니다.

4. 은혜를 받은 신실한 영혼들이 행하는 위대한 선행

내가 여러분에게 확실히 말할 수 있는 것은 내가 영적인 삶에 훨씬 더 큰 진보를 이룬 사람들을 안다는 사실입니다. 그들은 이러한 기도의 상태에 이르렀지만, 마귀의 교활한 간계로 다시 마귀의 손으로 넘어가게 되었습니다. 내가 자주 말했듯이, 마귀는 온 힘을 다해 이런 영혼들을 공격합니다. 그런 영혼 하나를 무너뜨리는 것이 더 많은 영혼들의 멸망을 초래한다는 사실을 사탄이 잘 알고 있기 때문입니다. 하나님께서 한 사람을 통하여 얼마나 많은 사람을 자신에게 이끄시는지를 생각해 본다면, 우리는 그분을 열정적으로 찬양해야 합니다.

순교자들이나 성 우르술라(St. Ursula)와 같은 한 젊은 처녀 때문에 회심한 수많은 사람들을 생각해 보십시오! 다시 말하지만, 성 도미니크(St. Dominic), 성 프란시스(St. Francis), 그리고 다른 수도회의 창시자들 때문에 마귀가 얼마나 많은 악의 희생자들을 빼앗겼습니까? 예수회 (Jesuites)를 설립한 이그나티우스(Ignatius [Loyola]) 신부님을 통해 마귀가 지금도 얼마나 많은 희생자들을 잃고 있습니까! 그들의 전기를 읽을 때, 우리는 그분들이 하나님으로부터 앞에 언급한 은혜를 받았다는 사실을 알 수 있습니다. 이처럼 놀라운 일이 일어난 것이 그분들이 자신의 잘못으로 하나님과의 신성한 약혼을 깨뜨리지 않으려고 애를 쓴 보람이 아니고 무엇이겠습니까? 우리 주님께서는 기꺼이 우리에게 그와 똑같은 은혜를 베푸시기를 원하십니다! 주님의 영광에 신경을 쓰는 사람들이 더 적기 때문에, 그러한 은혜를 받기 위해 준비하는 사람들이 더 긴급하게 필요합니다. 우리는 우리 자신을 너무 사랑합니다. 반면에 우리의 권리를 포기하는 데 대해서는 너무 신중합니다. 이 얼마나 큰 기만입니까! 자비로우신 하나님께서 우리에게 빛을 내려 주셔서, 그러한 어둠에 빠지지 않게 해주시기를 기도합니다.

5. 마귀의 속임수에 넘어가는 영혼

여러분은 두 가지 점에 대해 의문을 품거나 의심할 수 있습니다. 첫째로, 영혼이 내가 말한 것처럼 하나님의 뜻과 완전히 합일되어 있다면, 하나님의 뜻을 따르고자 애를 쓸 텐데, 어떻게 속아 넘어갈 수 있습니까? 둘째로, 이 세상을 완전히 등지고 끊임없이 성례전에 참여하는 사시에, 어떻게 마귀가 들어와 여러분의 영혼을 파괴할 수 있다는 말입니까? 그와 동시에 여러분은 천사들과 교제를 즐기고, 모든 일에 하나님을 섬기고 그분을 기쁘시게 하는 일 외에는 아무것도 바라지 않습니다. 세상에 사는 사람들이 그러한 위험을 감수해야 한다는 것은 놀라운 일이 아닙니다.

나는 여러분에게 이런 말을 할 수 있는 권리가 있음을 인정합니다. 하나님께서 우리에게 각별한 자비를 베풀어 주셨기 때문입니다. 하지만 앞서 말했듯이, 유다가 사도들 가운데 포함되어 주님과 끊임없는 교제를 나누며 그분의 말씀을 들은 사실을 알고 있기 때문에, 종교적인 상태가 우리를 안전하게 지켜주지 못한다는 사실을 알게 되었습니다.

6. 사탄의 전략

첫 번째 질문에 대답하겠습니다. 그런 영혼은 항상 하나님의 뜻에 신실할 경우, 절대로 실패할 수 없습니다. 하지만 악한 자는 선을 가장하고 교묘하게 다가와서는, 사소한 일로 영혼을 미혹하여 하찮은 죄를 범하게 만듭니다. 그러고는 전혀 해로울 것이 없다고 믿게 만듭니다. 따라서 이성은 조금씩 흐려지고 의지가 약해집니다. 그 동안에 마귀는 희생자의 자기애를 부추깁니다. 결국 마귀는 영혼이 하나님의 뜻과의 합일에서 서서히 벗어나 자신의 뜻을 따르게 하는 데 성공하는 것입니다.

7. 마귀의 전략이 허용되는 이유

첫 번째 질문에 대한 답변은 두 번째 질문에 대한 답변이 되기도 합니다. 사탄은 어떤 울타리도 뚫고 들어갈 수 있고, 아무리 멀리 떨어진 사막이라도 찾아갈 수 있습니다. 게다가, 하나님께서는 마귀가 영혼을 유혹하도록 허락하실 수도 있습니다. 그 영혼이 자신의 덕을 입증할 수 있게 하시려는 것입니다. 그분은 그 덕으로 다른 사람들을 깨우치기를 원하시기 때문에, 이왕 실패할 영혼이라면 다른 사람들에게 큰 해를 끼치기 전에 차라리 처음에 실패해버리는 것이 더 낫기 때문입니다.

8. 그런 영혼들에 대한 하나님의 돌보심

우리는 기도 중에 하나님께서 우리를 그분의 손으로 붙들어 주시도록 끊임없이 간구해야 합니다. 우리는 그분이 우리를 떠나시면, 그 당장에 심연 속으로 떨어지게 된다는 진리를 마음속에 항상 간직해야 합니다. 그런 후에 가장 큰 안전 장치는 각별히 신중하고, 덕이라는 면에서 어떻게 진보하고 있는 지를 살피는 것이라고 생각합니다. 특히 이웃에 대한 사랑, 가장 낮은 자로 여겨지려는 열망, 그리고 일상적인 의무를 수행하는 면에서 진보하고 있는지 아니면 후퇴하고 있는지를 살펴야 합니다. 이렇게 주의를 기울이고 우리 주님께 우리를 일깨워 주시도록 간청한다면, 우리는 즉시 우리의 이득과 손실을 깨닫게 될 것입니다.

9. 하나님께서는 결코 영혼을 저버리지 않으신다

영혼이 그런 상태까지 진보한 후에, 하나님께서 그 영혼을 너무 쉽게 버리셔서 마귀가 수월하게 그것을 되찾게 되리라고 추측하지 마십시오. 주님께서는 영혼이 자신을 떠나는 모습을 보실 때 너무나 깊은 상실감을 느끼십니다. 그래서 그 영혼에게 은밀한 경고를 보내주셔서 감춰진 위험을 드러내십니다.

10. 덕의 진보

결론적으로, 끊임없이 진보하기 위해 노력합시다. 우리에게 진보하는 모습이 보이지 않을 때, 우리는 큰 두려움을 느껴야 합니다. 악한 자가 어떻게든 우리를 해칠 계획을 세우고 있을 것이 뻔하기 때문입니다. 이러한 상태에 도달한 영혼은 더 멀리 나아가지 않을 수 없습니다. 사랑은 결코 한가로울 수 없기 때문입니다. 그러므로 덕이라는 면에서 답보상태에 머문다는 것은 매우 나쁜 징조입니다. 하나님의 신부가 되기를 열망하고, 그분과 대화를 나눠 왔으며, 그분을 깊이 이해하기에 이른 사람은 중단하거나 잠들어서는 안 됩니다.

11. 우리의 상급에 비하면 우리의 행동은 무의미하다

그리스도께서 자신의 신부로 취하시는 영혼들을 어떻게 다루시는지를 보여주기 위해, 이제 여섯 번째 방에 대해 언급하고자 합니다. 그러면 우리는 그렇게 엄청난 은혜를 받을 수 있도록 준비하기 위해 그분을 섬기는 중에 행하는 일이나 겪는 고통이 그 은혜에 비교할 때 얼마나 적은지를 깨닫게 될 것입니다. 우리 주님께서 나로 하여금 이런 글을 쓰도록 명하신 것도 장차 임할 큰 상급에 대한 지식과 벌레 같은 우리에게 자신을 나타내시는 그분의 무한한 자비를 깨닫게 하시기 위해 나로 하여금 이 글을 쓰게 하시기 위함일 것입니다. 그래서 우리가 비참하고 보잘것없는 세상의 쾌락을 버리고, 그분을 향한 사랑에 불타 그분의 위대하심 만을 바라보면서 달려가게 하시는 것입니다.

12. 테레사가 기도에 대한 글을 쓰게 된 동기

하나님께서 이처럼 어려운 문제들 중 몇 가지를 설명할 수 있는 은혜를 주시기를 간구합니다. 우리 주님과 성령께서 나의 펜을 인도해 주시지 않는 한, 이런 일이 불가능하다는 사실을 나는 잘 알고 있습니다. 여러분에게 유익이 되지 않는 한, 차라리 아무 말도 하지 못하게 해 주시기를 빕니다. 주님께서는 나의 유일한 소원이 그분의 이름을 영화롭게 하는 것 뿐이라는 사실을 알고 계십니다. 그리고 우리가 그분을 섬기기 위해 애를 쓰고 있다는 사실도 알고 계십니다. 그분은 우리가 세상에서 하는 수고를 갚아 주십니다. 그렇다면, 이렇게 거친 삶의 바다에서 겪는 방해와 수고와 위험이 없이 하늘에서 우리가 계속해서 누리게 될 기쁨은 어떤 것입니까? 하나님을 잃거나 그분께 죄를 범하는 것을 두려워하지 않아도 된다면, 우리는 우리의 주님이시며 신랑 되시는 위대하신 하나님을 위해 일하면서 세상이 다하도록 살기를 원해야 합니다. 선을 행할 때조차 범하는 많은 실수에서 벗어나 그분을 섬길 수 있게 해 주시기를 주님께 간구합니다! 아멘.

여섯 번째 방

1장

하나님께서 영혼에 더 큰 은혜를 베푸실 때, 영혼이 더 심한 고통을 겪는다는 사실을 보여준다. 이 방에 거하는 사람들에게 이 고통을 견디는 방법을 알려준다.

1. 신적 은혜로 불타오르는 사랑

성령의 도우심으로 이제 여섯 번째 방을 다루고자 합니다. 여기서 신랑에 대한 사랑으로 상처입은 영혼은 어느 때 보다 더 혼자 있기를 바라며 한숨을 쉽니다. 그 영혼은 자기가 처한 상태에서 허용되는 한, 그것을 방해하는 모든 의무에서 물러납니다. 그 영혼은 자신의 영에 너무나 깊이 각인된 신랑의 모습을 보는 것이 그 유일한 소망입니다. 앞서 말했듯이, 이러한 기도 중에는 시각의 차원에서 볼 수 있는 것이 상상의 차원에서조차 아무것도 없습니다. 내가 "모습"이라는 표현을 쓴 것은 내가 사용했던 비유 때문입니다._

2. 우리 주님은 영혼의 갈망을 불러일으키신다

영혼은 이제 우리 주님 외에 다른 신랑을 취하지 않기로 결심합니다. 하지만 신랑은 결혼을 서둘고 싶어하는 영혼의 갈망을 무시하시고, 이러한 갈망이 더 강렬해지기를 바라십니다. 그리고 다른 모든 유익을 훨씬 능가하는 이런 행복을 위해 어느 정도 대가를 치르기를 바라십니다. 그토록 큰 이익을 위해 우리가 감당해야 하는 모든 것은 값싼 대가에 불과합니다. 우리가 십자가를 질 수 있도록 용기를 불어넣기 위해서는 우리를 위해 예비된 이러한 약속이 필요하다는 사실을 확실히 말해두고 싶습니다.

3. 마지막 방에 들어가는데 필요한 용기

오 나의 하나님, 한 영혼이 일곱 번째 방에 들어가기 전에 안팎으로 얼마나 많은 고난을 겪어야 합니까! 이따금씩 이런 질문을 숙고하다 보면, 그런 사실을 미리 안다고 할 때, 연약한 인간이 그런 고난을 감당하지 못하거나 맞닥뜨리기로 결단할 수 없지 않을까 두렵습니다. 그 유익이 아무리 커 보인다 하더라도 말입니다. 하지만 그 영혼이 이미 일곱 번째 성에 도달했다면, 아무것도 두려워하지 않을 것입니다. 그 영혼은 하나님을 위해 모든 고난을 담대하게 감당할 것입니다. 그 영혼은 거의 방해를 받지 않는 합일에서 힘을 얻기 때문입니다.

4. 신적 은혜에 동반되는 시련

이러한 상태에서 틀림없이 일어날 시련들에 대해 확실히 말해 두는 것이 좋을 것이라고 생각합니다. 물론 모든 영혼이 한결 같이 이런 길을 거치지는 않을 것입니다. 하지만 그러한 하늘의 은총을 누리는 사람들은 종류와 상관없이 이 세상의 고난에서 전적으로 자유로울 수는 없다고 생각합니다. 따라서 처음에는 이런 주제를 다룰 의도가 없었지만, 나중에 나는 하나님께서 이런 은총을 베푸시는 사람들에게 어떤 일이 일어나는지 안다면, 이런 상태에 있는 영혼에게 큰 위로가 될 것이라고 생각했습니다. 그런 일이 일어날 때, 정말로 모든 것을 잃은 것처럼 보이기 때문입니다.

5. 완덕을 추구하는 영혼들에 대한 외침

이러한 시련들을 합당한 순서대로 열거하지는 않겠지만, 기억에 떠오르는 대로 가장 정도가 가벼운 것부터 묘사하고자 합니다. 어떤 사람이 자기와 함께 살고 있는 사람들로부터 격렬한 항의를 받습니다. 그 중에는 그녀와 아무 관련이 없는 데도 언젠가 그녀를 본 기억이 있다고 생각하는 사람들이 있습니다. 그들은 그녀가 성인인 척한다고 말합니다. 그녀가 극단적인 경건을 취함으로써 세상을 속이고, 자기 보다 더 나은 그리스도인들을 폄하하려 한다고 비판합니다. 하지만 그녀는 자신의 의무를 더 완벽하게 수행하기 위해 노력할 뿐이라는 사실에 유의하십시오. 그녀가 친구라고 생각했던 사람들이 그녀를 저버리고, 가장 쓰라린 말을 내뱉습니다. 그들은 그녀의 영혼이 파멸하고, 속임수에 빠졌다고 생각합니다. 모든 것이 마귀의 소행이라고 믿는 것입니다. 그리고 그녀가 마귀로 말미암아 길을 잃은 자들과 운명을 함께 하게 될 것이며, 덕을 잘못된 길로 이끌고 있다는 것입니다. 그들은 그녀가 자신의 고해 신부들을 속이고 있다고 소리지르고, 그들에게 그렇다고 말합니다. 똑같은 방식으로 파멸에 이른 다른 사람들의 예를 들어가며 비웃는 말을 쏟아내는 것입니다.

6. 테레사의 개인적인 경험

내가 아는 어떤 사람은 고해 신부를 찾지 못할까 두려워했습니다. 하지만 그것은 긴 이야기라서, 그 이야기를 하기 위해 지금 멈출 생각은 없습니다. 가장 나쁜 것은 이런 문제들이 사라지지 않고 평생토록 지속된다는 것입니다. 한 사람이 다른 사람에게 그녀 같은 사람과 그녀 같은 사람과 관계를 갖지 말라고 경고하기 때문입니다. 반면에 그녀에게 유리하게 말하는 사람들도 있을 것입니다. 그녀를 좋게 생각하는 사람들은 그녀를 미워하는 사람들에 비해 극소수에 불과합니다!

7. 깨달은 영혼에 대한 고통스러운 칭찬

게다가 그러한 영혼에게 칭찬은 비난보다 더 큰 고통을 안겨줍니다. 자신이 소유하고 있는 모든 선한 것이 자신의 것이 아니라 하나님의 선물이라는 사실을 분명히 깨닫고 있기 때문입니다. 그 영혼은 얼마 전까지 만해도 자신이 덕이 부족하고 심각한 죄에 빠져 있었다는 사실을 알고 있습니다. 그러므로, 최소한 처음에는 칭찬이 참을 수 없는 고통을 초래합니다. 하지만, 나중에는 여러 가지 이유로 그 영혼이 비난이나 칭찬에 비교적 무관심해지게 됩니다.

8. 이것은 무관심으로 바뀐다

첫째로, 우리는 경험을 통하여 인간들은 남을 좋거나, 나쁘게 말할 준비가 되어 있다는 사실을 배웠습니다. 따라서 비난이든 칭찬이든 대수롭지 않게 여기게 됩니다.

둘째로, 우리 주님께서 영혼에게 더 큰 빛을 비춰 주셨기 때문에, 그 영혼은 그 안에 있는 선한 것이 자기 것이 아닌 하나님의 선물임을 인지하게 됩니다. 따라서 자신을 잊고, 제3자가 은혜를 받은 것처럼 하나님의 은혜를 찬양합니다.

9. 그러한 영혼의 겸손

세 번째 이유는 하나님께서 베푸신 은혜를 목격함으로써 다른 사람들이 얻는 유익을 깨달은 사람은 하나님께서 자기 안에 존재하지 않는 덕을 발견하게 해 주시는 것이 자기에게 유익이라고 생각하게 되기 때문입니다.

10. 하나님의 영광을 위한 그들의 열심

넷째로, 자기 보다 하나님의 영광과 존귀를 추구하는 영혼들은 다른 사람들이 인간의 칭찬 때문에 받은 상처를 자기들도 입을지 모른다고 생각하는 유혹(보통 초심자들을 괴롭히는)에서 치유됩니다. 이런 영혼들은 사람들의 멸시를 별로 개의치 않습니다. 그것으로 인해 단 한 번 만이라도 하나님께 영광이 돌아가기만 한다면 말입니다.

11. 칭찬이나 비난에 대한 완전하고도 최종적인 무관심

이전에 인간의 칭찬으로 비롯된 큰 고통은 이런 저런 이유로 인해 어느 정도 완화됩니다. 하지만 인간의 말을 완전히 무시하지 않는 한, 그 영혼은 여전히 어느 정도 불편함을 경험합니다. 그 영혼은 비방을 받는 것 보다 세상으로부터 과분한 존경을 받는 것을 그

지없이 더 슬퍼합니다. 그러다가 마침내 거의 칭찬에 무관심하게 되었을 때, 도리어 비난에 대해 훨씬 더 무관심해지게 됩니다. 심지어 비난이 그를 기쁘게 하고, 듣기 좋은 음악 소리처럼 들리게 되는 것입니다.

12. 원수에 대한 사랑

이것은 틀림없는 사실입니다. 영혼은 시련으로 인해 침울해지기보다는 오히려 강건해집니다. 영혼은 경험을 통해서 시련에서 파생되는 큰 유익에 대해 배우게 되었습니다. 그 영혼은 사람들이 영혼을 박해함으로써 하나님께 죄를 범한다고 생각하지 않습니다. 하나님께서 더 큰 유익을 위해 그들이 그렇게 하도록 허용하신다고 생각하는 것입니다. 이런 믿음이 너무 강한 나머지, 그런 사람은 이런 사람들에게 특별한 애착을 갖게 됩니다. 자기를 좋게 말하는 사람들보다 더 진정한 친구이자 더 큰 은인으로 여기게 되는 것입니다.

13. 육체의 고통

우리 주님께서는 보통 중병에 걸리게 하십니다. 이것은 훨씬 더 무거운 십자가입니다. 극심한 고통을 느끼는 경우가 특히 그렇습니다. 나는 이것이 이 세상에서 가장 큰 시련이라고 생각합니다. 내가 언급하는 것은 외부적인 시련입니다. 하지만 최악의 육체적 고통은 우리 존재의 내부에도 침투하여, 영혼과 육체 모두에 영향을 미치게 됩니다. 따라서 고뇌에 빠진 영혼은 어찌할 바를 모르고, 고통을 받느니 차라리 순교하여 빨리 죽음을 맞는 것이 낫겠다고 생각합니다. 하지만 이러한 극단적인 고통은 오래 가지 않습니다. 하나님은 우리가 감당할 수 있는 것보다 더 많은 고통을 허락하지 않으실 뿐 아니라, 언제나 인내를 먼저 주시기 때문입니다.

14. 테레사의 육체적 질병

이제 이런 상태에 있는 사람들에게 일반적으로 발생하는 갖가지 시련과 질병에 대해 언급하고자 합니다. 내가 아는 어떤 사람은 40년 전 우리 주님께서 앞서 묘사된 은혜를 그녀에게 베풀기 시작하셨을 때부터, 단 하루도 이런 저런 고통 없이 지낸 적이 없었습니다. 나는 그녀에게 보내졌던 무거운 십자가 외에, 육체적인 허약함을 언급하고 있습니다. 사실 그녀는 악한 삶을 살았습니다. 따라서 그녀는 자신이 받아 마땅한 지옥에 비해 이러한 고난을 매우 가볍게 여겼습니다. 우리 주님께서는 자신에게 죄를 덜 범한 사람들을 다른 방법으로 인도하십니다. 하지만 나는 우리 주 예수 그리스도를 본받기 위해서라면 항상 고난의 길을 선택할 것입니다. 하지만 그것은 여러 가지 면에서 우리에게 유익합니다. 하지만 여기에서 겪었던 내면적인 고통과 비교하면 나머지는 사소한 것처럼 보일 것입니다. 하지만 그 고통은 묘사하기가 불가능합니다.

15. 소심한 고해신부

먼저 너무나 소심하고 미숙한 고해 신부를 만나는 시련에 관해서 언급해 봅시다. 그 신부에게는 안전해 보이는 것이 아무것도 없습니다. 그는 평범한 것을 제외한 모든 것을 두려워하고 의심합니다. 특히 불완전 것이 눈에 띄는 영혼에 대해서는 더욱 그러합니다. 하나님께서 그러한 은혜를 베푸시는 사람들은 천사들이 분명하다고 생각하기 때문입니다. 물론 이것은 우리가 육신으로 사는 동안에는 불가능한 일입니다. 그는 즉시 모든 것을 악마나 우울증에 돌립니다. 후자에 관해서는 나는 놀라지 않습니다. 이 세상에는 우울증을 앓는 사람들이 너무나 많으며, 악한 자가 이런 식으로 해를 끼치기 때문입니다. 고해 사제들이 그것에 대해 걱정하고 경계하는 것도 무리는 아닙니다.

16. 과거의 죄로 인한 불안

똑같은 두려움에 휩싸인 불쌍한 영혼은 재판관인 고해 신부를 찾아갑니다. 그 때 영혼은 고문을 당하는 것처럼 느끼고, 그가 내리는 선고에 경악하게 됩니다. 그것은 직접 경험해본 사람만이 실감할 수 있습니다. 특히 사악한 삶을 살아온 사람들에게 가장 가혹한 시련은 하나님께서 그들의 죄에 대한 형벌로 그들이 속아 넘어가도록 허락하신다고 믿는 것입니다. 그들은 실제로 이러한 은혜를 받는 동안 안전함을 느끼고, 이러한 은혜가 하나님의 영으로부터 온다고 확신하지 않을 수 없습니다. 하지만 이러한 상태는 매우 짧은 시간 동안 지속됩니다. 죄에 대한 기억이 항상 자기 앞에 있기 때문에, 자신의 허물을 발견할 때, 이런 고통스러운 생각들이 머리 속에서 떠나지 않기 때문에, 자기 앞에 있기 때문에, 자신의 악행에 대한 기억이 항상 그들 앞에 있기 때문에 이런 일은 반드시 일어납니다. 그들이 자신 안에 있는 어떤 결점을 발견할 때 이러한 고통스러운 생각이 반드시 돌아오게 되는 것입니다.

17. 두려움과 건조함

영혼은 고해 신부가 마음을 안심시키면, 잠시 동안은 잠잠해집니다. 나중에, 이전의 고통이 다시 돌아오기는 하지만 말입니다. 하지만 그 고해 신부가 그 두려움에 부채질을 할 때, 그 고통은 거의 감당할 수 없는 지경에 이르게 됩니다. 특히 영적인 메마름이 뒤따를 때, 마치 하나님을 생각해 본 적이 없고 앞으로도 그럴 수 없을 것 같은 느낌이 드는 경우가 특히 그렇습니다. 사람들이 그분을 언급할 때, 그들이 오래전에 들어본 적이 있는 어떤 사람에 대해 말하는 것처럼 느끼는 것입니다.

18. 마귀가 일으킨 양심의 가책과 두려움

이 모든 것은 고해 신부들에게 그런 경우를 이해시킬 수 없으며, 그들을 속이고 있다고 생각하는데 따르는 고통에 비하면 아무것도 아닙니다. 그런 사람이 가장 세심하게 자신의 양심을 살피고, 자신의 모든 생각을 지도자에게 드러내고 있음을 안다고 해도, 도움이 되지는 않습니다. 그녀는 이해력이 너무 흐려져서 진리를 분별할 수 없기 때문에, 정신에 떠오르는 모든 상상을 믿습니다. 이제는 상상이 우위를 점하고 있습니다. 게다가 그녀는 마귀가 제안하는 거짓말까지 받아들입니다. 의심할 여지없이 그것은 우리 주님께서 그녀를 시험하도록 허락하신 것입니다. 악령은 하나님께서 그녀를 거부하셨다고 믿게 만들려고 시도합니다. 이 영혼을 공격하는 많은 시련이 초래하는 내적 괴로움은 너무나 고통스럽고 참기 힘든 것이어서, 지옥에 버려진 사람들이 겪는 고통 외에는 비교할 것이 없습니다. 이러한 고통의 폭풍 속에서는 아무런 위로도 찾을 수 없기 때문입니다.

19. 당황하는 영혼

영혼이 고해 신부에게 위로를 구하면, 악마들이 모두 나타나 그 영혼을 더 괴롭히도록 그 신부를 돕는 것처럼 보입니다. 이런 식으로 고통받는 사람을 다뤘던 고해 신부는 그녀를 괴롭히는 일이 너무 많아서 그녀의 상태가 매우 위험할 것이라고 생각했습니다. 그러므로 그녀가 시련에서 회복된 후, 그 신부는 그런 시련이 다시 일어날 때마다 자기에게 말해 달라고 지시했습니다. 하지만, 그는 이것이 그 어느 때보다 상황을 악화시킨다는 사실을 알게 되었습니다. 그녀는 자신에 대한 통제력을 모두 상실했습니다. 그녀는 읽는 법을 배웠지만, 일자무식인 것처럼, 쉬운 말로 기록된 책의 내용조차 이해할 수 없었습니다. 그녀의 정신이 작동하기를 그쳤기 때문입니다.

20. 하나님만이 이러한 고통에서 건져 주신다

간단히 말해서, 그러한 폭풍 속에서는 하나님의 자비를 기다리는 것 외에는 다른 치유책이 없습니다. 하나님께서는 어떤 무심한 말이나 뜻밖의 상황을 통하여 갑자기 이런 모든 슬픔을 몰아내십니다. 그러면 모든 고난의 구름이 사라지고, 정신은 빛으로 가득 차고 이전보다 훨씬 더 행복해집니다. 그 영혼은 위험한 싸움에서 승리한 사람처럼 우리 주 하나님을 찬양합니다. 그 싸움에서 승리하신 분은 하나님이시기 때문입니다. 그 영혼은 승리가 자신의 것이 아님을 확실히 의식하고 있습니다. 모든 방어 무기가 적의 손에 있는 것처럼 보이기 때문입니다. 따라서 그 영혼은 자신의 연약함을 깨닫게 됩니다. 그리고 하나님께서 버리신다면, 인간이 스스로 할 수 있는 일이 얼마나 적은 지를 깨닫게 됩니다.

21. 인간의 연약함

이러한 진리는 이제 입증이 필요 없습니다. 영혼이 과거의 경험을 통하여 스스로가 전적으로 무능한 존재임을 배웠기 때문입니다. 그 영혼은 인간 본성의 공허함과 인간이 얼마나 비참한 피조물인지를 깨닫게 됩니다. 비록 영혼은 은혜에서 떨어지지 않은 상태에 있지만(이러한 고통에도 불구하고 하나님께 죄를 범하지 않았으며, 세상의 어떤 것을 인해서도 그렇게 하지 않을 것이기 때문입니다), 이 은혜가 너무나 감춰져 있어서 지금이나 과거에나 하나님에 대한 사랑의 불꽃을 전혀 소유해 본 적이 없다고 믿습니다. 그녀가 언제든지 선을 행했거나, 주님께서 그녀에게 은혜를 베푸셨다면, 그것은 단지 꿈이나 환상에 불과한 것처럼 보였을 것입니다. 자신이 지은 죄를 여전히 선명하게 보고 있기 때문입니다.

22. 세속적인 위로는 아무 소용이 없다

오 예수님! 이렇게 버림받은 영혼을 보는 것은 얼마나 슬픈 일입니까! 내가 말했듯이, 지상의 어떤 위로도 아무 소용이 없습니다! 자매 여러분, 그러한 상태에 이르게 될 경우에, 부유하고 자립한 사람들이 그런 문제를 다룰 때 여러분 보다 더 많은 자원을 가지고 있다고 상상하지 마십시오. 절대로 그렇지 않습니다! 그러한 위로를 제공하는 것은 사형 선고를 받은 사람들 앞에 세상의 모든 기쁨을 두는 것과 같은 일이 될 것입니다. 그것은 그들의 고통을 완화해 주기는커녕 증가시킬 것입니다. 따라서 내가 언급한 한 것처럼, 영혼들을 위한 위로는 위로부터 임합니다. 세상의 어떤 것도 그들을 도울 수 없습니다. 위대하신 하나님께서는 우리가 그분의 주권과 우리의 비참함을 인정하기를 바라십니다.

23. 그럴 때 기도는 위로가 되지 않는다

그러한 시련이 여러 날 동안 계속된다면, 불쌍한 영혼이 무엇을 할 수 있겠습니까? 마음을 위로하는 데 관한 한, 기도는 아무런 영향도 미치지 못합니다. 마음이 어떤 위로도 받아들일 수 없으며, 정신도 소리 내어 기도하는 말의 의미를 이해할 수 없기 때문입니다. 그런 때에는 묵상 기도도 불가능합니다. 정신의 기능들이 그것을 감당할 수 없기 때문입니다. 고독은 영혼에 해롭습니다. 하지만 사람들과 함께 있거나 대화를 나누는 것은 새로운 고통입니다. 고통받는 사람은 그것을 숨기려고 애쓰지만, 너무나 지치고 주변 사람들의 시선을 끌기 때문에 자신의 상태를 드러낼 수밖에 없습니다.

24. 이러한 내적 시련에 대한 치료제

영혼은 무엇이 자기를 괴롭히는 지를 어떻게 알 수 있습니까? 그 고통은 이루 말할 수 없습니다. 그 영혼은 이름을 모르는 고뇌와 영적인 고통으로 가득 차 있습니다. 이러한 십자가들에 대한 가장 좋은 치료제(나는 그 시련으로부터 구원을 얻는 것을 의미하지 않습니다. 그렇게 할 수 있는 것이 아무것도 없기 때문입니다. 오히려 그것을 짊어질 수 있도록 하기 위함입니다)는 사랑을 외적으로 실천하고, 주님의 자비를 신뢰하는 것입니다. 하나님은 자신을 바라는 자들을 결코 실망시키시지 않는 분입니다. 그분의 이름이 영원히 찬양을 받으시기를 바랍니다! 아멘

25. 마귀가 일으키는 시련

악마들은 언급할 필요가 없는 약간 색다른 외적 시련들을 일으킵니다. 그 시련들은 훨씬 덜 고통스럽습니다. 악마들은 무슨 일을 하든 간에 전자의 방식으로는 영혼의 능력을 마비시키거나, 교란시키는 데 결코 성공하지 못하기 때문입니다. 사실, 이성은 악령들이 하나님께서 악령들에게 허락하시는 것보다 더 많은 해를 끼칠 수 없음을 분별할 수 있습니다. 정신이 그 능력을 잃지 않은 동안, 모든 고통은 상대적으로 대수롭지 않습니다.

26. 그 밖의 고난

이 방에서 겪는 다른 내적 고통에 대해서는 다양한 종류의 기도와 우리 주님께서 여기에서 베푸시는 은혜를 설명할 때 다루도록 하겠습니다. 이러한 후자의 고통 중 일부는 그것들이 육체에 미치는 영향으로 나타나듯이 견디기가 더 어렵지만, 십자가라는 이름을 받을 자격이 없으며, 우리가 그렇게 부를 자격도 없습니다. 그런 고통은 영혼이 그러한 은혜를 받을 자격에서 얼마나 멀리 떨어져 있는지를 깨닫게 해주는 하나님의 큰 은혜입니다.

27. 일곱 번째 방에 들어가기 위한 준비.

일곱 번째 방 입구에서 영혼들이 느끼는 이처럼 가혹한 고통에는 다른 많은 고통이 수반됩니다. 나는 그 중 일부에 대해서 언급할 것입니다. 그것들을 모두 언급하는 것은 불가능한 일이 될 것이기 때문입니다. 그것들은 나머지 것들보다 훨씬 더 높은 근원에서 임하기 때문입니다. 더 낮은 차원의 시련들도 잘 설명할 수 없었던 내가 다른 시련들을 다룬다는 것은 훨씬 더 어려운 일이 될 것입니다. 하나님께서 당신의 아들의 공로를 통하여 모든 일에 나를 도와주시기를 바랍니다! 아멘.

2장

주님께서 영혼에 활력을 불어넣어 주시는 여러 가지 방법과 그것이 영혼에 미치는 효과를 다룬다.

1. 주님께서 자신의 신부의 사랑을 일으키신다

우리는 그 작은 비둘기를 오랫동안 버려 둔 것 같지만, 실상은 그렇지 않습니다. 이러한 과거의 시련들이 그녀가 훨씬 더 높이 날 수 있게 만들어 주기 때문입니다. 나는 지금부터 신랑이 신부를 자신과 완전히 결합시키기 전에 어떻게 대하는 지를 묘사하려고 합니다. 그분은 영혼이 스스로 분별할 수 없을 정도로 미묘한 방법을 사용하여 그분을 더 갈망하게 합니다. 나는 그런 경험이 없는 사람들에게는 그것을 알아듣게 설명할 수가 없다고 생각합니다. 이러한 갈망은 영혼의 가장 깊은 곳에서 솟아나는 섬세하고도 미묘한 충동입니다. 나는 그것을 어느 것에도 비교할 수 없습니다.

2. 사랑의 상처

이러한 은혜는 우리 자신이 얻을 수 있는 것과는 전혀 다릅니다. 그리고 앞서 묘사한 영적 위로와도 다릅니다. 이런 경우에는, 아무런 생각이 없거나 하나님을 생각하지도 않을 때, 아무 소리가 들리지 않더라도, 주님께서는 빠르게 번쩍이는 혜성이나 천둥소리처럼 갑자기 그것을 일깨워 주십니다. 하지만 이렇게 하나님께서 부르신 영혼은 그분의 음성을 충분히 잘 듣습니다. 너무 잘 듣는 나머지, (특히 맨 처음에는) 그 영혼은 고통을 느끼지 않음에도 불구하고 몸을 떨고 소리를 지르기까지 합니다. 감미로운 상처를 받았음을 의식하지만, 그것이 어떻게 일어난 것인지, 누가 준 것인지를 알 수 없습니다. 하지만 그 상처를 가장 소중한 은혜로 인식하고, 치유되지 않기를 바랍니다.

3. 사랑이 초래하는 고통

영혼은 신랑에게 큰 소리를 내면서까지 사랑으로 하소연합니다. 그 영혼은 신랑이 함께 계시는 것은 알지만, 즐거운 시간을 가질 만큼 자신을 드러내지는 않으시리라는 사실을 알기 때문에 스스로를 제어할 수도 없습니다. 이것은 달콤하고 감미롭지만, 날카로운 고통을 유발합니다. 영혼은 원하더라도 그 고통에서 벗어날 수 없습니다. 하지만 이것은 영혼이 결코 바라지 않는 일입니다. 이러한 은혜는 고통이 수반되지 않는 고요의 기도 중에 능력을 받아들이는 데 따르는 기쁨 보다 더 큰 즐거움을 줍니다.

4. 신랑의 부름

자매 여러분, 이러한 사랑의 작용을 어떻게 여러분에게 이해시킬 수 있을지 모르겠습니다. 그렇게 할 수 있는 방법을 알 수가 없습니다. 사랑하시는 분은 자신이 영혼 안에 거하신다는 사실을 분명히 보여 주십니다. 일곱 번째 방에 거하시는 것처럼 보이시면 그분이 오해의 여지가 없는 신호를 통하여 부르시고 심중을 꿰뚫어 보신다고 말하는 것은 모순되는 것처럼 보입니다. 그분은 정해진 형식의 말이 아닌 이런 방식으로 말씀하십니다. 다른 방에 거하는 사람들, 감각, 상상력, 그리고 기능들이 감히 불러일으키지 못하는 방식으로 말씀하시는 것입니다.

5. 영혼에 미치는 효과

오 전능하신 하나님! 당신의 비밀이 얼마나 심오한지요! 영적인 문제들은 이 세상에서 보거나 들을 수 있는 것과 얼마나 다른지요! 이러한 은혜에 비할 만한 것은 아무것도 없습니다. 주님께서 영혼에게 베푸시는 다른 많은 은혜들과 비교할 때 그것은 하찮은 것입니다. 이런 은혜가 영혼에 너무나 강력하게 작용하는 바람에, 그 영혼은 갈망에 사로잡히기는 하지만 무엇을 구해야 할지를 알지 못합니다. 하나님께서 자기와 함께 하신다는 사실을 분명히 깨닫기 때문입니다. 이런 사실을 분명히 깨달았다면, 그 영혼이 더 바랄 것은 무엇이며, 고통을 느끼는 이유는 무엇이냐고 물을 수도 있을 것입니다. 그 영혼이 어떤 더 큰 선을 추구할 수 있겠습니까? 나는 말할 수 없습니다: 나는 이러한 고통이 마치 마음을 찌르는 것 같다는 사실을 잘 압니다. 상처를 입히신 그 분이 화살을 뽑을 때 심장까지 뽑으시는 것 같습니다. 그 정도로 깊은 사랑을 느낀다는 것입니다.

6. 사랑의 용광로에서 튀어나오는 불꽃

나는 하나님을 불타는 용광로에 비유할 수 있다고 생각했습니다. 거기에서 작은 불꽃이 영혼 속으로 날아가면, 그 영혼은 이 큰 불의 열기를 느끼기는 하지만, 그 불꽃이 영혼을 살라 버리기에는 부족합니다. 그 느낌이 너무나 달콤한 나머지, 그 영혼은 접촉으로 인해 일어나는 고통에 머물러 있습니다. 이것은 내가 찾을 수 있는 가장 좋은 비유인 것처럼 보입니다. 그 고통은 달콤하며, 실제로 전혀 고통이 아니기 때문입니다. 그것은 항상 같은 정도로 계속되지도 않습니다. 어떤 때는 오랫동안 지속되기도 하고, 어떤 때는 빠르게 지나가는 것입니다. 이것은 하나님의 선택에 따른 것입니다. 어떤 인간의 수단으로도 그런 고통을 얻을 수 없기 때문입니다. 그 고통은 때로는 오랫동안 느껴지지만, 간헐적으로 일어납니다.

7. 그 불꽃은 꺼져버린다

사실 그 고통은 결코 영원하지 않습니다. 따라서 영혼을 완전히 태워버리지는 않습니다. 하지만 그 영혼이 불을 받아들일 준비가 되었을 때, 작은 불꽃은 갑자기 꺼져버립니다. 그러면 마음은 사랑의 고통을 다시 겪고 싶어하는 갈망과 더불어 남겨지게 됩니다. 이것이 어떤 자연적 원인이나 우울증에서 비롯되거나, 악마의 환상이나 상상에서 임하는 것이라고 생각할 근거는 없습니다. 의심할 여지없이, 이러한 마음의 움직임은 변치 않으시는 하나님으로부터 임합니다. 그러한 효과는 다른 경건한 실천에 따르는 효과들과 유사하지도 않습니다. 그런 효과들은 강력한 기쁨에 몰두한다는 면에서 실체를 의심하게 만듭니다.

8. 이러한 은혜는 명백하게 신성하다

여기에는 감각이나 다른 기능들이 정지되는 일이 없습니다. 그것들은 그런 고통을 지연시킴이 없이, 무슨 일이 일어나고 있는지를 궁금해합니다. 나는 그것들이 이런 즐거운 고통을 늘이거나 없애

버릴 수 있다고 생각하지 않습니다. 우리 주님으로부터 이런 은혜를 받은 사람은 누구든지 이런 글을 읽을 때 내가 의미하는 바를 이해할 것입니다. 그 사람으로 하여금 그분께 진심으로 감사하게 하십시오. 속임수를 두려워할 필요가 없습니다. 그런 놀라운 은혜에 충분히 감사하지 못하는 것을 훨씬 더 두려워해야 합니다. 그 사람으로 하여금 모든 면에서 그분을 섬기고, 삶의 개선을 위해 노력하게 하십시오. 그러면 그 사람은 다음에 어떤 일이 임할 것이며, 어떻게 더 고귀한 선물을 얻게 될지를 깨닫게 될 것입니다.

9. 사랑의 상처는 온갖 시련을 보상한다

이런 은혜를 받은 어떤 사람은 다른 은혜를 받지 못한 채로 몇 년을 보냈지만, 완전히 만족스러워 했습니다. 비록 오랜 세월을 극심한 고난 가운데 하나님을 섬겼다 하더라도, 그녀는 충분히 보상을 받았다고 생각했을 것입니다. 그분이 영원한 찬양을 받으시기를 바랍니다! 아멘.

10. 속임수에서 면제된 첫 번째 이유

어쩌면 여러분은 우리가 다른 경우보다 이런 은혜에 관한 속임수에 대해 더 안전하다고 느끼는 이유가 무엇인지 궁금할 것입니다.

그것은 이러한 이유들 때문이라고 생각합니다. 첫째로, 악마가 그런 감미로운 고통을 줄 수 없기 때문입니다. 그는 영적인 것처럼 보이는 쾌락이나 즐거움을 초래할 수 있지만, 고통을 추가할 수 있는 능력은 없습니다. 특히 영혼의 평화 및 기쁨과 결합된 극심한 고통을 추가할 수 있는 능력이 없는 것입니다. 그의 능력은 외부적인 것으로 제한됩니다. 그가 일으킨 고통에는 불안과 갈등이 동반될 뿐이지, 절대로 평강이 동반되지는 못합니다.

11. 두 번째와 세 번째 이유

둘째로, 이렇게 반가운 폭풍은 사탄이 지배하는 영역에서 임하지 않기 때문입니다. 셋째로, 영혼은 자기 안에 남겨진 큰 유익 때문에, 일반적으로 하나님을 위해 고난을 받기로 결심하고, 더 많은 십자가를 지기를 갈망합니다. 또한 세속적인 쾌락과 교제 같은 것들을 멀리하기로 이전보다 훨씬 더 결연하게 의지를 다집니다.

12. 이것은 상상력에 의한 것이 아니다

이것은 허구가 아님은 너무나 명백한 사실입니다. 상상력은 어떤 은혜들을 위조할 수 있을지 모르지만, 이런 은혜는 그럴 수 없습니다. 그것이 너무나 명백히 드러나기 때문에 의심의 여지를 남기지 않습니다. 여전히 확신이 서지 않는 사람이 있다면, 즉 실제로 그런 경험을 했는지에 대해 의심이 간다면, 그것이 진정한 충동이 아니라는 사실을 알게 하십시오. 영혼은 귀로 우렁찬 소리를 들을 수 있듯이, 그런 경험을 분명하게 인지할 수 있기 때문입니다. 이러한 경험이 변덕스럽고 상상 속에서만 일어나고 존재하는 우울증에서 온다는 것은 불가능한 일입니다. 반면에 이러한 감정은 영혼의 내부에서 임하는 것입니다.

13. 테레사는 이 기도에 대해서 전혀 경고한 적이 없다

내가 오해하고 있는지도 모르지만, 이런 문제에 정통한 사람들이 반대하는 이유를 들려주기 전에는 내 의견을 바꾸지 않을 것입니다. 나는 그러한 속임수를 항상 크게 두려워하면서도, 이러한 기도 상태에 대해 전혀 불안하게 느끼지 않았던 사람을 알고 있습니다.

14. 주님의 향기

우리 주님께서는 영혼을 일깨우시기 위하여 다른 수단들을 사용하기도 하십니다. 예를 들어, 감각을 통하기를 추구하지 않은 채로 구송 기도를 드릴 때, 모든 감각을 통해 퍼지기에 충분한 강력한 향기에 갑자기 둘러싸인 것처럼 즐거운 열정에 사로잡힐 수 있습니다. 여기에 향수가 실제로 있다고 주장하는 것이 아닙니다. 하지만, 나는 이것이 신랑이 자신의 존재를 이해시키려고 사용하는 방식과 다소 비슷하기 때문에 하나의 비유로 사용하고 있습니다. 이로 인해 그 영혼은 그분을 마음껏 누리기를 갈망하게 됩니다. 그래서 영웅적인 행동을 하며, 하나님께 열렬한 찬양을 드리게 되는 것입니다.

15. 속임수를 두려워할 이유가 없다

이런 은혜는 이전의 은혜와 같은 근원에서 나옵니다. 하지만 이 은혜는 고통을 일으키지 않으며, 하나님을 누리고자 하는 영혼의 갈망도 고통스럽지 않습니다. 이것이 영혼이 더 일반적으로 경험하는 것입니다. 여기에서는 이미 언급한 이유들 때문에 두려워할 이유가 없고, 오히려 감사함으로 이 은혜를 받는 것이라고 생각합니다.

3장

하나님께서 때때로 영혼에게 어떻게 말씀하시는 지를 묘사한다. 그런 경우에 우리가 어떻게 행동해야 하는 지를 설명한다. 이러한 은혜가 속임수인지의 여부를 알아내는 방법을 제공한다.

1. 말투

하나님은 또 다른 방식으로 영혼을 일깨우십니다. 어떤 면에서는 위에서 언급한 것보다 분명히 더 큰 은혜를 입었지만, 그것이 더 위험한 것으로 판명될 수도 있습니다. 따라서 그것에 관한 몇 가지 특정한 사실을 말해 두려고 합니다. 하나님께서는 여러 가지 방법으로 영혼에게 하시는 말씀을 통해 이런 일을 행하십니다. 어떤 말씀은 외부에서 임하는 것처럼 보입니다. 영혼의 깊은 부분, 또는 가장 높은 부분에서 임하는 것처럼 보이는 말씀도 있습니다. 반면에 어떤 말씀은 외부로부터 들려오는 실제 목소리처럼 귓전을 울려 주기도 합니다.

2. 우울증에서 비롯될 수도 있다

이것은 한낱 환상에 불과할 때가 종종, 사실은 자주 있습니다. 활발한 상상력을 가진 사람이나 두드러질 정도로 우울증에 시달리는 사람에게 특히 그렇습니다. 나는 초자연적으로 무엇을 보거나 듣거나 배운다고 말하는 사람들에게는 관심을 기울이지 말아야 한다고 생각합니다. 그렇다고 그것이 마귀에게서 온 것이라고 말함으로써 그들을 불안하게 하지도 마십시오. 다만 아픈 사람을 대하듯 그들의 말을 잠자코 들어주십시오. 특히 원장 수녀나 고해 신부가 그들의 이야기를 들을 경우에, 그런 문제에 대해 더 이상 생각하지 말라고 명하게 하십시오. 그런 문제가 하나님을 섬기는 데 필수적인 것이 아니기 때문입니다. 이것이 반드시 그들의 경우는 아닐지라도, 마귀는 많은 그리스도인을 그렇게 속여 넘겼습니다. 따라서 그들은 그것 때문에 골머리를 썩일 필요가 없습니다. 따라서 우리는 그들의 기분에 맞춰줄 필요가 있습니다. 그들에게 그들의 환상이 우울증에서 온 것이라고 이야기한다면, 그 문제는 끝이 나지 않을 것입니다. 그들이 이런 것들을 보거나 들었다고 계속 우겨 댈 것이기 때문입니다. 그들에게는 그런 것처럼 보이기 때문입니다.

3. 처음에는 조심해야 한다

사실, 그런 사람들이 기도를 너무 많이 하지 않도록 세심하게 신경을 써야 합니다. 그리고 가능한 한, 환상에 주의를 기울이지 않도록 그들을 설득해야 합니다. 마귀는 이렇게 약한 영혼들을 사용하여 다른 영혼들에게 해를 끼칩니다. 그런 영혼들 자체는 해를 입지 않고 벗어난다 하더라도 말입니다. 연약한 영혼이든 강한 영혼이든, 처음에는 이런 일들이 어디에서 오는 것이지를 확실히 알 수 있을 때까지 조심할 필요가 있습니다. 처음에는 이런 말들을 거부하는 것이 언제나 더 현명하다고 생각합니다. 만일 그 말들이 하나님에게서 온다면, 그들은 더 많이 받게 될 것입니다. 영혼이 낙심할 때, 그런 말들은 늘어나기 때문입니다. 그와 동시에, 그 영혼을 너무 엄격하게 통제하거나, 불안하게 하지 않도록 조심해야 합니다. 그 영혼은 이 문제를 어떻게 다뤄야 할 지를 모르고 있기 때문입니다.

4. 기도 중에 빈번히 듣게 되는 말들

영혼이 듣게 되는 말들에 관한 논의로 되돌아가 봅시다. 내가 언급한 모든 말들은 하나님이나, 마귀 또는 상상력으로부터 올 수 있습니다. 하나님의 도우심으로 이런 말들을 구분하는 표지들을 설명해 보고자 합니다. 또한 그런 말들이 위험한 경우들에 대해서도 이야기하고자 합니다. 이런 일들이 기도를 높이는 많은 사람들에게 일어나기 때문입니다. 자매 여러분, 그런 말들을 믿거나 무시하는 것이 해가 될 것이라고 생각하지 않기를 바랍니다. 그런 말들이 단지 여러분을 위로하거나, 잘못을 경고하는 말일 뿐일 때, 그 말이 어디에서 왔는지 또는 공상에 불과한지의 여부는 중요하지 않습니다.

5. 거짓 교리를 거부하라

한 가지 여러분에게 주의시키고 싶은 것은 그런 말들이 하나님으로부터 왔다 하더라도, 스스로를 더 높이 평가하지 말라는 것입니다. 주님께서 자주 바리새인들에게 말씀하셨기 때문입니다. 모든 선은 그의 말씀으로 말미암아 유익을 얻는 데 있습니다. 어떤 말을 듣든 간에, 그것이 성경과 일치하지 않는다면, 사탄에게서 직접 들은 것처럼 여기고 주위를 기울이지 마십시오. 그런 말들이 여러분의 생생한 상상력에서 온 것이라 할지라도, 믿음에 대한 유혹으로 여기십시오. 그러면 그런 말들 자체에는 힘이 거의 없기 때문에 여러분을 떠날 것입니다.

6. 진정한 말의 첫 번째 표지

이제 첫 번째 요점으로 돌아가 봅시다. 이런 말들이 영혼의 내부로부터 들려오든, 아니면 영혼의 위에서나 밖에서 들려오든, 하나님으로부터 오는 말씀이라는 사실에는 영향을 미치지 않습니다.

7. 그런 말의 효과": "근심하지 말라"

내 생각에, 그런 말들이 신적이라는 가장 확실한 표지들은 다음과 같습니다. 첫 번째이자 가장 진정한 표지는 그런 말들이 지니고 있는 능력과 권위입니다. 이런 말들은 효력이 있기 때문입니다. 예를 들어, 한 영혼이 내가 설명한 모든 슬픔과 불안을 겪고 있습니다. 정신은 어둡고 메말라 있습니다. 하지만 "근심하지 말라"라는 말만 들어도 마음이 평온해지고, 모든 괴로움에서 해방되며, 빛으로 충만해집니다. 온 세상과 세상의 모든 신학자들이 힘을 합쳐 슬퍼할 이유가 없다고 설득하려 했지만, 그들의 모든 노력에도 불구하고 가시지 않았던 고통이 모두 사라지고 마는 것입니다.

8. 내니 두려워 말라

어떤 사람은 자신의 고해 신부나 다른 사람들로부터 자기 영혼이 악한 자의 영향 아래 있다는 말을 듣고는 놀라고, 크게 두려워합니다. 그녀는 "내니 두려워하지 말라"(마가복음 6:50)라는 한 마디 말씀을 듣습니다. 그녀는 즉시 모든 두려움에서 해방되고, 위로로 가득 차게 됩니다. 실제로 그녀는 어느 누구도 자신의 확신을 방해할 수 없을 것이라고 생각합니다.

9. 평안할 지어다

중대한 일을 앞두고 일이 잘 될지 몰라 노심초사할 때, 그녀에게 "평안할 지어다. 모든 일이 잘 될 것이다"라는 확신을 주는 말씀을 들을 때, 그녀는 안심하고, 그 문제에 대한 모든 염려에서 자유로워집니다. 이런 예들은 얼마든지 더 언급할 수 있습니다.

10. 두 번째 표지

두 번째 표지는 하나님을 찬양하고자 하는 갈망과 더불어 영혼 속에 거하는 깊은 고요함과 경건하고도 평온한 마음입니다. 사람들은 이 방에서 들리는 말씀들은 하나님께서 직접 말씀하신 것이 아니라 천사들에 의해 전달된다고 이야기합니다. 그렇다면 나의 하나님, 당신의 전달자를 통하여 전달된 말씀이 그런 힘을 지니고 있다면, 사랑의 끈으로 당신과 하나가 된 영혼에 당신의 말씀이 남기는 효과는 어떻겠습니까?

11. 세 번째 표지

세 번째 표지는 이런 말씀들이 기억에서 사라지지 않고 아주 오랫동안 남아 있는 것입니다. 때때로 그런 말씀들은 결코 잊혀지지 않습니다. 사람들의 말은 그렇지 않습니다. 아무리 진지하고 학식 있는 사람들이 한 말일 지라도, 이렇게 깊은 인상을 기억에 남기지는 않습니다. 또한 그들이 장래 일을 예언한다고 할지라도, 그 말이 진리라는 확신을 주는 거룩한 말씀을 믿을 때처럼 그 말을 믿을 수 있겠습니까? 때로는 그런 말씀들의 성취가 때때로 완전히 불가능해 보이고, 그 말씀들에 관하여 우리가 흔들리고 의심이 가더라도, 우리의 영혼은 파괴할 수 없는 그 말씀들의 진실성을 한 치도 의심하지 않습니다. 어쩌면 모든 것이 들은 것과 어긋나고, 그렇게 세월이 흐를 수 있지만, 그 영혼은 하나님께서 그 목적을 이루시기 위해 사람들이 모르는 방법을 사용하셔서 마침내 예언을 성취하실 것이라는 믿음을 결코 잃지 않습니다. 진실로 예언은 성취됩니다.

12. 마귀는 참된 말씀들에 대한 의심을 불러일으킨다

하지만 내가 말했듯이, 영혼은 예언의 성취에 방해가 되는 많은 장애물을 보고 두려워합니다. 그 영혼은 그 순간에 말씀과 그 효과, 그리고 그 말씀에 따르는 확신이 하나님에게서 임했음을 확신합니다. 하지만 그 후에 그 말씀이 마귀에게서 왔는지 아니면 상상력에서 왔는지에 대한 의구심이 생깁니다. 그 말씀을 듣는 동안에는 그 진리를 수호하기 위해 죽기라도 했을 텐데 말입니다. 더구나 그렇게 주어진 명령을 수행함으로써 영혼들이 큰 유익을 얻고, 하나님을 더 잘 섬겨서 하나님께 큰 영광을 돌리게 된다고 생각해 보십시오. 그런 경우에 사탄이 갑자기 멈추겠습니까? 적어도 그는 믿음을 약화시키려 들 것입니다. 하나님께서 우리의 이해를 훨씬 초월하는 방법을 통해서 역사하실 능력을 보유하신다는 사실을 의심하는 것은 끔찍한 악입니다.

13. 상급을 받은 영혼의 확신

이런 모든 난관에도 불구하고, 그리고 이런 문제들에 관해 상담한 고해 신부들이 그런 말들은 공상에 불과하다고 말하며, 예언들이 실현되지 못할 것처럼 상황이 흘러 가도라도, 정신 속에는 확실한 불꽃이 남아 있습니다(나는 그것이 어디서 오는지 모릅니다). 다른 모든 희망이 사라질지라도, 그 불꽃은 꺼질 수 없습니다. 만일 그렇다면, 이처럼 열정적인 확신의 불꽃도 꺼지고 말 것입니다. 아, 마침내 우리 주님의 말씀이 성취됩니다. 그럴 때, 영혼은 너무나 만족하고 기뻐하며, 주님을 찬양하는 것 외에는 아무것도 할 수 없습니다. 그것은 일어난 일이 그 사람에게 아무리 중요하다 하더라도, 그 일 자체 보다는 그분의 말씀이 진실임을 보게 되기 때문입니다.

14. 하나님의 말씀이 입증되는 것을 보는 기쁨

나는 영혼이 이런 말씀들이 입증되는 것을 왜 그렇게 중요하게 여기는지를 알 수 없습니다. 나는 어떤 사람이 거짓말을 하다가 탄로가 나더라도, 그 사람은 이러한 말씀들이 사실이 아닌 것으로 판명되는 것만큼 슬퍼하지는 않을 것이라고 생각합니다. 그 문제에 있어서 자기가 들은 말을 반복하는 것을 넘어서 무슨 일을 할 수 있는 것처럼 말입니다. 어떤 사람은 니느웨가 멸망하지 않으리라는 사실을 알게 되었던 요나의 처지를 자주 상기했습니다.

15. 하나님의 영광을 위한 열심

사실 이러한 말씀들이 하나님의 영으로부터 임하기 때문에, 그런 말씀들을 신뢰하고, 최고의 진리가 되시는 분이 속이는 자로 간주되지 않으시기를 바라는 것은 타당한 일입니다. 그러므로 그런 말씀을 듣는 사람들은 수많은 우여곡절을 거친 후에 그 말씀이 성취될 때 크게 기뻐합니다. 이런 성공이 큰 고통을 수반할 수 있지만, 그 사람은 주님께서 예언하셨다고 확신하는 말씀이 성취되지 않는 것보다 성취되는 것을 더 좋아합니다. 모든 사람이 이처럼 연약하지는 않을 것입니다. 사실 그것이 연약한 것이기는 하지만, 나는 그것을 악한 것으로 정죄할 수는 없습니다.

16. 상상력에서 임하는 말

이런 말소리들이 상상력의 소산일 경우에는 그런 표지들이 나타나지 않을 것이며, 확신이나 평화나 내적인 기쁨을 초래되지 않을 것입니다. 하지만 내가 목격한 어떤 경우에는, 매우 약한 체질이나 생생한 상상력 또는 내가 알지 못하는 다른 원인으로 인해 고요의 기도와 영적인 잠에 빠져 있는 사람들이 외부의 어떤 것도 의식하지 못하는 것과 같은 깊은 거둠의 상태에 빠져 있는 모습을 보았습니다. 그들의 모든 감각은 마치 잠든 것처럼—때로는 실제로 잠들어 있습니다—되는 나머지, 그들은 때로 꿈 속에서 듣거나 본 것이 하나님에게서 온 것이라고 상상할 수 있습니다. 하지만, 그것은 꿈 이상의 효과는 남기지 않는 것처럼 보입니다.

17. 상상력에서 나오는 기도 응답

우리 주님께 열심으로 무엇인가를 구하는 사람은 그분에게서 응답이 임한다고 상상할 수 있습니다. 이런 일은 종종 일어납니다. 하지만 하나님의 말씀을 받는 데 익숙한 사람은 이런 환상에 속아넘어갈 수 없을 것이라고 생각합니다.

18. 영적 지도자들의 도움을 받으라

마귀의 속임수들은 더 위험합니다. 하지만 앞의 표지들이 있다면, 우리는 이런 말씀들이 하나님으로부터 임하는 것이라고 꽤 확신할 수 있습니다. 그다지 확실하지는 않지만, 그런 말씀들이 우리가 해야 될 중요한 문제를 언급하거나 제삼자에 관한 것이라면, 비록 그런 말씀들을 여러 번 들었고 그 진실성과 신적인 기원을 확신한다고 해도, 학식 있고 현명한 하나님의 종인 고해 신부와 상의하기 전에는 어떤 행동을 시도해도 안 되고, 그럴 생각조차 해서는 안 됩니다. 주님께서는 우리가 이러한 과정을 취하기를 원하십니다. 그것은 그분의 명령에 불순종하는 것이 아닙니다. 그런 말씀들이 그분에게서 임한 것이라는 사실에 아무런 의심의 여지가 없는 곳에서도, 고해 신부를 그분의 대리자로 받들라고 명하셨기 때문입니다. 따라서 문제가 매우 어려울수록 용기를 얻어야 할 것입니다. 우리 주님께서는 자신이 원하실 때, 이런 말씀이 성령으로부터 임한 것이라는 믿음으로 영감을 주심으로 그 고해 신부를 안심시키실 것입니다. 그렇지 않다면, 우리는 그 문제에 대한 모든 추가적인 의무에서 해방됩니다. 우리의 고해 신부님의 조언에 반하는 행동을 하고, 그런 문제에 대한 우리 자신의 의견을 선호하는 것은 매우 위험한 일이라고 생각합니다. 그러므로 자매 여러분, 우리 주님의 이름으로 여러분에게 권면합니다. 그런 일은 절대로 하지 마십시오.

19. 내면의 말씀들

하나님은 또 다른 방식으로 영혼에게 말씀하십니다. 그것은 내 생각에 분명히 그분으로부터 임하는 지적 환시(intellectual vision)라고 부를 수 있습니다. 그것은 영적인 청각을 가지고 가장 신비한 방식으로 영혼의 가장 깊은 곳에서 우리 주님께서 친히 하신 말씀을 분명히 듣는 것입니다. 그것은 나중에 설명하고자 합니다. 그 영혼이 이런 말씀과 그로 인해 일어난 결과를 인식하는 방식은 그 말씀이 어떤 식으로든 마귀에게서 임할 수 없다는 사실을 우리에게 확신시켜 줍니다. 그런 말씀이 초래하는 강력한 효과는 이런 사실을 인정하게 하고, 그것이 상상력에서 나온 것이 아니라는 사실을 분명히 보여줍니다.

20. 내면에서 들리는 진정한 말씀들의 첫 번째 표지

첫째로, 언어의 명료함은 말씀들의 종류에 따라 다릅니다. 신적인 말씀들은 너무 뚜렷해서, 듣는 사람은 음절의 누락이 있는지, 문장 전체를 들었음에도 불구하고 어떤 단어들이 사용되었는지를 기억합니다. 하지만 그 말소리가 단지 상상의 소산이라면, 단어들이 잘 들리지도 않고, 애매하게 발음될 것입니다.

21. 두 번째 표지

두 번째 이유는 말씀을 듣는 사람이 무엇을 들었는지를 종종 생각하지 않는다는 것입니다. 때로는 대화 중에 예기치 않게 말씀이 임하기도 합니다. 종종 그 말씀은 마음 속을 빠르게 스쳐 지나간 어떤 생각이나 이전에 다루었던 주제를 가리킬 때도 있습니다. 어떤 때는 듣는 사람이 전혀 존재하는 지도 몰랐던 것이나, 일어날 것이라고 생각해 본 적이 없는 사건들에 관한 것이기도 합니다. 따라서 상상력이 결코 스스로 바라지도, 추구하지도, 생각해 보지도 않은 것에 대해 그러한 말을 꾸며내서 정신을 속이는 것은 불가능한 일입니다.

22. 세 번째 표지

세 번째 이유는 진정한 경우에는 영혼이 말씀에 귀를 기울이는 것처럼 보이는 반면에, 상상력이 작동하는 경우에는 그것이 사람이 듣고 싶은 것을 조금씩 엮어 나가기 때문입니다.

23. 네 번째 표지

네 번째 이유는 하나님의 말씀이 다른 말씀과 크게 다르기 때문입니다. 하나님의 말씀은 우리의 이해력으로는 그렇게 빨리 한 구절에 압축해 담을 수 없는 깊은 의미를 한 단어에 담고 있습니다.

24. 다섯 번째 표지

다섯 번째로, 이러한 말씀들은 종종 내가 설명할 수 없는 방식으로 더 이상의 설명 없이 단어들 자체가 함축하는 것보다 훨씬 더 많은 것을 깨우쳐 주기 때문입니다. 이것은 매우 미묘하고 하나님께 감사해야 할 은혜입니다. 이러한 새로운 종류의 깨달음에 대해서는 나중에 더 언급하고자 합니다. 어떤 사람들은 같은 종류의 이런 저런 말씀들에 대해 지나칠 정도로 의혹을 품습니다. 나는 그런 일을 직접 경험한 어떤 사람에 대해 특별히 이야기하고 있습니다. 그런 일을 이해하지 못하는 사람들이 있을지도 모르지만 말입니다.

나는 그녀가 이런 주제를 매우 신중하게 고려했음을 알고 있습니다. 하나님께서 종종 그녀에게 이런 은혜를 베풀어 주셨기 때문입니다. 그녀에게 가장 어려웠던 것은 그 말씀이 환상으로 비롯된 것인지의 여부를 분별하는 것이었습니다. 마귀로부터 임하는 것은 분별하기가 쉽습니다. 제 아무리 간교한 수단을 써서 빛의 영을 흉내 내더라도 말입니다. 하지만 마귀는 매우 분명하게 발음되는 말의 형태로 이런 일을 하기 때문에, 그 실체에 대해서는 진리의 영에서 나온 것만큼이나 의심의 여지가 없습니다. 하지만 상상력에서 나오는 것은 우리가 그 말을 들었는지 아닌지를 분별하기가 힘이 듭니다. 하지만 사탄은 절대로 내가 말한 효과를 위조할 수 없었습니다. 사탄은 영혼의 내부에 평화나 빛을 남기지 못하고, 불안과 혼란만 남길 뿐입니다. 어쨌든 마귀는 겸손하고, 내가 충고한 대로 들은 것에 근거하여 행동하지 않는 사람에게는 거의 또는 전혀 해를 끼칠 수 없습니다.

25. 진정한 말씀의 결과

우리 주님으로부터 은혜와 사랑을 받은 영혼은 그 결과로 스스로를 과대평가하는 것은 아닌 지를 주의 깊게 살펴보아야 합니다. 하나님의 사랑을 받음으로 인해 자기를 낮추는 모습이 나타나지 않는 한, 그런 은혜와 사랑은 성령으로부터 임하는 것이 아닙니다. 결국, 그런 말씀들이 하나님으로부터 임한 것이라면, 그 영혼은 더 큰 은혜를 받을수록 자신을 더 낮추고, 죄를 더 예민하게 기억하게 됩니다. 또한 고의적으로 하나님의 뜻에서 벗어나지 않도록 끊임없이 조심하며, 그럴 경우에는 은혜를 받는 대신 지옥에 가야 마땅하다는 강한 확신을 갖게 됩니다.

26. 영혼은 놀라지 않는다

이러한 결과들이 뒤따를 때, 영혼은 기도 중에 은혜나 은사를 받지 못하더라도 놀랄 필요가 없습니다. 오히려 신실하신 하나님의 자비를 신뢰해야 합니다. 하나님께서는 마귀가 그 영혼을 속이도록 허락하지 않으실 것입니다. 하지만 언제나 경계의 끈을 풀지 않는 것은 좋은 일입니다.

27. 반론에 대한 답변

우리 주님께서 이런 길로 인도하지 않으시는 사람들은 영혼이 이런 말씀들을 안 들을 수도 있으며, 설령 그런 일이 내면에서 일어난다 하더라도 적어도 생각을 돌려서 듣지 않음으로 위험을 피할 수 있다고 생각할 수 있습니다. 이런 일은 이뤄질 수 없습니다. 나는 특정한 사물을 바라지 않거나 그 유혹을 무시함으로 막을 수 있는 변덕스러운 상상에 대해 말하는 것이 아닙니다. 이런 말씀이 성령으로부터 임하는 경우에는 이렇게 하는 것이 불가능합니다. 성령께서는 말씀을 하실 때, 정신으로 하여금 다른 모든 생각을 멈추고 귀를 기울이게 하시기 때문입니다. 나는 청각이 예민한 사람이 큰 음성을 듣기를 피하는 것이 더 쉬운 일일 것이라고 생각합니다. 왜냐하면 그는 자신의 생각과 정신을 다른 일에 사용할 수 있기 때문입니다. 이것을 명심하십시오. 나는 청력이 예민한 사람이 큰 음성을 듣는 것이 훨씬 더 쉬울 것이라고 믿습니다. 그 사람이 마음과 생각을 다른 것으로 채울 수 있기 때문입니다. 하지만 여기에서는 그렇게 할 수 없습니다. 영혼은 아무것도 할 수 없고, 멈출 귀도 없으며, 그에게 들려오는 말씀 외에는 생각할 힘도 없습니다. (내가 믿기에 여호수아의 기도에 따라) 태양을 그 궤도에 머물게 하실 수 있는 분은 영혼의 기능과 내면을 아주 조용하게 하셔서 자기보다 더 강하신 분이 이 성을 다스리고 있다는 사실을 깨닫게 하실 수 있기 때문입니다. 따라서 영혼은 듣는 것 외에는 할 수 있는 것이 없음을 깨닫고 헌신과 겸손을 다지게 됩니다. 거룩하신 주님께서 우리가 우리 자신을 잊게 하시고, 내가 말했듯이 그분을 기쁘시게 해드리는 것을 유일한 목표로 삼을 수 있게 해주시기를 바랍니다. 아멘. 하나님이시여, 제가 바라는 것을 설명할 수 있게 해주시고, 그것이 그런 은혜를 경험하게 될 사람들에게 지침이 되게 해 주시기를 바랍니다.

4장

하나님께서 기도 중에 무아지경이나 황홀경을 통하여 영혼을 멈추게 하시는 지를 다룬다. 하나님으로부터 탁월한 은혜를 받기 위해서는 큰 용기가 필요하다

1. 영적 결혼을 위해 영혼에게 요구되는 용기

내가 여러분에게 말한 시련들과 그 보다 더 많은 시련들 속에서 불쌍한 작은 나비가 어떤 안식을 찾을 수 있겠습니까? 영혼은 그런 시련들을 겪을수록 신랑을 더욱 갈망하게 됩니다. 우리의 연약함을 잘 아시는 주님께서는 그녀가 그토록 위대하신 그분과 연합할 용기를 얻고, 그분을 배우자로 삼을 수 있도록 이런 저런 방법으로 그녀의 용기를 북돋아 주십니다. 여러분은 웃으면서 생각하기를 내가 어리석은 말을 하고 있다고 생각할 것입니다. 여기에는 용기가 요

구되지 않습니다. 하지만, 아무리 지체가 낮을 지라도, 왕과 결혼하기를 마다하는 여자는 없을 것입니다. 이 세상의 군주에 대해서도 그럴 진데, 천상의 왕의 신부가 되기 위해서는 더 큰 용기가 필요하다고 생각합니다. 우리의 본성은 그렇게 고귀한 주제를 다루기에는 너무나 소심하고 천박해 보입니다. 하나님께서 우리에게 은혜를 주시지 않는 한, 그 혜택을 아무리 높이 평가하더라도 그런 일은 우리에게 불가능할 것입니다. 여러분은 주님께서 이러한 결혼을 어떻게 재가하시는 지를 배우게 될 것입니다. 아마도 이것은 주님께서 영혼을 황홀경에 빠지게 하심으로 그 기능들을 빼앗으심을 통하여 이뤄질 것입니다. 이런 기능들이 유지된다면, 그토록 전능하신 분을 가까이서 보는 것은 목숨을 빼앗을 수도 있을 것이라고 생각합니다. 나는 진정한 황홀경에 대해 말하고 있습니다. 오늘날 너무나 자주 일어나는 여성들의 허약함으로 비롯된 환상을 말하는 것이 아닙니다. 상상력은 모든 것을 황홀경이라고 상상하게 만듭니다. 내가 말했듯이, 체질이 약한 사람들은 한 번의 고요의 기도를 드리고도 죽을 것 같다고 느낍니다.

2. 황홀경

나는 여기에서 몇 가지 종류의 황홀경을 묘사하고자 합니다. 나는 그것들을 그 주제에 대해 함께 논의한 적이 있는 영적인 사람들에게서 배웠습니다. 하지만 다른 곳에서 했던 것처럼 그것들을 설명하는 데 성공할지 확신이 서지 않습니다. 내가 모든 방에 포함된 모든 것을 적절한 순서로 다룰 수만 있다면, 이러한 상태에서 일어나는 이런 저런 일들을 반복해서 언급하는 것이 잘못된 일은 아닐 것입니다.

3. 사랑의 불꽃으로 야기되는 황홀경

어떤 종류의 황홀경에서, 영혼은 비록 그 순간에 기도에 참여하고 있지 않지만, 기억하거나 듣게 되는 하나님의 어떤 말씀에 충격을 받습니다. 그 영혼이 당신을 오래 동안 갈망하며 고통을 겪는 모습을 불쌍하게 보신 주님께서는 내가 영혼의 내면을 다룰 때 언급했던 그 불꽃을 그 영혼을 완전히 불태울 때까지 타오르게 하십니다. 그 불길이 마치 불사조처럼 새로운 생명과 더불어 되살아나게 하시는 것입니다. 그녀에게 그런 기질이 있고, 그녀가 교회가 요구하는 수단을 사용했다고 가정할 때, 그녀는 자신의 죄가 이제 용서받았다고 경건하게 믿을 수 있습니다. 하나님께서는 이렇게 정화된 영혼을 자신과 영혼 만이 아는 방식으로 자신과 결합시키십니다. 후자는 무슨 일이 일어났는 지를 나중에 다른 사람에게 설명할 수 있을 정도로 이해하지 못합니다. 하지만 정신은 그 기능들을 사용하는 법을 잊지 않았습니다. 이러한 황홀경은 내적이나 외적으로 아무것도 느끼지 못하는 기절이나 발작과는 다르기 때문입니다.

4. 능력과 감각이 몰입되다

내가 이해하는 바로는, 영혼이 지금보다 영적인 것들에 대해 살아 있고, 빛과 하나님에 대한 지식으로 충만한 적이 없었다는 것입니다. 이것은 불가능한 일인 것처럼 보일 수도 있습니다. 능력과 감각들이 너무나 몰입된 나머지 그것들이 죽었다고 말할 수 있다면, 영혼은 이러한 신비를 도대체 어떻게 이해할 수 있습니까? 나는 말할 수 없습니다. 아마도 창조주 외에는 아무도 이런 곳에서 일어나는 일들에 대해서 말할 수 없을 것입니다. 내가 말하는 것은 하나처럼 취급될 수 있는 이런 저런 방들을 의미합니다. 한 방에서 다른 방으로 통하는 문은 활짝 열려 있습니다. 하지만 마지막 방에서 일어나는 일들 중의 일부는 여기까지 온 사람들 만이 볼 수 있기 때문에, 그 방들을 따로 취급하는 것이 나을 것이라고 생각했습니다.

5. 황홀경 중에 드러나는 신비

영혼이 이러한 정지 상태에 있는 동안, 우리 주님께서는 하늘의 신비와 상상의 환시(imaginary vision)와 같은 비밀들을 발견하게 하심으로 영혼에게 은총을 베푸십니다. 그런 비밀들은 기억에 뚜렷하게 각인되어 결코 잊혀지지 않기 때문에, 나중에 설명이 가능합니다. 하지만 지적 환시는 그렇게 쉽게 묘사할 수 없습니다. 일부

지적 환시는 너무 지고해서 인간이 이 세상에 사는 동안 말할 수 있는 방식으로 이해하기에 적합하지 않습니다. 하지만 기능들을 회복하여 사용할 수 있게 되면, 지적 환시에서 본 것을 많은 부분 설명할 수 있습니다. 여러분은 환시, 특히 지적 환시가 무엇인지 모를 수도 있습니다. 나는 권세 있는 분의 명을 받았기 때문에, 적절한 때가 오면 여러분에게 말하도록 하겠습니다. 그것이 겉으로 보기에는 불필요한 일처럼 보일 수도 있겠지만, 특정한 사람들에게는 도움이 될 수도 있을 것입니다.

6. 이런 신비들은 말로 표현할 수 없다

여러분은 이렇게 물을 지도 모릅니다 "하지만 우리 주님께서 이 방에서 베푸신 지고한 은혜를 나중에 기억할 수 없다면, 그것이 무슨 유익이 있습니까? 그 은혜의 가치는 과대평가될 수 없습니다. 그 은혜를 받는 사람이 그것을 묘사할 수는 없지만, 영혼의 중심에 깊이 각인되어 결코 잊혀지지 않기 때문입니다. "아무런 이미지도 없고 영혼의 능력으로 이해하지도 못하는 것을 어떻게 기억할 수 있겠습니까?' 나도 이런 문제를 이해할 수 없습니다. 하지만, 나는 하나님의 위대하심에 대한 어떤 진리가 영혼에 깊은 인상을 남긴다는 사실을 알고 있습니다. 믿음이 그분이 어떤 분이신 지를 가르치지 않았다면, 그리고 그분이 하나님이심을 믿어야 한다는 사실을 가르치지 않았다면, 그 영혼은 야곱이 사다리를 보았을 때 그랬던 것처럼 그분을 경배하지 않았을 것입니다. 그 족장은 그가 말로 표현할 수 없었던 여러가지 비밀을 분명히 배웠을 것입니다. 더 많은 내면의 빛을 받지 않은 한, 그는 천사들이 계단을 오르락내리락하는 것을 보는 것만으로는 그러한 지고한 신비를 결코 발견할 수 없었을 것이기 때문입니다(창 28:12). 이런 인용문이 맞는지는 확실하지 않습니다. 나는 그런 이야기를 듣기는 했지만, 그것을 정확히 기억하고 있는지는 확신할 수 없습니다.

7. 모세와 불타는 떨기나무

모세도 불타는 떨기나무 속에서 본 것에 대해 하나님께서 뜻하신 것 이상으로 이야기할 수 없었습니다. 전능하신 분께서 특정한 신비를 그의 영혼에 계시하심으로 하나님이 임재 하셨음을 보고 알게 하지 않으시는 한, 그 입법자(the lawgiver)는 그렇게 많은 위대한 일을 결코 감당할 수 없었을 것입니다. 떨기나무 가시 가운데 나타난 그러한 숭고한 계시를 통하여, 모세는 이스라엘 민족을 위하여 위대한 일을 행하는데 필요한 용기를 얻을 수 있었습니다. 우리는 하나님의 숨겨진 일을 이해하는데 필요한 이유들을 찾으려 하지 말고, 그분을 전능하신 분으로 믿어야 합니다. 그래서 벌레 같은 우리가 제한된 지력으로 그분의 기적을 이해하지 못하는 것이 당연한 일이라고 생각해야 할 것입니다. 우리가 그러한 기적들 중 일부나

마 이해할 수 있도록 허락하신 그분을 뜨겁게 찬양합시다.

8. 박물관 비유

내가 다루는 주제를 설명하는데 적절한 비유를 찾고 싶습니다. 그런 목적에 적합한 비유가 없어서 아쉬운 대로 다음과 같은 비유를 사용하고자 합니다. 여러분이 왕이나 위대한 귀족이 소유한 개인 박물관 안에 있다고 상상해 보십시오. 그곳에는 셀 수 없이 많은 종류의 유리와 도자기와 온갖 물건들이 잘 정리되어 있어서, 그 방에 들어서자마자 모든 것이 한 눈에 들어옵니다.

9. 알바 공작의 저택 방문

알바 공작 부인의 집을 방문하는 동안(그녀의 요청에 따라 나는 여행 중에 그곳에 머물라는 명을 받았습니다), 그런 방을 구경한 적이 있습니다. 나는 그 방에 들어서는 순간 깜짝 놀랐습니다. 그런 잡동사니들이 어떻게 사용될 수 있는지 궁금했던 것입니다. 그 때 나는 이렇게 다채로운 것들을 보는 사람은 하나님을 찬미해야 마땅할 것이라고 생각했습니다. 내가 그런 물건들을 본 것은 행운이었습니다. 그것들이 이 주제에 적절한 비교를 제공하기 때문입니다. 그 방에 얼마간 머물었지만, 그 안에는 너무 많은 물건들이 있어서 무엇을 보았는 지를 기억할 수 없었습니다. 그 물건들과 그것들이 무엇으로 만들어졌는지도 더 이상 기억할 수 없었습니다. 하지만 수집품 전체가 진열된 광경은 기억할 수 있었습니다.

10. 황홀경 중에 영혼이 느끼는 기쁨

이런 일은 영혼이 하나님과 아주 밀접하게 결합되어 있을 때 일어납니다. 그 영혼은 그 영혼의 중심에 있어야 하는 천상의 방으로 안내됩니다. 하나님께서 그 방 안에 거하시기 때문입니다. 그 영혼이 황홀경에 빠져 있는 동안, 우리 주님께서는 영혼이 이러한 신비를 이해하기를 바라지 않으시는 것처럼 보입니다. 그분 안에서 기쁨을 만끽하는 것으로 충분합니다. 하지만 그분은 영혼이 그 방에 무엇이 들어 있는지를 즉시 알아차릴 때, 때로 이러한 황홀경을 기꺼이 거두어 들이십니다. 제 정신이 돌아온 사람은 본 것을 기억할 수 있지만, 그것을 설명할 수는 없습니다. 타고난 능력 만을 가지고는 하나님이 보여주기론 선택하신 것 이상의 초자연적인 것을 볼 수 없습니다.

11. 상상의 환시가 아니다

내가 영혼이 실제로 무언가를 보았는데, 이것을 상상의 환시라고 말하는 것 같습니까? 내가 말하는 것은 전혀 그런 의미가 아닙니다. 나는 지적인 환시에 대해 말하고 있지만, 너무 무지하고 둔해서 아무것도 설명할 수 없습니다. 혹시 제대로 설명하는 것이 있다면, 그것은 그리고 무엇이든 올바르게 설명하고 있다면, 그것이 내게 기인한 것이 아니라는 사실을 잘 알고 있습니다.

12. 참된 황홀경과 거짓 황홀경

나는 영혼이 황홀경에 빠져 있는 동안 아무런 신비도 배우지 못한다면, 그것은 진정한 황홀경이 아니라고 생각합니다. 그것은 여자들처럼 연약한 체질을 가진 사람들이 피나는 노력을 통하여 영혼이 육체적인 본성을 압도할 때 일어날 수 있는 자연스러운 연약함이라고 생각합니다. 그것은 내가 고요의 기도를 설명할 때 언급한 것처럼 인사불성을 초래합니다.

13. 미래의 지복에 대한 계시

진정한 황홀경의 경우에는 그렇지 않습니다. 그럴 경우에는 하나님께서 자신의 신부인 영혼을 완전히 자신에게 끌어들이시고, 그녀가 얻은 천국의 아주 작은 부분이라도 보여 주실 것이라고 믿기 때문입니다. 아무리 작은 부분일지라도, 이렇게 위대하신 하나님 안에 있는 모든 것은 위대합니다. 하나님께서는 어떤 능력이나 감각의 장애물도 허용하지 않으십니다. 그분은 모든 방의 문들을 즉시 닫으라 명하시며, 그분이 계시는 방의 문만 열어놓게 하셔서 우리가 들어갈 수 있게 하십니다. 그러한 자비를 받은 사람들은 복이 있습니다—이런 자비의 유익을 구하지 않고, 그 자비를 상실하는 사람들은 저주를 받을지어다!

14. 영혼의 준비

오, 자매들이여! 벌레 같은 우리 인간과 교제하기를 원하시는 하나님을 위하여 우리가 포기한 모든 것, 우리가 하고 있는 일, 또는 할 수 있었던 모든 일은 너무나 하찮을 뿐입니다! 죽을 수밖에 없는 이 생을 사는 동안에도 이러한 은혜를 누리고자 한다면, 우리는 무엇을 하고 있는 것입니까? 우리는 왜 지체하고 있는 것입니까? 거리와 광장을 헤매는 신부처럼, 주님을 찾는 중에 잃어버린 시간을 무엇이 갚아줄 수 있겠습니까? 아, 이 세상에 있는 모든 것이 이런 상태에 도달하는데 도움이 되지 않는다면, 정말 하찮은 것이 아니겠습니까? 세상의 모든 쾌락과 재물과 행복이 영원할 수 있다고 상상할지라도, 주님께서 소유하신 하늘과 땅의 모든 보화에 비하면 아무것도 아닙니다.

15. 잘못으로 눈이 먼 영혼

오, 눈이 먼 인간이여! 언제쯤 우리 눈에서 이러한 먼지가 제거될까요? 우리는 그런 티끌이나 먼지는 우리의 눈을 멀게 하기에는 충분하지 않다고 생각합니다 하지만 나는 그대로 퍼지도록 내버려 둘 경우, 우리에게 큰 해를 끼치기에 충분한 티끌이나 먼지가 보입니다. 자매들이여, 최소한 이러한 결점들을 통하여 우리의 비참함을 깨닫도록 합니다. 그래서 신랑이신 주님께서 맹인의 눈을 진흙으로 낫게 하신 것처럼(요 9:6-7 참조), 우리의 시력이 더 밝아지게 합시다. 그렇게 스스로의 불완전함을 깨달은 우리는 어떤 경우에도 주님을 기쁘시게 할 수 있도록 그런 결점을 통해 유익을 얻게 해주시기를 더 열심히 간구해야 할 것입니다.

16. 하나님께서는 모두에게 이런 은혜를 베푸실 준비를 갖추고 계신다

무심결에 주제에서 멀어진 것을 용서해 주기 바랍니다. 나를 믿어 주십시오. 이렇게 경이로운 하나님의 위대하심에 이를 때(그것을 언급하기에 이를 때), 나는 우리가 스스로의 잘못으로 인해 잃은 것을 볼 때 큰 슬픔을 느끼지 않을 수 없습니다. 주님께서 자신이 택하신 자에게 그러한 은혜를 베푸시는 것은 사실입니다. 하지만 그분이 우리를 찾으시는 것처럼 우리도 그분을 찾는다면, 그분은 우리 모두에게 그런 은혜를 베풀어 주실 것입니다. 그분은 은혜를 베풀고자 하시는 영혼을 간절히 찾으십니다. 그렇다고 해서 그분의 은혜가 감소되지 않기 때문입니다.

17. 황홀경 중에 상실되는 기능들

내가 묘사하고 있었던 것으로 되돌아가 봅시다. 신랑의 명령에 따라 방들의 문들이 닫히고 성채와 성 전체의 문이 닫힙니다. 신랑은 영혼을 사로잡으시려 할 때 말하는 능력을 거두어 가십니다. 나머지 능력들은 때로 오히려 더 오래 유지되지만, 아무런 말도 할 수 없게 되는 것입니다. 어떤 경우에는 모든 감각을 동시에 상실하여 손과 몸이 마비되기도 합니다. 영혼이 떠난 것처럼 몸이 차가워지고, 호흡이 감지되지 않을 때도 있습니다. 하지만 이런 상태는 잠시 동안 지속될 뿐입니다. 이렇게 심오한 정지 상태가 줄어들 때, 육신은 정상으로 돌아와 더 활기찬 생면을 영혼에 부여하는 이러한 죽음으로 다시 돌아가기 위해 다시 힘을 얻게 됩니다.

18. 영적인 만취 상태

이러한 극도의 황홀경 상태는 결코 오래 지속되지 않습니다. 하지만 그 상태가 멈추더라도, 의지는 여전히 그 황홀경에 너무 취해 있고, 얼이 빠져서, 하루 아니면 며칠 동안 그 사람은 하나님을 사랑하고자 하는 의지를 불태우는 것 외에는 아무것도 할 수 없습니다. 이런 일에 대해서는 충분히 깨어 있지만, 세상의 모든 문제에 관해서는 잠들어 있는 것처럼 보이는 것입니다.

19. 영혼 안에 남겨진 열정과 사랑

오, 영혼이 온전히 자기에게 돌아올 때, 이런 은혜를 받은 사실에 대하여 얼마나 겸연쩍게 느끼겠습니까? 그리고 하나님께서 요청하시는 대로 그분을 섬기고자 하는 열망이 얼마나 뜨겁겠습니까! 이전의 상태에서 드렸던 기도들이 앞서 묘사했던 강력한 효과를 일으켰다면, 이렇게 귀중한 은혜는 어떤 결과를 낳겠습니까? 그런 사람은 목숨이 천개라도 하나님을 위해 쓰기를 바랍니다. 그녀는 지상의 모든 피조물이 혀로 변하여 자신을 위하여 그분을 찬양하기를 바랄 것입니다. 그녀는 가장 심한 고행을 갈망하며, 그런 고행을 큰 대가를 치르는 것으로 여기지 않습니다. 사랑의 힘으로 거의 고통을 느끼지 못하기 때문입니다. 그녀는 순교자들이 고문을 받는 동안 얼마나 고통을 덜 느꼈을지를 깨닫습니다. 우리 주님의 도우심만 있으면 고통을 더 쉽게 견딜 수 있기 때문입니다. 그러므로 그런 영혼은 주님이 아무런 고통을 주지 않으실 때 불평을 늘어놓기도 하는 것입니다.

20. 그런 은혜를 방관하는 사람들이 초래하는 추문

이런 은혜를 체험한 사람은 하나님께서 은밀하게 이런 황홀경을 보내실 때, 그것을 대단한 은혜로 여깁니다. 다른 사람들이 그런 모습을 볼 때, 그녀가 느끼는 수치와 혼란이 너무나 커서 그녀의 황홀경 상태가 어느 정도 줄어들기 때문입니다. 세상의 악의를 잘 아는 그녀는 자신의 황홀경이 합당한 근원으로 돌려지지 않고, 하나님이 받으시기에 합당하신 찬양이 아니라 성급한 판단을 불러일으킬까 두려워합니다. 비록 이러한 고통과 괴로움을 피할 수는 없다 하더라도, 내가 보기에 그들에게는 겸손아 부족한 것처럼 보입니다. 그녀가 멸시를 받기를 원한다면, 신경을 쓸 이유가 어디 있겠습니까?

21. 그런 영혼을 보호해 주시는 주님

우리 주님께서는 그런 생각으로 괴로워하는 어떤 사람에게 이렇게 말씀하셨습니다. "괴로워하지 말라. 사람들은 나를 찬양하거나, 너를 정죄할 것이다. 어떻든 간에 너는 이득을 보게 될 것이다". 나는 그녀가 이런 말씀을 듣고 큰 격려와 위로를 받았다는 사실을 나중에 알게 되었습니다. 내가 여기서 이런 말을 하는 것은 다른 사람들도 이와 동일한 고통을 겪을 수 있기 때문입니다. 우리 주님께서는 모든 사람이 이 영혼이 명백히 자신의 소유라는 사실을 알고, 누구도 그 영혼을 괴롭히지 못하게 하기를 원하셨습니다. 원한다면, 사람들은 그런 사람의 육체와 명예와 소유물을 공격해도 좋습니다. 그들이 하는 모든 일로부터 주님께 영광이 돌아갈 것이기 때문입니다. 하지만 그들은 영혼은 공격할 수 없습니다. 그 영혼이 신랑의 보호에서 떠나지 않는 한, 그 신랑은 온 세상 아니 지옥과 맞서서라도 그 영혼을 지키실 것이기 때문입니다.

22. 상상적인 황홀경

황홀경이 무엇인지를 제대로 설명했는지 모르겠습니다. 이미 언급했듯이, 그것을 완전히 설명하는 것은 불가능합니다. 그래도 나는 진정한 황홀경을 설명하는 데 시간을 허비했다고 생각하지 않습니다. 거짓 황홀경에 따르는 효과는 매우 다릅니다. 거짓되다는 말은 그것을 경험하는 사람들이 의도적으로 다른 사람들을 속이려 하기 때문이 아니라 자기도 모르게 속고 있기 때문에 "거짓"이라는 뜻입니다. 표적과 효과들이 이런 큰 은혜와 일치하지 않기 때문에 은혜 자체가 너무 신빙성을 잃고 있습니다. 따라서, 주님께서 나중에 어떤 영혼에게 은혜를 베푸실 때, 아무도 그것을 믿지 않게 되는 것

입니다. 하나님께서 영원히 축복과 찬양을 받으시기를 바랍니다! 아
멘, 아멘!

5장

영혼의 비행을 설명한다. 이는 하나님께서 영혼을 고양시
키시는 또 다른 방법이다. 이것을 경험하는 데 큰 용기가 필
요하다. 하나님께서 영혼을 크게 기쁘게 만드시는 이러한 은
혜를 설명한다.

1. 영혼의 비행

또 다른 형태의 황홀경이 있습니다. 이것은 본질적으로 앞서 언
급한 황홀경과 동일하지만, 영혼 안에 아주 다른 감정을 산출합니
다. 나는 그것을 "영혼의 비행"이라고 부릅니다. 영혼이 갑자기 너
무 빠른 움직임을 느껴서, 영혼이 매우 놀라운 속도로 사라져버리
는 것처럼 보이기 때문입니다. 처음에는 특히 그렇게 느껴집니다.
그렇기 때문에 나는 하나님께서 이러한 은혜를 베푸시는 영혼에게

큰 믿음과 절대적인 신뢰와 자신을 포기하는 강한 용기가 있어야 한다고 말했던 것입니다. 그래야 하나님께서 영혼을 자신의 뜻대로 하실 수 있는 것입니다.

2. 자기 통제의 완전한 상실

감각이 멀쩡한 사람이 자신의 영혼이 위로 끌어 올려지는 것을 보고도 경악하지 않을 수 있겠습니까? 책에서 읽게 되듯이 육체도 함께 올라간다고 하지 않습니까? 그 사람은 영혼이 어디로 가는지 모릅니다. 누가 그 영혼을 끌어 올리는지, 어떻게 그런 일이 일어나는지를 알지 못하는 것입니다. 이러한 갑작스러운 움직임이 처음으로 일어나는 경우에는 그것이 하나님께 기인하는 것인지를 확신할 수 없기 때문입니다. 과연 그 사람이 그것을 저항할 수 있을까요? 아닙니다. 어떤 사람이 내게 말했듯이, 저항은 움직임을 가속화할 뿐입니다. 하나님께서는 너무나 자주 자신을 절대적으로 그분의 손에 맡기고 전적으로 자신을 그분께 바쳤으며, 더 이상 자신에게 속하지 않은 영혼을 가르치고 계시는 것처럼 보입니다. 따라서 영혼이 저항을 하면 하나님은 그 영혼을 더욱 격렬하게 낚아채시는 것입니다.

따라서 이 사람은 더 이상 저항하지 않기로 결심했습니다. 그것은 지푸라기가 호박(amber, 여러분도 본 적이 있을 것입니다)에 달라붙는 것 같습니다. 그 사람은 자기를 전능하신 분의 수중에 내어 맡기고, 덕을 쌓을 기회로 삼는 것이 상책임을 깨닫게 됩니다. 지푸라기 이야기를 하자면, 튼튼한 사나이가 지푸라기 하나를 집어 올리는 것처럼, 우리의 장대하고 전능하신 하나님께서도 우리의 영을 들어올리시는 것입니다.

3. 두 개의 물통의 상징

네 번째 방에서 내가 말한 (하지만 어디였는지 잘 기억이 나지 않습니다) 물통은 이전에는 아무런 움직임도 없이 고요하고 잔잔하게 채워져 있었던 것처럼 보입니다. 하지만 이제 물길을 억제하시고 바다가 그 경계를 넘지 못하게 하시는 이 위대하신 하나님께서 물살을 풀어 놓으십니다. 그래서 강물이 거세게 웅덩이로 흘러 들어가서 물결이 일어나 높이 솟아오르는 것입니다. 그렇게 거센 물결은 우리의 영혼이라는 작은 그릇을 충분히 높이 들어 올릴 정도로 강합니다. 배도 선장도 선원도 성난 바다를 잠재울 수 없고, 배가 흘러가는 것을 막을 수도 없습니다. 이제 영혼의 내부도 머물고 싶은 곳에 머물 수가 없고, 그 감각이나 기능들도 그분의 명을 받은 것 외에는 아무것도 할 수 없습니다. 외부의 능력들은 여기에서 아무런 소용이 없습니다.

4. 이런 은혜에 따르는 의무들

자매 여러분, 나는 이렇게 위대한 왕의 엄청난 능력이 나타나는 것에 대해 단순히 기록하는 동안에도 놀라움을 금할 수 없습니다. 하물며 그것을 실제로 경험한 사람들은 어떻게 느끼겠습니까? 주님께서 이 땅의 가장 큰 죄인들에게 이와 같이 자신을 계시하신다면, 그들은 다시는 그분께 감히 죄를 범하지 못할 것입니다. 그들은 사랑은 고사하고, 그분이 두려워서라도 죄를 범하지 못하게 되는 것입니다. 그토록 숭고한 방식으로 가르침을 받은 사람들은 그러한 스승을 기쁘시게 하기 위해 얼마나 온 힘을 다해 애를 써야 하겠습니까? 이런 은혜, 또는 그와 비슷한 은혜를 받은 자매 여러분, 주님의 이름으로 간청합니다. 그런 은혜를 받는 것에 만족하지 말고, 빚을 많이 진 사람은 갚기도 많이 해야 한다는 사실을 기억하십시오.

5. 이런 은혜로 산출된 겸손

이런 생각은 영혼을 극도로 두렵게 합니다. 우리 주님께서 큰 용기를 주지 않으셨다면, 그 영혼은 항상 커다란 슬픔을 겪었을 것입니다. 그 영혼은 우선 주님께서 자신을 위해 하신 일을 보고, 그런 후에 자신에게 하신 일을 볼 때, 자신이 마땅히 해야 할 일에 비해 자신의 선행이 얼마나 부족한지, 그리고 자신의 보잘것 없는 섬김이 얼마나 실패와 결점과 미지근함으로 가득 차 있는 지를 똑똑히 보게 됩니다. 그 영혼이 자기가 행한 모든 불완전한 선행들에 대한 기억을 지우기 위해서는(실제로 행한 것이 있다면), 그 선행들을 완전히 잊어버리고, 그 죄를 항상 염두에 두며, 하나님의 자비에 맡기는 것이 최선이라고 생각합니다. 그분께 빚을 갚을 수 없기 때문에, 하나님께서 언제나 죄인들에게 베풀어 주시는 자비와 긍휼을 간구할 따름인 것입니다.

6. 십자가에 못박히신 주님께서 그런 영혼을 위로하시는 방법

어쩌면 그분은 이런 문제로 인해 큰 고통으로 십자가 앞에 무릎을 꿇고 있던 어떤 사람에게 하신 것처럼 응답하실 것입니다. 그녀는 하나님께 바칠 것이 없으며, 그분을 위해 희생할 것도 없다고 느꼈기 때문입니다. 십자가에 못 박히신 그 분은 자신이 수난 중에 감당하신 모든 고통과 수고를 그녀에게 주셨다고 말씀하셨습니다. 그리고 그녀가 그것들을 자기 것으로 삼아서 당신의 아버지께 바칠 수 있다고 말씀하심으로 그녀를 위로하신 것입니다. 나는 그녀가 이런 말씀을 듣고 즉시 위로를 얻고, 마음이 부요해졌다는 사실을 배웠습니다 그녀는 자신의 비참함을 깨달을 때마다, 이런 말씀을 잊지 않고 기억함으로 격려와 위로를 받았습니다. 나는 기도를 많이 하는 경건한 사람들과 대화를 나눈 덕분에 이와 똑 같은 종류의 다른 사건들을 이야기할 수 있지만, 여러분이 나 자신의 이야기로 생각할까 봐 그만 두겠습니다.

7. 겸손한 영혼은 이러한 은혜를 두려워한다

나는 이러한 예가 매우 교훈적이라고 생각합니다. 그것은 우리가 자기를 아는 지식, 즉 우리의 가난함과 비참함을 끊임없이 기억함으로써, 그리고 우리가 그분으로부터 받지 않은 것은 아무것도 없다는 사실을 자각함으로써, 주님을 기쁘시게 한다는 사실을 보여줍니다. 그러므로 이런 은혜와 주님으로 말미암아 이런 상태로 들어올려진 영혼에게 임하는 다른 많은 은혜를 받기 위해서는 더 큰 용기가 필요합니다. 내 생각에는 영혼이 겸손할 경우, 이러한 마지막 은혜를 받기 위해서는 그 어느 때보다 더 큰 용기가 필요합니다. 하나님께서 당신의 이름을 위해 우리에게 겸손을 주시기를 바랍니다.

8. 영의 비행 중에 배운 신비

이제 영혼이 경험하는 갑작스러운 황홀경으로 돌아가 봅시다. 그 영혼은 정말로 육신을 떠난 것처럼 보입니다. 하지만 생명이 없는 것은 아닙니다. 그 사람은 죽지 않은 것이 확실합니다. 하지만, 몇

초 동안은 자신의 영혼이 몸 안에 남아 있는지 아니면 밖에 있는지를 알 수 없습니다. 그 사람은 자신이 우리가 살고 있는 세계와 완전히 다른 또 다른 지역으로 완전히 옮겨졌다고 느낍니다. 그곳은 세상의 빛과는 너무도 다른 빛이 비춰지는 곳입니다. 그 사람은 남은 생애를 사는 동안 자신이 목격한 경이로운 광경을 묘사하려고 애를 쓰더라도 성공할 수 없을 것입니다. 정신이 순간적으로 너무나 많은 것을 한꺼번에 배우기 때문에, 자신의 상상력과 지성으로 그것들을 열거하기 위해 몇 해를 보낸다 하더라도 그 중에서 천 분의 일도 기억하지 못할 것입니다.

9. 상상의 환시는 때로 지적 환시를 동반한다

이것은 지적인 환시가 아니라 상상의 환시이며, 육안으로 세상의 것들을 보는 것보다 영혼의 눈으로 더 분명히 보게 됩니다. 비록 아무런 말도 듣지 못한다 하더라도, 그 영은 많은 진리를 배우게 됩니다. 예를 들어, 그 영이 어떤 성인을 만나게 된다면, 단번에 그들을 알아볼 뿐 아니라 수년 동안 그들과 친밀하게 지낸 것처럼 느낄 것입니다. 때로는 영혼의 눈이 지적인 환시에서 보는 것 외에도, 다른 것들이 보일 수도 있습니다. 상상의 환시에서는 그 영이 대개 우리 주님께서 수많은 천사들과 동행하시는 모습을 보게 됩니다. 하지만 육신의 눈이나 영혼의 눈은 아무것도 보지 못합니다. 왜냐하면 이러한 환시와 설명할 수 없는 다른 많은 것들이 내가 설명할 수 없는 놀라운 직관을 통하여 계시되기 때문입니다. 아마도 이러한 은혜를 경험하고 나보다 더 많은 능력을 가진 사람들은 그것을 묘사할 수 있을 것입니다. 내게는 가장 어려운 일처럼 보이지만 말입니다.

10. 영혼의 비행이 일어나는 방법

나는 그 사이에 영혼이 육신 안에 거하는지 그렇지 않은 지를 알 수 없습니다. 나는 영혼이 육신 안에 있다고 단언할 수도 없고, 육신이 영혼을 박탈당했다고 말할 수도 없습니다. 나는 종종 태양이 하늘에서 자기 자리를 떠나지 않고서도, 그 광선은 순간적으로 지구에 도달하는 능력을 가지고 있다는 사실에 대해 생각하곤 합니다. 마찬가지로, 영혼과 영(태양과 그 광선처럼)도 자기 자리에 남아 있는 동시에, 참된 정의의 태양(the true Sun of Justice)으로부터 임하는 열의 힘을 받아 자신의 더 높은 부분을 그 자체 보다 더 높이 올려 보낼 수 있습니다. 사실 나는 내가 무슨 말을 하는지 이해하지 못하고 있습니다. 하지만, 총에서 발사되는 총알이 신속하게 날아가는 것처럼, 영혼의 내부에서 위로 올라가는 비행이 일어난다는 것은 사실입니다(나는 '비행' 외에 다른 이름을 모릅니다). 비록 소리는 나지 않지만, 그것은 너무나 명백한 움직임이기 때문에 환상일 수가 없습니다. 영혼은 자기를 떠나 완전히 외부에 있습니다.

적어도 이것이 영혼이 갖는 인상입니다. 그 사이에 거대한 신비가 영혼에 드러납니다. 의식이 돌아온 영혼은 너무나 큰 은혜를 받은 나머지, 이 세상의 모든 것이 자신이 본 것에 비하면 오물로 여겨지기 때문입니다. 이후로 이 땅의 삶은 그 사람에게 괴롭기만 하고, 이전에 자기를 기쁘게 해주곤 했던 것들을 이제는 돌보지도, 주목하지도 않게 되는 것입니다.

11. 비행으로 강해지는 영혼

이스라엘 백성들이 약속의 땅에 보냈던 정탐꾼들은 그곳에서 징표를 가지고 왔습니다. 우리 주님께서는 여기에서 영혼이 가야 할 땅에 속한 어떤 것을 보여주심으로 그런 고통스러운 여행을 잘 갈 수 있는 용기를 주시는 것처럼 보입니다. 이제 그 영혼은 안식을 찾기 위해 어디로 가야 하는지 알게 되었습니다. 여러분은 그러한 유익을 그렇게 빨리 얻을 수 없을 것이라고 생각할 수도 있습니다. 하지만 이처럼 놀라운 은혜를 경험한 사람들 만이 그런 은혜의 가치를 깨달을 수 있습니다.

12. 영혼에게 남겨진 세 가지 위대한 은혜

이것은 그것이 마귀의 소행이 아니라는 사실을 분명히 보여주고 있습니다. 상상력이나 악한 자는 영혼 안에 평화와 고요함과 선한 열매를 남길 수 없기 때문입니다. 특히 차원 높은 다음의 세 가지 은혜를 영혼에 끼칠 수 없습니다. 첫 번째 은혜는 하나님의 위대하심을 인식하는 것인데, 그 위대하심을 우러러보면 볼수록 그 깨달음은 더 깊어집니다. 두 번째 은혜는 자기를 아는 지식과 겸손입니다. 그렇게 경이로운 창조주에 비해 낮고 천한 우리 같은 피조물이 감히 어떻게 그분께 죄를 범했으며, 어떻게 감히 그분을 우러러 볼 수 있는 지를 깨닫게 되는 것입니다.

13. 세 번째 은혜

세 번째 은혜는 그토록 위대하신 하나님을 섬기는 데 바쳐지지 않은 한, 이 땅에 속한 모든 것을 멸시하는 것입니다. 신랑은 그런 보석들로 신부를 꾸미기 시작합니다. 그 보석들은 너무나 값진 것들이어서, 그녀는 그것들을 소중하게 간직합니다. 이러한 환시들은 그녀의 기억에 너무 깊이 새겨져 있어서, 나는 그녀가 그것들을 영원히 누릴 때까지 결코 잊을 수 없을 것이라고 믿습니다. 만일 잊는다면, 그것은 가장 큰 불행이 될 것이기 때문입니다. 하지만 그녀에게 이런 선물을 준 신랑은 그것을 잃지 않는 은혜를 그녀에게 베푸실 만큼 능한 분이십니다.

14. 이런 은혜가 유발하는 두려움

그 영혼에게 용기가 필요하다는 사실을 여러분에게 언급했습니다. 영이 문자 그대로 육체에서 분리되었다고 느끼는 것이 하찮은 문제라고 생각합니까? 감각이 기능을 잃고 어찌된 영문인지도 모르는 이런 일이 아무것도 아니라는 말입니까? 그러기에 모든 것을 주시는 하나님께서 용기 역시 주셔야 한다는 것입니다. 여러분은 이러한 두려움이 보상을 받았다고 말할 것입니다. 나도 그렇게 말할 것입니다. 그러한 은혜를 베푸시는 하나님께서 영원히 찬양을 받으시기를 바랍니다. 그리고 우리가 그분을 섬기기에 합당한 사람들이 되게 해주시기를 바랍니다.

6장

앞 장에서 언급한 기도가 진정하고 거짓이 없음을 입증하는 효과를 묘사한다. 우리 주님께서 영혼으로 하여금 열렬히 찬양하게 하는 또 다른 은혜를 다룬다.

1. 영혼은 죽음을 갈망한다

이렇게 숭고한 은혜를 받은 영혼은 그 은혜를 베푸신 분을 온전히 누리기를 바라는 나머지, 인생은 고통스러우면서도 즐거운 고문이 됩니다. 그리고 죽음을 갈망하게 됩니다. 그런 사람은 모든 것이 자신을 지치게 하는 이 땅의 유배 생활에서 자신을 데려가 달라고 눈물로 하나님께 간청합니다. 홀로 있는 동안에는 잠시 동안 큰 위안을 얻지만, 이내 슬픔이 다시 돌아오게 됩니다. 하지만 그 영혼은 그런 슬픔이 없이는 존재할 수 없습니다. 간단히 말해서, 이 불쌍한 작은 나비는 지속적인 안식을 찾을 수 없습니다. 그 영혼의 사랑은 너무 부드러워서 조금만 자극을 가해도 활활 타올라 날아갑니다. 따라서 이 방에서는 황홀경이 아주 자주 일어나고, 사람들이 보는 앞에서 피할 도리도 없습니다. 박해와 중상이 뒤따르기도 합니다. 그 영혼은 그토록 많은 사람들, 특히 고해 신부들이 암시하는 두려움에서 아무리 애를 써도 자유로울 수 없습니다.

2. 영혼은 이런 은혜를 갈망하지 않을 수 없다

어떤 면에서, 그 영혼은 특히 하나님과 단둘이 있을 때 영혼 안에서 큰 확신을 느끼지만, 다른 한편으로는 마귀에게 속아서 자기가 사랑하는 주님께 죄를 범한다는 생각으로 크게 괴로워합니다. 그녀는 주위의 비난에 별로 신경을 쓰지 않습니다. 하지만, 고해 신부가 마치 그녀가 일어난 일에 대해서 뭔가를 할 수 있었던 것처럼 잘못을 지적하는 경우에는 예외적으로 신경을 쓸 수밖에 없습니다. 그녀는 그렇게 하라는 지시를 받았기 때문에, 모든 사람에게 그녀를 위해 기도해 달라고 요청합니다. 그리고 매우 위험한 이런 방법이 아닌 다른 방법으로 그녀를 인도해 달라고 주님께 간청합니다. 그럼에도 불구하고, 이러한 은혜가 남긴 유익이 너무 커서 그녀는 그것이 하나님의 율법에서 읽고 듣고 배웠던 천국의 길로 인도하는 것으로 밖에 볼 수밖에 없습니다. 그녀는 이러한 은혜를 받고자 하는 열망을 거부할 수 없었기 때문에, 하나님의 손에 자신을 맡겼습니다. 하지만 그녀는 이러한 은총을 바라는 것이 자신의 고해 사제에게 불순종하는 것처럼 보인다는 사실에 대해 슬퍼하고 있습니다. 순종하는 것과 하나님을 거스르는 모든 것을 피하는 것이 속임수에 빠지지 않게 해주는 보호 수단이라고 믿기 때문입니다. 그녀는 차라리 몸뚱이가 가루가 될지언정 아무리 작은 죄라도 일부러 짓지 않을 것이라고 생각하지만, 무의식적으로 수많은 죄에 빠지는 것을 피할 수 없음을 깨닫고 크게 슬퍼합니다. 하나님께서는 그런 사람들에게 아무리 작은 일에도 하나님의 마음을 상하게 하지 않으리라는 강한 열망을 주십니다. 또는 피할 수 있는 실수를 저지르지 않으려는 강한 갈망을 주십니다. 이 때문에 영혼은 속세를 피하려고 애를 쓰고, 사막에 사는 사람들을 몹시 부러워하게 됩니다. 반면에, 그들은 한 영혼이라도 하나님을 더 잘 찬양할 수 있게 해야겠다는 소망을 품고 사람들 사이에서 살기를 원합니다. 여자들은 자신의 성별 때문에 일어나는 장애에 대해 슬퍼하고, 이렇게 전능하신 만군의 하나님이 어떤 분이신 지를 모든 사람에게 큰 소리로 선포하는 자유로운 사람들을 부러워합니다.

3. 테레사가 하나님을 섬길 수 없는 무능함을 슬퍼하다

오 불쌍한 작은 나비여! 그토록 많은 족쇄에 묶여 원하는 곳으로 날아가지를 못하고 있구나! 오 나의 하나님이시여, 그녀를 불쌍히 여겨 주십시오. 당신의 영광과 존귀를 향한 그녀의 갈망이 성취되게 해 주십시오! 그녀의 빈약한 공로와 악한 본성에 주의를 기울이지 마십시오. 주님, 당신은 광대한 바다를 물러나게 하시는 능력으로 요단강에 길을 내심으로 이스라엘 자손들이 통과할 수 있게 하셨습니다. 그녀는 당신의 도우심으로 많은 시련을 견딜 수 있습니다. 그녀는 그렇게 하기로 결심하고, 시련을 갈망하고 있습니다. 오 주님, 당신의 팔을 벌려 주십시오. 그래서 그녀가 하찮은 일에 인생을 낭비하지 않도록 도와주십시오! 당신의 위대하심이 여자이자, 연약한 이 피조물에 나타나게 하셔서, 사람들이 그녀 안에 있는 선이 그녀 자신의 것이 아님을 보고, 그것을 인하여 당신을 찬양하게 해 주십시오! 그녀가 원하는 만큼 대가를 치르게 하십시오. 그녀는 천 개의 목숨을 잃더라도, 한 영혼이라도 당신을 더 찬양하도록 인도하기를 갈망합니다. 그런 경우라면, 그녀는 자기가 바치는 생명이 가치 있게 사용되었다고 여길 것입니다. 그녀는 자기가 당신을 위해 죽는 것은 고사하고, 가장 가벼운 십자가를 지기에도 합당하지 않다는 사실을 잘 알기 때문입니다.

4. 황홀경의 결과로 생긴 열정

내가 왜 이런 말을 했는지, 무엇 때문에 그렇게 했는지 모르겠습니다. 사실 나는 그렇게 할 의도가 전혀 없었습니다. 여러분은 이러한 효과가 그런 <u>탈혼</u>(trance)이나 황홀경에 반드시 뒤따른다는 사실을 알아야 합니다. 그것은 일시적인 것이 아니라 영원한 갈망입니다. 그런 갈망에 근거하여 행동할 기회가 생길 때, 그것이 진짜임이 입증됩니다. 영혼이 때때로 가장 사소한 일에 겁을 먹고 하나님을 위한 일을 하는데 소심한 모습을 보면서 어떻게 그런 갈망이 영원하다고 말할 수 있겠습니까?

5. 하나님을 보고자 하는 과도한 갈망은 억제되어야 한다

나는 그것이 우리 주님께서 더 큰 유익을 위해 영혼을 타고난 연약함에 내버려두셨기 때문이라고 생각합니다. 그러면 그 영혼은 자신이 소유한 모든 힘이 그분에게서 임한 것이라고 철저히 확신하게 됩니다. 따라서 영혼은 자기 사랑을 멸하고, 하나님이 그토록 사악한 자에게 나타내시려고 작정하신 자비와 위대하심을 더 깊이 인식하고 그런 연약함을 감당하게 됩니다. 하지만 영혼은 일반적으로 전자의 상태에 있습니다. 자매 여러분, 한 가지를 조심하십시오. 우리 주님을 보고 싶어하는 이런 열렬한 갈망은 때때로 너무 괴롭기 때문에, 격려를 받기 보다는 오히려 그 갈망이 실현될 가능성이 있는 지를 점검 받을 필요가 있습니다. 내가 나중에 언급할 또 다른 기도에서 보게 될 것처럼, 그것은 불가능한 일이기 때문입니다.

6. 갈망은 건강을 위험에 빠뜨릴 수 있다

내가 언급하고 있는 상태에서, 이러한 갈망들은 때때로 중단될 수 있습니다. 그 이유는 하나님의 뜻에 따를 자유가 있기 때문입니다. 즉 이러한 갈망들은 매우 압제적이 될 수 있기 때문에, 생각들이 다른 문제로 전환될 수 있습니다. 그러한 갈망들은 일반적으로 완덕의 면에서 훨씬 진보한 사람들에게서 발견되기 때문에, 마귀는 우리가 그런 사람들 중에 속한다고 착각하게 만들기 위해 그런 갈망들을 자극할 수 있습니다. 어떤 경우이든, 조심하는 것이 좋습니다. 나는 마귀가 이런 고통을 통해 영혼에 평온함과 평강을 줄 수 있다고 믿지 않습니다. 하지만, 세상적인 문제로 괴로움을 당할 때 느끼는 불안으로 영혼을 방해할 것이라고 생각합니다. 이러한 두 종류의 슬픔을 모두 경험해본 적이 없는 사람은 그 차이를 이해할 수 없지만, 그러한 슬픔을 탁월한 것으로 생각할 경우에 영혼을 흥분하게 만들어 건강을 크게 해칠 수도 있습니다. 이러한 갈망이 끊임없이 일어나거나, 적어도 자주 일어나기 때문입니다.

7. 육체적인 원인으로 눈물이 날 때도 있다

또한 허약한 체질 때문에 그런 고통이 유발될 수도 있다는 사실을 알아야 합니다. 특히 예민한 성격을 가진 사람들은 온갖 사소한 문제로 한탄합니다. 그들은 실제로 그렇지 않을 때도 하나님을 위해 애도하고 있다고 생각하는 경우가 많습니다. 상당한 시간 동안 그런 사람이 하나님을 언급하는 소리를 듣거나 그분에 대해 생각할 때마다 울음을 억제할 수 없다면, 그 원인은 심장이 허약하기 때문일 수 있습니다. 그것은 하나님에 대한 사랑 보다는 그러한 눈물에 훨씬 더 관련되어 있습니다. 그런 사람들은 마치 눈물을 멈추지 않을 것처럼 보입니다. 그들은 눈물이 유익하다고 믿고 눈물을 억제하려 하지 않거나, 주제에서 마음을 분산시키려고 하지도 않습니다. 오히려 가능한 한 눈물을 격려하는 것입니다. 마귀는 이 같은 기회를 포착하여 수녀들이 기도도 드리지 못하게 하고, 회칙도 지키지 못하게 만드는 것입니다.

8. 테레사의 체험

나는 여러분이 이런 문제에 대해 분명히 당황했을 것이라고 생각합니다. 내가 모든 것을 위험하게 본다고 생각하고, 여러분이 어떻게 하기를 원하느냐고 묻고 싶을 것입니다. 눈물 같이 좋은 것에 대해서도 미혹되는 것을 두려워한다면, 어쩌면 나 자신이 미혹되고 있는 것인지도 모릅니다! 그럴 수도 있을 것입니다. 하지만 나를 믿으십시오. 나는 내가 직접 겪은 일은 아닐지 몰라도, 다른 사람들에게 일어난 일을 보지 않은 채로 이런 말을 하는 것이 아닙니다. 나 자신에게는 부드러운 것이라고는 없으며, 이따금씩 슬퍼질 정도로 마음이 굳어져 있기 때문입니다. 하지만 내 안에서 불길이 맹렬히 타오를 때면 돌처럼 굳어졌던 내 마음은 증류기처럼 눈물이 흐릅니다. 언제 이러한 근원에서 눈물이 나오는 지를 아는 것은 쉬운 일입니다. 왜냐하면, 눈물은 격렬하기 보다는 마음을 달래 주고, 부드러우며, 해를 끼치는 경우가 거의 없기 때문입니다. 이것이 착각인 경우에도, 겸손한 사람에게는 몸에만 해를 끼칠 뿐이지 영혼에는 상관이 없다는 이점이 있습니다. 하지만 겸손하지 않은 사람은 항상 조심하는 것이 좋습니다. 성 마틴이 죽어갈 때, 그의 형제들이 그에게 말했습니다. "사랑하는 아버지, 왜 우리를 떠나시려 합니까? 외로운 상황에 처한 우리를 누구에게 맡기실 수 있습니까? 우리는 당신이 그리스도와 함께 하기를 갈망하시는 줄을 알고 있습니다. 하지만 위에 있는 당신의 상급은 안전하며, 당신이 지체한다고 줄어들지 않을 것입니다. 그러니 당신이 외롭게 내버려 두는 우리를 불쌍히 여겨 주십시오." 그러자 항상 긍휼이 풍성했던 마틴은 이러한 애도에 감동되어 눈물을 흘렸다고 합니다. 그는 하나님께로 돌아서서 이렇게 외침으로 주위에 있는 애도자들에게 응답했습니다. "오 주님, 제가 당신의 백성들에게 여전히 필요하다면, 수고를 꺼리지 않을 것입니다. 당신의 뜻이 이뤄지기를 바랍니다."

9. 하나님께서 요구하시는 것은 눈물이 아니라 수고다

많이 운 것으로 할 일을 다 했다고 생각하지 말고, 열심히 일하고 덕을 실천해야 합니다. 그것이 본질적인 일입니다. 억지로 눈물을 흘리려고 하지 말고, 하나님께서 눈물을 보내실 때, 눈물이 흐르게 하십시오. 그런 다음 지나치게 눈물에 관심을 기울이지 않으면, 눈물이 우리 영혼의 메마른 땅을 충분히 적셔서 풍성한 열매를 맺게 만들 것입니다. 이것은 하늘에서 내려온 물이기 때문입니다. 우리가 물에 닿을 때까지 땅을 파느라 기진맥진이 되더라도, 결코 이와 같은 물을 얻지는 못할 것입니다. 우리는 종종 샘솟는 우물은커녕 웅덩이조차 발견하지 못한 채로 일하다가 지칠 수도 있습니다!

10. 하나님을 전적으로 신뢰하라

그러므로 자매들이여, 하나님의 임재 가운데 거하고, 그분의 자비로우심과 위대하심, 우리 자신의 사악함에 대하여 관상하며, 그분이 원하시는 대로 물이든 가뭄이든 우리에게 내려 주시도록 그분께 맡기는 것이 가장 좋다고 생각합니다. 그분이 우리에게 가장 좋은 것이 무엇인지를 아시기 때문입니다. 따라서 우리는 평화를 누리게 됩니다. 그리고 마귀가 우리를 속일 수 있는 기회는 줄어들 것입니다.

11. 영혼의 환희

이처럼 고통스러운 동시에 즐거운 이러한 은총들 중에서, 우리 주님께서는 때로 영혼에게 환희를 일으키시고, 기이하고 신비한 기도를 내려 주시기도 합니다. 그분이 여러분에게 이러한 은혜를 베푸신다면, 그로 인해 그분을 열렬히 찬양하십시오. 나는 그것이 실제로 일어나는 일이라는 사실을 여러분이 알 수 있도록 이렇게 묘사하는 것입니다. 나는 영혼의 기능들이 하나님과 밀접하게 연결되어 있다고 믿습니다. 나는 하나님께서 영혼이 감각을 가지고 마음껏 기쁨을 누리도록 자유로이 내버려 두신다고 믿습니다. 그 영혼이 자신이 무엇을 누리고 있는지, 어떻게 누리는 지를 알지 못하더라도 말입니다. 말도 안 되는 소리처럼 들릴지 모르지만, 이것은 실제로 일어나는 일입니다. 그 환희가 너무 커서, 영혼은 이것을 혼자 누리기가 아까워서 주위의 모든 사람에게 이야기하고 싶어집니다. 그리하여 그들도 함께 하나님께 영광을 돌리기를 갈망하는 것입니다.

12. 이러한 기쁨은 감출 수 없다

오, 이런 사람이 말하고자 하는 기쁨이 잘 드러나서 모든 사람이 그녀의 행복을 알 수 있다면 얼마나 좋겠습니까! 그녀는 자신을 다시 찾은 것 같습니다. 그녀는 탕자의 아버지처럼 친구들을 모두 초대하여 잔치를 벌이기를 원합니다. 그녀는 자신의 영혼이 올바른 위치에 있는 모습을 보고 싶어합니다. 최소한 (한 동안은) 자신의 영혼이 안전한 곳에 있다는 사실을 의심할 수 없기 때문입니다. 나는 그녀가 옳다고 믿습니다. 마귀는 그녀의 존재의 중심에 기쁨과 평화를 주입할 수 없기 때문입니다. 바로 그 존재의 중심이 그녀로 하여금 기쁨에 넘쳐 다른 사람들에게 하나님을 찬양하도록 촉구하게 만드는 것입니다. 그와 같이 솟구치는 충동적인 기쁨을 숨기면서 침묵을 유지하려면 고통스러운 노력이 요구될 것입니다. 성 프란시스는 큰 소리를 지르면서 들판을 달려가다가 강도들을 만나게 되었습니다. 그분은 그들의 질문에 대한 대답으로 스스로를 "위대한 왕의 전령"이라고 말했을 때, 틀림없이 이런 일을 경험했을 것입니다. 다른 성인들이 성 프란시스처럼 사막으로 들어간 것도 그런 느낌을 가지고 하나님을 소리 높여 찬양하기 위함이었을 것입니다.

나는 알칸타라 (Alcantara)의 베드로 수사 (Fray Peter)가 이런 일을 하곤 했다는 사실을 알고 있습니다. 나는 그분이 성인이었던 이유가 그분이 살았던 삶에 있다고 생각합니다. 하지만 사람들은 그분이 하는 말을 듣고 종종 그를 바보로 여겼습니다. 오 행복한 어리석은 자매들이여! 하나님께서 우리 모두에게 그런 경험을 할 수 있게 해주신다면 얼마나 좋겠습니까! 하나님께서 여러분을 이런 자리에 두신다는 것은 놀라운 자비입니다. 그분이 여러분에게 이런 은혜를 주시고, 다른 사람들이 그것을 인식한다면, 그것은 여러분을 창피하게 만들기 보다는 여러분에게 유리하게 작용할 것입니다. 그것은 하나님을 찬양하는 소리를 거의 들을 수 없는 세상에서 사람들이 그것을 추문으로 받아들이는 것과 같습니다.

14. 성 요셉 수도원의 수녀들이 종종 그렇게 느낀다

세상에서 보낸 비참한 시간과 처절한 삶이여! 그런 삶에서 자유로워지는 사람들은 얼마나 복이 있는 사람들입니까! 자매들의 마음속에 있는 기쁨이 얼마나 큰지 자기들을 이 수도원에 두신 주님을 서로 경쟁하며 찬양하는 모습을 볼 때, 나는 기쁨이 넘칩니다. 그들의 찬미는 그들의 영혼의 매우 깊은 곳에서 우러나오는 것이 분명합니다. 나는 여러분에게 이런 일이 종종 일어나기를 바랍니다. 한 사람이 찬양하기 시작하면, 나머지 사람들도 같이 참여하게 되기 때문입니다. 하나님을 찬양하는 것보다 여러분의 혀를 더 잘 쓸 수 있는 길이 어디 있겠습니까? 하나님께서는 우리에게 찬양할 이유를 너무나 많이 주셨습니다.

15. 성인이 이러한 환희에서 느끼는 즐거움

하나님께서 가장 안전하고도 유익한 이런 종류의 기도를 우리에게 자주 허락해 주시기를 바랍니다. 이러한 기도는 아주 초자연적인 것이기 때문에, 우리의 힘으로는 얻을 수 없습니다. 때때로 그 기도는 하루 종일 지속됩니다. 그리고 영혼은 감각을 잃지는 않지만, 술에 취한 사람과 같습니다. 그 사람은 또한 우울증으로 고통 당하는 사람과도 다릅니다. 이성이 완전히 상실되지는 않았지만, 상상력은 그것이 사로잡힌 어떤 주제를 끊임없이 생각하며, 그것에서 자유로울 수 없습니다. 이렇게 조잡한 비유로 그렇게 귀한 선물을 설명하는 것은 걸맞지 않는 일이라 할 수 있지만, 다른 비유를 떠올릴 수가 없습니다. 이러한 기도의 상태에 있는 사람은 이런 큰 기쁨으로 인해 자기 자신과 다른 모든 것을 잊어버리게 됩니다. 그래서 그녀는 기쁨으로 하나님을 찬양하는 것 외에는 아무것도 생각할 수 없고, 아무 말도 할 수 없습니다. 우리 모두 그녀에게 합류합시다. 그녀보다 더 현명하기를 바랄 이유가 어디 있습니까? 무엇이 우리를 더 행복하게 만들 수 있습니까? 모든 피조물이 우리와 함께 영원히 하나님을 찬양하게 하소서. 아멘, 아멘, 아멘!

7장

하나님께서 앞서 언급한 은혜를 베푸신 영혼들이 자신의 죄로 인해 느끼는 슬픔을 설명한다. 사람이 아무리 영적이라 할지라도, 우리 주님과 구세주 예수 그리스도의 인성과 하나님의 영광스러운 어머니와 성도들의 성스러운 수난과 생명을 마음에 두지 않는 것은 큰 잘못이라는 사실을 일깨워준다. 그러한 묵상을 통해 얻을 수 있는 유익을 설명한다.

1. 여섯 번째 방 안에 있는 영혼이 느끼는 슬픔

자매 여러분, 하나님께서 그처럼 특별한 방법으로 소통하신 영혼들은 더 이상 과거의 죄에 대해 두려워하거나 슬퍼할 필요가 없이 영원히 그분을 누릴 것이라고 느낄지도 모르겠습니다. 그런 은혜를 한 번도 받아본 적이 없는 사람들이 이런 의견을 받아들일 가능성이 가장 큽니다. 하나님께서 이러한 은총을 베푸신 영혼들은 내가 말하는 바를 이해할 것입니다. 이것은 큰 실수입니다. 죄로 인한 슬픔은 받은 신적 은혜에 비례하여 증가하기 때문입니다. 나는 우리가 더 이상 우리를 슬프게 할 수 없는 땅에 이를 때까지, 이런 슬픔이 결코 가시지 않을 것이라고 믿습니다. 이러한 고통은 분명히 경우에 따라 다르게 느껴질 것입니다. 진보를 이룬 영혼은 자신의 죄로 인해 형벌을 받을 것이라는 위협을 느끼지 않습니다. 오히려 자신이 너무나 많은 빚을 지고 있는 분에게 배은망덕했던 것에 대해서 생각합니다. 그리고 너무도 합당하게 섬김을 받으시기에 합당하신 분에 대해서도 생각합니다. 지고한 신비를 통해서 하나님의 위대하심을 깨닫게 되었기 때문입니다.

2. 이러한 슬픔이 느껴지는 방식

이 영혼은 이전에 그토록 무모했던 것에 놀라고, 너무나 무관심했던 것에 대해 슬피 웁니다. 그 영혼은 그렇게도 위대하신 주권자를 저버리고 저지른 사악한 일들을 기억함에 따라, 과거의 어리석음이 미친 짓으로 여겨져서 절대로 멈추지 않을 것처럼 한탄하는 것입니다. 그 영혼은 받은 은혜보다 이런 것들에 대해 더 많이 생각합니다. 이제 내가 묘사하고자 하는 이런 생각들은 너무나 강력하여 때때로 강하고 빠른 강물처럼 영혼을 휩쓸고 가는 것처럼 보입니다. 하지만 죄는 강바닥의 수렁처럼 기억 속에 끊임없이 머물며 무거운 십자가를 만들어내고 있습니다.

3. 과거의 죄에 대한 테레사의 슬픔

나는 하나님을 보기 위해 죽음을 바라기를 그쳤지만, 과거에 자신이 빚을 졌으며, 항상 빚을 지게 될 분에게 너무도 배은망덕했던데 대해 끊임없이 후회하며 죽음을 갈망했던 어떤 사람을 알고 있습니다. 그녀는 그 누구의 죄도 자신의 죄와 견줄 수 없다고 생각했습니다. 하나님께서 그토록 참아 주시고, 그토록 많은 은혜를 베푸신 사람이 자기밖에 없다는 사실을 깨달았기 때문입니다.

4. 하나님께 집중된 영혼은 사리사욕에 관심이 없다

내가 언급하고 있는 상태에 도달한 영혼들은 지옥을 두려워하기를 그쳤습니다. 아주 드문 경우지만, 때때로 그들은 하나님을 잃을지도 모른다는 생각에 몹시 슬퍼합니다. 그들의 유일한 두려움은 그분이 자신의 손을 거두심으로 죄를 범하도록 허용하셔서 이전의 비참한 상태로 돌아가게 되는 것입니다. 그들은 자신의 고통이나 영광에는 신경을 쓰지 않습니다. 혹시 연옥에 오래 머물기를 꺼린다면, 그것은 연옥의 고통 때문이 아니라 그들이 하나님의 임재로부터 멀어지기 때문입니다. 하나님이 영혼에게 어떤 은혜를 보이셨든 간에, 한때 그것이 처했던 불행했던 상태를 잊는 것은 위험한 일이라고 생각합니다. 과거를 기억하는 것은 고통스러울지라도 가장 유익한 일입니다.

5. 신적 혜택에 대한 기억은 회개를 증가시킨다

내가 그렇게 생각하는 것은 아마도 내가 너무 사악했기 때문일 것입니다. 그리고 그것이 내가 나의 죄를 결코 잊지 못하는 이유일 것입니다. 선한 삶을 살았던 사람들에게는 슬퍼할 이유가 없습니다. 하지만 우리는 죽을 수밖에 없는 이런 육신 가운데 사는 동안 종종 넘어지게 마련입니다. 이러한 고통은 우리 주님께서 이미 우리의 잘못을 용서하시고 잊으셨다는 사실을 생각한다고 해서 줄어들지 않습니다. 지옥에 가기에 마땅한 사람에게 그런 자비와 은혜가 베풀어진 것을 볼 때, 우리의 슬픔은 오히려 늘어나는 것입니다. 나는 사도 바울과 막달라 마리아가 틀림없이 잔인하게 순교를 당했을 것이라고 생각합니다. 그들의 사랑은 강렬했습니다. 하나님의 자비를 풍성하게 받고, 그분의 위대하심과 위엄을 깨달았던 그들에게, 죄를 기억하며 살아가는 것은 매우 힘든 일이었을 것입니다. 그래서 그들은 분명히 애통하며 후회했을 것입니다.

6. 예수 그리스도의 인성에 대한 묵상

여러분은 그처럼 고귀한 은혜를 누린 사람은 주 예수 그리스도의 가장 신성한 인성의 신비를 묵상할 필요가 없으며, 사랑에 완전히 몰두하게 되리라고 생각할 지도 모릅니다. 나는 이 문제에 대해 다른 어느 곳에서 충분히 쓴 적이 있습니다. 나는 반대에 부딪혔습니다. 나는 내 말이 틀렸고, 내가 그 문제를 이해하지 못한다는 말을 듣기도 했습니다. 그리고 우리 주님께서 그런 식으로 영혼을 인도하시기 때문에, 어느 정도 진보를 이룬 후에는 신성에 관한 문제를 다루고 육신적인 문제는 피하는 것이 최선의 방책이라는 말도 들었습니다. 하지만 나는 그것이 더 나은 길이라고 인정할 수 없습니다.

7. 묵상을 그치는데 대한 경고

내가 착각을 했을 가능성도 있습니다. 우리는 모두 실제로 동일한 것을 의미할 수도 있습니다. 하지만 나는 악마가 이런 식으로 나를 오도하려고 애를 쓰고 있었다는 사실을 깨달았습니다. 나는 이전에 경험을 통하여 이런 문제에 관해 경고를 받았기 때문에, 다른 곳에서 자주 이 문제를 언급했지만 여기서 다시 언급하기로 결심하였습니다. 이 주제에 대해 지극히 조심하십시오. 내가 그것에 대해 감히 언급하는 내용에 귀를 기울이십시오. 그리고 여러분에게 그와 반대되는 내용을 말하는 사람은 누구든 믿지 마십시오. 나는 이전보다 더 명확하게 설명하기 위해 최선을 다 할 것입니다. 이 문제에 대해 글을 쓰는데 착수했던 사람이 좀 더 명확하게 그것을 설명했다면 좋았을 것입니다. 지혜가 부족한 우리 여성들에게 일반적인 용어로 그 문제를 다루는 것은 많은 해를 끼칠 수도 있기 때문입니다.

8. 우리의 본보기가 되는 그리스도와 성인들

어떤 영혼들은 주님의 수난을 묵상할 수 없다고 생각합니다. 그럴 진데, 커다란 유익과 힘을 주는 복된 동정녀나 성인들의 생애에 대해서는 더더욱 묵상할 수 없다고 생각할 것입니다. 나는 그런 사람들이 도대체 무엇을 묵상해야 하는지 짐작할 수가 없습니다. 모든 물질적인 생각을 떠나는 것은 항상 사랑으로 불타오르는 천사들에게나 가능한 일이지, 죽을 수밖에 없는 육체를 지니고 사는 우리에게는 불가능한 일입니다. 우리는 우리처럼 죽을 수밖에 없는 인간들 중에서 하나님을 위해 영웅적인 행동을 한 사람들을 연구하고, 묵상하고, 본받을 필요가 있습니다. 하물며 우리의 유일한 선이자 치료제가 되시는 우리 주 예수 그리스도의 가장 거룩한 인성을 생각하지 않으려고 일부러 애를 쓰는 일은 없어야 할 것입니다. 나는 정말로 이렇게 하고 있는 사람들이 있다는 사실을 믿을 수 없습니다. 그들은 자신의 정신을 오해하고 있으며, 그 결과로 자신과 다른 사람들에게 해를 끼칩니다. 적어도 나는 그들에게 장담할 수 있습니다. 그들은 성의 마지막 두 방에 절대로 들어갈 수 없을 것입니다. 인도자 되시는 우리의 선하신 예수님을 잃어버린다면, 그 길을 찾을 수 없을 것입니다. 그들이 이전의 거처에 안전하게 머물렀다면, 더할 나위 없이 좋았을 것입니다. 우리 주님께서는 자신이 "길"이라고 말씀하십니다. 그분은 또한 자신이 "'빛"이라고 말씀하십니다. 그분으로 말미암지 않고는 아버지께로 올 자가 없습니다. "나를 보는 자는 아버지도 보았느니라."

9. 묵상과 관상

그런 사람들은 이런 말씀들이 다른 의미를 지니고 있다고 말합니다. 나는 이런 의미 외에는 다른 의미를 알지 못합니다. 내 영혼이 진리로 인식하고, 내 생각과 항상 잘 어울리는 의미 외에는 모르는 것입니다. 어떤 사람들(많은 사람들이 내게 그 주제를 언급했습니다)은 우리 주님께서 자기들을 완전한 관상에 도달하게 하신 후에, 계속 그것을 누리기를 원합니다. 이것은 불가능한 일입니다. 이러한 은혜로운 상태가 여전히 그들의 영혼 속에 남아 있어서, 그들은 이전처럼 그리스도의 수난과 생애의 신비를 사고할 수 없습니다. 그 이유를 설명할 수는 없지만, 정신이 묵상에 덜 적합한 그런 상태로 남아 있는 것은 매우 일반적인 일입니다. 나는 그것이 당연한 일이라고 생각합니다. 묵상의 한 가지 목적은 하나님을 찾는 것인 만큼,

영혼이 일단 하나님을 찾은 후에 의지를 사용하여 다시 하나님을 찾는 데 익숙해진 후에는, 더 이상 이성을 사용하여 하나님을 찾다가 지치고 싶지 않기 때문입니다.

10. 메마른 시기의 묵상

의지가 이미 사랑으로 불타오름에 따라, 이처럼 풍부한 기능은 할 수만 있다면 이성을 사용하기를 멈추고 싶어하는 것처럼 보입니다. 이런 일이 가능하다면 좋을 것입니다. 특히 영혼이 마지막 두 방에 도달하기 전에는 더욱 그렇습니다. 의지가 사랑을 다시 불타오르게 하기 위해 종종 이해력을 사용할 필요가 있기 때문에, 기도하며 보낸 시간은 낭비될 것입니다. 이런 점에 주목하십시오. 이것이 중요하기 때문에 나중에 더 자세히 설명하고자 합니다. 그런 영혼은 온 시간을 바쳐 하나님을 사랑하고 싶어하고, 그 밖에는 아무것도 하고 싶지 않습니다. 하지만 영혼은 성공할 수 없습니다. 비록 의지는 죽지 않지만, 그것을 태웠던 불꽃이 죽어가고 있어서, 그 불꽃을 살리기 위해 부채질을 할 필요가 있기 때문입니다. 이렇게 메마른 상태에 있는 영혼은 우리의 조상 엘리야처럼 하늘에서 불이 내려 하나님께 바치는 희생을 태워 버리기를 기다려야 합니까? 확실히, 기적을 기대하는 것은 옳지 않은 일입니다. 하나님께서는 자신이 선택하시는 때에 이 영혼을 위해 역사하실 것입니다. 내가 이미 말한 바 있고 앞으로도 말하겠지만, 주님께서는 우리가 우리 때문에 기적을 일으키실 만큼 가치가 있는 존재가 아니라는 사실을 일깨우시기를 원하십니다. 그리고 우리가 최선을 다해 스스로를 돕기를 원하십니다.

11. 하나님의 임재를 느끼지 못할 때 하나님을 찾아야 한다

내 생각에, 우리는 우리의 기도가 아무리 숭고하다 하더라도 평생 동안 이런 식으로 행동해야 합니다. 사실, 우리 주님께서 일곱번째 방에 들어가도록 허락하신 사람들은 그들의 열정이 유지되도록 도울 필요가 거의, 또는 전혀 없습니다. 그 이유에 대해서는 나중에 언급하도록 하겠습니다. 그 방에서는 영혼들이 놀라운 방식으로 우리 주 예수 그리스도의 인성 및 신성 안에서 그분과 끊임없이 교제를 나누고 있습니다. 따라서 내가 언급했던 우리 마음 속의 불이 의지 안에서 불타지 않고, 하나님의 임재를 느끼지도 못한다면, 우리는 그분의 뜻대로, 아가서의 신부처럼 그분을 찾아야 합니다. 그리고 모든 피조물에게 "그들을 만든 분이 누구신지" 물어야 합니다. 성 어거스틴(그의 독백 또는 고백록에서)은 자신이 그렇게 했다고 말하고 있습니다. 따라서 우리는 이전에 우리가 누렸던 것을 기다리느라고 시간을 낭비하면서 얼간이처럼 멍청히 서 있지 말아야 합니다. 처음에는 우리 주님께서 일년 또는 여러 해 동안 자신의 선물을 다시 주지 않으실 수도 있습니다. 그 이유는 주님 만이 아십니다. 우리는 그 이유를 이해할 필요가 없기 때문에, 그것을 알려고 애쓰지 말아야 합니다.

12. 추론과 정신적 기도

하나님을 기쁘시게 하는 가장 확실한 방법은 그분의 계명과 권고를 지키는 것입니다. 따라서 주님의 삶과 죽음과 우리가 그분께 빚진 모든 것을 묵상하면서 부지런히 그렇게 행합시다. 그런 다음, 나머지는 하나님의 선택에 맡기십시오. 어떤 사람들은 자기들의 정신이 이러한 주제에 대해 묵상하기를 거부한다고 대답할 수 있습니다. 위에 언급한 원인들이 어느 정도는 사실이기 때문입니다. 여러분은 추론하는 것과 기억이 정신에 특정한 진리를 떠오르게 하는 것은 별개의 것이라는 사실을 알고 있습니다. 여러분은 내 말을 이해하지 못할 수도 있습니다. 내 생각을 제대로 표현할 수 없을 수도 있겠지만 최선을 다하겠습니다. 이런 식으로 이해력을 많이 사용하는 것을 나는 묵상이라고 부릅니다.

13. 주님의 삶과 수난에 대한 묵상

먼저 하나님께서 그분의 독생자를 우리에게 주심을 통하여 보여주신 은혜를 생각해 봅시다. 하지만 여기서 멈추지 말고 계속해서 그분의 영광스러운 삶의 모든 신비를 묵상합시다. 또는 그분이 겟세마네 동산에서 기도를 드리신 사실로 생각을 돌린 다음, 그분이 십자가에 못 박히시기까지 계속 생각을 이어 나가도록 합시다. 또는 그리스도의 붙잡히심 같은 수난의 한 부분을 취하여 그 신비를 묵상할 수도 있습니다. 유다의 배신, 사도들의 도주, 그리고 그 이후에 일어난 모든 사건들을 깊이 생각하며 묵상하십시오. 이것은 훌륭하고, 매우 가치 있는 기도입니다.

14. 관상가의 단순한 묵상

하나님께서 초자연적인 방법으로 인도해 주심으로 완전한 관상에 이르게 된 영혼들이 이런 종류의 묵상을 실천할 수 없다고 선언하는 것은 옳은 일입니다. 왜 그런 지는 알 수 없지만, 대체로 그들은 그렇게 할 수 없습니다. 하지만 특히 가톨릭 교회에서 이런 사건들을 기념할 때 이러한 신비에 대해 깊이 생각하거나 자주 생각할 수 없다고 말하는 것은 잘못된 일입니다. 뿐만 아니라 하나님께 그토록 많은 은혜를 받은 영혼들이 이처럼 숭고한 사랑의 증거들을 잊어버린다는 것은 있을 수 없는 일입니다. 그 증거들은 그 마음에 불을 붙이는 불꽃과 살아 있는 불꽃과 같아서, 그 마음을 주님께 대한 더 큰 사랑으로 불타오르게 합니다. 정신도 이것을 이해하지 못할 수 없습니다. 그러한 영혼은 정신 앞에 제시되고 기억에 새겨지는 이러한 신비들을 다른 사람들과 비교할 때 더 완벽한 방식으로 이해합니다. 따라서 우리 주님이 땀에 흠뻑 젖어 겟세마네 동산에 엎드려 기도하시는 모습을 보는 것 만으로도 한 시간이 아니라 며칠 동안 생각에 몰두할 수 있습니다. 영혼은 단순한 시선으로 그분이 어떤 분이시며, 우리가 그와 같은 끔찍한 고통을 당하신 그분을 얼마나 배은망덕하게 대하는지를 깨닫게 됩니다. 그러면 의지는 부드러운 감각이 없더라도 막중한 은혜에 대한 보답으로 그분을 섬기기를 갈망하게 됩니다. 또한 우리를 위해 그토록 많은 것을 감당하신 분을 위해 고난을 받기를 갈망하게 됩니다. 그리고 기억과 이해력도 유사한 방식으로 비슷한 생각에 참여하게 됩니다.

15. 어떤 상태에 있는 영혼이든 수난을 묵상해야 한다

나는 이것이 그런 영혼들이 수난에 관하여 생각할 수 없으며, 따라서 그것을 묵상할 수 없다고 상상하는 이유라고 생각합니다. 이런 주제를 묵상하지 않는 사람들은 속히 시작하는 편이 낫습니다. 그리스도의 수난은 가장 숭고한 기도를 방해하지 않을 뿐 아니라, 이 수난을 자주 찬양하지 않는 것도 바람직하지 않기 때문입니다. 그런 후에 하나님께서 그들이 황홀경에 들어가는 것을 합당하게 여기신다면, 그것은 훌륭하고 좋은 일입니다. 당사자들이 원하지 않는 경우에도, 그분은 그들의 묵상을 멈추게 하실 것입니다. 나는 하나님께서 사용하시는 이런 방법이 영혼에 가장 유익하다고 확신합니다. 그것은 또한 지력을 사용하기 위해 많은 노력을 기울일 때도 방해가 되지 않을 것입니다. 내가 말했듯이, 이것은 더 높은 기도의 경지에 도달한 사람에게는 일어날 수 없는 일입니다. 어떤 경우에는 그렇지 않을 수도 있습니다. 하나님께서는 여러 가지 방법으로 영혼을 인도하시기 때문입니다. 하지만 기도에 대해 많은 담론을 펼칠 수 없는 사람들을 비난하거나, 유일한 선이 되시는 예수 그리스도의 신비에 담긴 위대한 은총을 누릴 능력이 없다고 판단해서는 안 됩니다. 아무리 영적인 사람일지라도, 관상을 외면하는 것이 좋다고 나를 설득시킬 수는 없습니다.

16. 그리스도와 성인들의 모범

영적인 여정을 시작했거나, 절반쯤 이르러 고요의 기도를 체험하고 하나님이 주시는 감미로움과 위로를 맛보기 시작할 때, 이러한 영적 즐거움을 계속 누리는 것이 대단한 일이라고 생각하는 영혼들이 있습니다. 내가 다른 곳에서 충고한 것처럼, 그런 사람들이 이런 즐거움에 지나치게 몰입하는 나머지 너무 많은 것을 포기하지 않게 하십시오. 인생은 길고 져야 할 십자가로 가득 차 있습니다. 우리는 그리스도를 우리의 본보기로 삼고, 그분이 어떻게 시련을 감당하셨는지를 살펴볼 필요가 있습니다. 우리 자신의 시련을 완벽하게 감당하기 위해서는 그분의 사도들과 성인들의 본보기를 취해야 할 필요도 있습니다. 선하신 예수님과 그분의 지극히 복되신 어머니는 너무 좋은 동반자가 되십니다. 주님께서는 때로 우리가 우리 자신의 위로와 기쁨을 희생해서라도 그분의 고통을 슬퍼할 때, 그것을 기뻐하십니다. 게다가, 기도 중에 위로를 받는 것이 그다지 자주 일어나는 일이 아니기 때문에, 우리에게는 주님의 시련을 묵상할 시간이 없습니다. 누군가가 내게 자신이 계속해서 위로를 누리고 있다고 말하고, 그 사람이 신성한 신비를 전혀 묵상할 수 없는 사람들 중의 한 사람이라면, 나는 그 사람의 상태가 매우 의심스럽습니다. 이것을 명심하십시오. 이러한 속임수에서 벗어나십시오. 그리고 술에 취한 것 같은 기도 상태에 끊임없이 빠져들지 않도록 온 힘을 다하십시오. 그렇게 할 수 없다면, 수도원장들에게 조언을 구하십시오. 그러면 그들은 여러분을 아주 바쁘게 만들어서 그 문제에 대해 생각할 겨를이 없게 할 것입니다. 그렇게 되면, 여러분은 이런 위험에서 벗어날 수 있습니다. 그렇게 하지 않고 그런 상태가 더 오래 지속되면, 건강과 머리를 크게 손상시킬 수도 있습니다. 나는 영적인 상태와 상관없이, 가장 신성한 인성에 대한 묵상이 영혼을 해칠 수 있다고 상상하는 것과 마찬가지로, 육체적인 것에 대한 생각을 회피하는 것이 오류라는 사실을 충분히 설명했다고 생각합니다.

17. 믿음은 우리 주님이 하나님이신 동시에 인간이심을 보여준다

사람들은 자신을 변호하기 위하여 우리 주님께서 제자들에게 자신이 떠나가는 것이 그들에게 유익하다고 말씀하셨다고 주장합니다. 나는 이런 주장을 인정할 수 없습니다. 그분은 당신의 복되신 모친에게 그렇게 말씀하지 않으셨습니다. 그녀의 믿음이 확고했기 때문입니다. 그녀는 그분이 하나님이신 동시에 인간이심을 알고 있었습니다. 그녀는 그분의 제자들보다 그분을 더 사랑했지만, 그분의 너무도 완벽한 육신적인 임재는 그녀에게 도움이 되었습니다. 사도들의 신앙은 틀림없이 나중보다 더 약했을 것입니다. 우리의 신앙도 그럴 것이라고 생각해야 할 이유가 있습니다. 나는 이것이 결국 마귀가 복된 성례에 대한 우리의 헌신을 강탈할 수 있게 만들어주는 가장 위험한 생각이라고 확신합니다.

18. 거룩한 신성에 대한 테레사의 묵상 경험

내가 이전에 저지른 실수가 여기까지 이르게 하지는 않았지만, 나는 우리 주 예수 그리스도를 묵상하는 데 그다지 신경을 쓰지 않고, 정신적인 위로를 기다리며 묵상에 몰두하기를 선호했습니다. 나는 내가 잘못된 길을 가고 있었음을 분명히 깨달았습니다. 내가 이런 상태를 항상 유지할 수 없었기 때문에, 내 생각은 이리저리 떠돌았고, 내 영혼은 항상 날아다니며 쉴 곳을 찾지 못하는 새처럼 보였기 때문입니다. 따라서 나는 많은 시간을 허비하고, 덕과 기도의 면에서도 진보를 이루지 못했습니다.

19. 그러한 묵상을 포기하는 악

나는 그 이유를 이해할 수 없었습니다. 나는 내가 현명하게 행동하고 있었다고 믿었기 때문에, 내가 기도하는 방식에 대해 상담했던 하나님의 종의 조언을 듣지 않았더라면 결코 그 진리를 깨닫지 못했을 것입니다. 그제서야 나는 내가 얼마나 잘못했는지를 분명히 깨잘았습니다. 그렇게 큰 손실을 통하여, 나는 유익을 얻는 것이 얼마나 어려운지를 깨닫지 못했던 시절이 있었다는 사실에 대해 후회를 멈출 수 없었습니다. 그렇게 할 수 있다 할지라도, 나는 우리가 소유한 모든 선을 주시는 분 외에는 아무것도 구하지 않을 것입니다. 그분이 영원히 찬양을 받으시기를 바랍니다! 아멘.

8장

하나님께서 지적 환시를 통해 영혼과 소통하시고 그 주제에 대한 조언을 제공하시는 방식을 다룬다. 이런 환시가 진짜일 때 초래하는 효과를 언급한다.

1. 영혼과 함께 하시는 주님의 임재

내가 이제까지 언급해온 내용이 사실이며, 영혼이 더 진보할수록 이 선하신 예수님께서 더 가까이 계신다는 사실을 입증하기 위해서는 어떻게 그분이 그렇게 하시는 지를 언급하는 것이 좋을 것 같습니다. 그분이 영혼과 함께 하시기를 선택하실 때, 영혼은 주님의 임재를 떠날 수 없습니다. 이것은 주님께서 우리에게 자신을 계시하시는 방법과 방식들을 통하여 분명히 나타납니다. 그분은 놀라운 나타나심과 환시를 통하여 자신의 사랑을 나타내셨습니다. 주님께서 나를 도와주시기를 기뻐하신다면, 여러분에게 이런 은혜가 부여될 때, 여러분이 불안해하지 않도록 묘사해 보겠습니다. 우리 자신이 그런 은혜를 받지 않더라도, 위엄과 권능으로 다스리시는 그분이 그렇게 피조물들과 교제하시는 사실을 인하여 그분을 열렬히 찬양해야 합니다.

2. 테레사의 경험

예를 들어, 그런 은혜를 전혀 기대하지도 않고, 받을 만한 자격이 있다고 생각해 본 적도 없는 어떤 사람이 예수 그리스도께서 자신의 옆에 서 계시는 것을 인식하게 됩니다. 몸이나 영혼의 눈으로 그분을 볼 수는 없지만 말입니다. 이것을 지적 환시라고 합니다. 나는 그 이유를 말할 수 없습니다. 나는 하나님께서 이런 은혜를 주신 사람을 알고 있습니다. 그녀가 받은 다른 은혜에 대해서는 나중에 설명하겠습니다. 처음에 그녀는 이런 은혜를 받고 괴로워했습니다. 그것을 이해할 수 없었기 때문입니다. 그녀는 아무것도 볼 수 없었습니다. 하지만 그녀는 예수 그리스도께서 어떤 식이든 자신을 드러내셨다는 확신이 있었습니다. 따라서 그녀는 그것이 하나님으로부터 온 것이든 아니든 간에, 일종의 환시였다는 것을 의심할 수 없었습니다. 그 환시의 강력한 효과는 그것이 하나님에게서 임했음을 증명해 주는 강력한 논거였습니다. 그녀는 지적인 환시에 대해 들어본 적도 없고, 그런 일이 일어날 수 있다는 사실도 몰랐기 때문에 여전히 두려워하고 있었습니다. 하지만 그녀는 우리 주님의 임재를 확신했습니다. 주님께서는 내가 설명한 방식으로 몇 차례 말씀하셨습니다. 그녀는 이런 은혜를 받기 전에 어떤 말씀을 들었지만, 누가 말씀하시는 지를 결코 알지 못했습니다.

3. 이러한 환시로 초래된 확신과 은혜

그녀는 이런 환시로 인해 두려움을 느꼈습니다. 상상의 환시와는 달리 이런 환시는 빨리 사라지지 않고 며칠, 때로는 1년 이상 지속되었습니다. 그녀는 매우 불안한 상태로 고해 신부를 찾아갔습니다. 그분은 그녀에게 자기가 아무것도 보지 못했는데도 어떻게 주님께서 가까이 계시는지 알 수 있었느냐고 질문했습니다. 그리고 그분의 모습을 묘사해 달라고 간청했습니다. 그녀는 그분의 모습을 볼 수 없었으며, 이미 언급한 것에 더 덧붙일 말이 없다고 대답했습니다. 하지만 그녀는 그분이 그녀에게 말씀하신 것은 사실이며, 그것이 그녀의 상상에 의한 속임수가 아니었음을 확신한다고 말했습니다. 사람들이 계속해서 그녀에게 이러한 환시에 대해 경고했지만, 그녀는 특히 "내니 두려워 말라"라는 말씀을 들었을 때 그것을 믿지 않을 수 없음을 알게 되었습니다.

4. 말씀의 효과

이 말씀의 효과가 너무나 강력해서, 그녀는 한 동안 그 말씀의 진실성을 의심할 수 없었습니다. 그리고 주님과 함께 있음으로 인해 큰 격려를 받고 즐거움을 느꼈습니다. 그녀는 이러한 은총으로 인해 항상 하나님을 기억하고, 어떤 식으로든 주님의 마음을 상하게 하지 않으려고 각별히 주의를 기울일 수 있었습니다. 그분은 항상 곁에서 그녀를 지켜보시는 것처럼 보였습니다. 그녀가 기도 중에 또는 다른 시간에 주님께 말씀을 드리고 싶을 때마다, 그분은 너무나 가까이 계셔서 그녀의 기도를 들으시는 것처럼 보였습니다. 그분은 그녀가 원할 때마다 말씀을 하지는 않으셨지만, 말씀하실 필요가 생길 때 예기치 않게 말씀하셨습니다. 그녀는 그분이 자신의 오른편에 계신 것을 의식했습니다. 그것은 평범한 사람이 우리 곁에 있음을 아는 그런 방식이 아니라, 묘사하기가 불가능한 더 모호한 방식이었습니다.

하지만 이러한 임재는 다른 사람들의 평범한 임재보다 훨씬 더 분명하고 확실한 것이었습니다. 그런 사람들의 임재에 대해서는 우리가 속을 수도 있습니다. 하지만 이런 경우에는 그렇지 않습니다. 주님의 임재는 우울증에서는 임할 수 없는 은총과 영적인 효과를 초래하기 때문입니다. 마귀도 평강과 하나님을 기쁘시게 하고자 하는 끊임없는 열망으로 영혼을 채울 수 없습니다. 또한 하나님께로 인도하지 않는 모든 것을 철저하게 경멸하게 만들 수도 없습니다. 시간이 지남에 따라, 내 친구는 이것이 악한 자의 소행이 아니라는 사실을 깨달았습니다. 우리 주님께서 그녀에게 점점 더 분명하게 보여 주셨기 때문입니다.

5. 그것은 겸손을 산출한다

하지만 나는 그녀가 종종 큰 두려움을 느꼈으며, 때로는 자신에게 주어진 큰 은혜를 설명할 수 없음으로 인해 혼란에 빠져 있었음을 알고 있습니다. 그녀와 나는 매우 친밀했습니다. 그래서 나는 그녀의 영혼에 스쳐간 모든 것을 알고 있습니다. 따라서 이 문제에 대한 나의 설명은 전적으로 진실하고 믿을 만한 것입니다. 이런 은혜는 자기를 낮추고 겸손하게 만드는 압도적인 감각을 수반하기 마련입니다. 하지만 그것이 사탄에게서 임한 것이라면, 모든 것이 정반대일 것입니다. 그것은 분명히 신적인 것입니다. 인간의 노력으로는 그러한 감정을 일으킬 수 없습니다. 누구도 그러한 유익이 자신에게서 왔다고 생각할 수 없습니다. 반드시 그것을 하나님께 받은 선물로 인식해야 하는 것입니다.

6. 영혼이 다른 은혜를 받을 수 있도록 준비하라

나는 이전에 받았던 일부 은혜들이 더 숭고하다고 믿지만, 이러한 은혜는 하나님에 대한 특별한 지식을 가져다줍니다. 그분을 향한 가장 부드러운 사랑은 끊임없이 그분과 함께 있는 데서 비롯됩니다. 반면에, 그분을 섬기는 데 자신을 온전히 바치려는 열망은 이제까지 설명한 그 어떤 것보다 더 뜨겁습니다. 그분이 영원히 가까이 임재 하신다는 사실을 알 때, 양심은 크게 정화됩니다. 우리는 하나님께서 우리의 모든 행위를 지켜보고 계신다는 사실을 알고 있지만, 본성적으로 부주의해서 그 사실을 잊어버리기 때문입니다. 여기에서는 이런 것이 불가능합니다. 우리 주님께서는 영혼에게 자신이 가까이 계심을 의식하게 하십니다. 그래서 그 영혼이 위에 언급한 다른 은혜들을 받을 준비를 갖추게 하시는 것입니다. 그것은 그 영혼이 자기 곁에 계신 그분을 보거나 느낌으로써 끊임없이 그분을 사랑함을 통하여 이뤄집니다. 요컨대, 이러한 은혜가 주는 유익은 그 은혜가 얼마나 크고 귀한 것인지를 증명합니다. 그 영혼은 자격이 없는 사람에게 그런 은혜를 주시는 우리 주님께 감사드립니다. 그리고 그런 은혜를 것을 세상의 어떤 보화나 기쁨과도 바꾸려 하지 않을 것입니다.

7. 성인들의 존재에 대한 의식

우리 주님께서 자신의 임재를 거두시기로 선택하실 때, 외로움에 빠진 영혼은 그분이 돌아오시도록 설득하기 위해 온갖 수고를 아끼지 않습니다. 이런 노력은 거의 소용이 없습니다. 이러한 은혜는 우리의 노력이 아니라 그분의 뜻에 따라 임하기 때문입니다. 때때로 우리는 어떤 성인들과 교제를 누릴 수 있습니다. 그런 교제는 우리에게 큰 유익을 초래할 수 있습니다. 여러분은 "아무도 볼 수 없다면, 그것이 그리스도인지, 그분의 가장 영광스러운 어머니인지, 아니면 성인인지 어떻게 알 수 있습니까?"라고 질문할 지도 모릅니다. 그런 사람은 이런 질문에 대답할 수 없거나, 그런 분들을 구별하는 방법을 알 수 없습니다. 하지만 그런 사실 자체에는 의심의 여지가 없습니다. 우리 주님이 말씀하실 때, 그분을 알아보기는 쉬운 일처럼 보입니다. 하지만, 그 영혼이 주님의 말씀을 듣지 못한 채로 하나님께서 어떤 성인을 동반자이자 조력자로 보내셨는 지를 분별할 수 있다는 것은 놀라운 일입니다.

8. 이 은혜로 초래된 의무들

설명할 수 없는 또 다른 영적인 문제들이 있습니다. 우리가 그런 문제들을 파악할 수 없다는 사실은 하나님의 숭고한 신비를 이해하는 면에서 우리의 본성이 얼마나 무능한지를 가르쳐 줍니다. 이런 은혜를 받은 사람들은 그런 은혜를 주신 하나님의 자비에 놀라고, 그분을 찬양해야 합니다. 이런 특별한 은혜는 아무에게나 주어지는 것이 아닙니다. 따라서 그런 은혜를 받는 사람은 그 은혜를 귀히 여기고, 더욱 열심으로 하나님을 섬기도록 힘써야 합니다. 그러므로 그런 사람은 이런 면에서 스스로를 과대평가하지 않고, 오히려 자신이 세상의 어느 누구보다 그분을 덜 섬기고 있다고 생각합니다. 자신이 다른 사람들보다 그분께 더 큰 은혜를 입고 있다고 느끼기 때문에, 그녀가 범하는 어떤 잘못도 그녀의 마음을 찌르게 됩니다. 그런 상황에서 그것은 당연한 일입니다.

9. 이 은혜가 진짜라는 표지들

이런 식으로 우리 주님의 인도하심을 받은 결과로 묘사된 효과들을 느끼는 사람들은 그것이 속임수나 공상이 아님을 확신할 수 있습니다. 나는 마귀가 그렇게 오래 지속되는 환상을 만들어내는 것은 불가능하다고 믿습니다. 마귀는 영혼에게 그렇게 현저한 유익을 끼칠 수도 없고, 커다란 내적인 평화를 초래할 수도 없습니다. 그것은 마귀의 습성이 아닙니다. 설사 그럴 수 있더라도, 그토록 사악한 피조물에게서 그렇게 선한 것이 나올 수는 없는 것입니다. 그렇다면 그 영혼은 머지 않아 자만심과 자신이 다른 사람들보다 낫다는 생각으로 흐려지고 말 것입니다. 정신이 하나님의 임재 가운데 계속 거하고, 생각을 하나님께 집중하는 것은 마귀를 심히 분노하게 만들 것입니다. 그렇다 하더라도, 사탄은 한 번 정도는 실험해 볼 수 있겠지만, 자주 그렇게 하지는 않을 것입니다. 하나님은 너무도 신실하셔서, 자신을 기쁘게 하고 자신의 영예와 영광을 위해 목숨을 바치려는 사람을 사탄이 마음대로 하도록 내버려두지 않으십니다. 그분은 속히 악마의 책략을 드러내실 것입니다.

10. 고해 신부의 조언을 구해라

언제나 마찬가지겠지만, 내가 지금 주장하고 싶은 것은 이런 것입니다. 영혼이 위에 언급한 것처럼 이러한 신적 은혜들로부터 임하는 효과들을 거둔다면, 하나님께서 이처럼 특별한 은혜들을 거둬들이시더라도 모든 것을 그 영혼에게 유리하게 만들어 주실 것입니다. 하나님께서 마귀가 영혼을 속이도록 허용하시는 경우에도, 그 악한 영은 스스로 혼란에 빠지게 될 것입니다. 여러분 중에 이런 식으로 인도함을 받는 사람은 두려워할 필요가 없습니다. 두려움은 선한 것이며, 우리는 신중해야 합니다. 그리고 지나친 확신을 삼가야 합니다. 그런 은혜들이 여러분을 부주의하게 만든다면, 그것은 그것들이 하나님으로부터 임한 것이 아님을 입증할 것이기 때문입니다. 그것들이 내가 묘사했던 결과들을 남기지 않았기 때문입니다.

이런 일이 일어날 경우, 우선 완전히 자격을 갖춘 신학자(우리가 빛을 얻어야 하는 근원이기 때문입니다)나 고도로 영적인 사람에게 고백이라는 인증(seal) 아래 여러분의 사례를 이야기하는 것이 좋을 것입니다. 여러분의 고해 신부가 매우 영적인 사람이 아니라면, 훌륭한 신학자가 바람직할 것입니다. 물론 두 가지 자격을 모두 갖춘 사람이라면 가장 훌륭할 것입니다. 그분이 혹시 그것이 단순히 환상에 불과하다고 말하더라도, 조금도 걱정할 필요는 없습니다. 그럴 경우에, 그것은 여러분의 영혼에 해를 끼치지도 않고, 많은 유익을 끼치지도 않을 것입니다. 여러분을 주님께 의탁 드리고, 미혹되지 않게 해주시기를 간구해야 합니다.

11. 주님께서 우리의 조언자들을 일깨워 주실 것이다

그분이 마귀가 여러분을 속이고 있다고 말한다면, 그것은 더 크게 걱정되는 일일 것입니다. 학식이 있는 사람이라면. 앞서 묘사된 효과들을 볼 경우에 그렇게 말하지 않을 것이지만 말입니다. 여러분의 조언자가 이렇게 말할지라도, 여러분 곁에 계신 동일하신 주님께서 여러분을 위로해 주시고 안심시켜 주실 것입니다. 그리고 그 조언자에도 빛을 주셔서 여러분을 비추게 하실 것을 나는 알고 있습니다. 그 지도자가 기도 생활을 하기는 해도, 하나님의 인도하심을 받아본 적이 없다면, 당장 놀라서 그것을 정죄할 것입니다. 따라서 나는 여러분에게 자격 있는 신학자, 가능하면 영적이기도 한 신학자를 선택하라고 조언하고 싶습니다. 수도원장은 여러분에게 마땅히 이를 허락해야 합니다. 여러분이 선한 삶을 살고 있기 때문에 망상으로부터 안전하다고 확신하더라도, 서로가 안심할 수 있도록 원장은 여러분에게 조언을 구하도록 허락할 의무가 있기 때문입니다. 이런 사람들과 의논한 후에는 평안을 누리십시오. 그 문제에 대해 더 이상 자신을 괴롭히지 마십시오. 때로는 두려워할 이유가 전혀 없는데도, 마귀가 두려움을 일으켜서, 그 문제에 대해 고해 신부에게 한 번만 상담하는 것으로는 만족할 수 없게 만들기도 합니다. 특히 그 신부가 경험이 부족하거나, 소심하거나, 그녀에게 다시 조언을 받을 것을 명할 때, 그런 일이 일어납니다.

12. 이러한 환시에 대한 주의

　이렇게 해서 사적으로 극비에 붙여야 할 일이 공개적으로 드러나게 됩니다. 그런 사람은 박해와 고통을 당하고, 자신의 비밀이라고 믿었던 것이 공공의 소유가 되었음을 알게 됩니다. 이처럼 그녀는 많은 고통을 겪게 되고, 이런 시기에 수도원에도 어려움을 끼치게 됩니다. 결과적으로, 나는 그러한 문제에 대해 큰 주의를 기울일 것을 원장님들에게 거듭 부탁드립니다. 또한 그분들은 그런 은혜들이 어떤 수녀에게 나타난다고 해서 그녀를 다른 사람들보다 더 덕스럽다고 생각해서는 안 됩니다. 우리 주님께서는 자신이 가장 잘 아시는 방법으로 모든 사람을 인도하십니다. 이런 은혜를 잘 사용할 경우, 그 은혜를 받는 사람은 하나님의 위대한 종이 될 수 있습니다. 하지만 우리 주님께서는 때로 가장 연약한 영혼에게 그런 은혜를 베푸십니다. 그러므로 그런 은혜는 그 자체로 존중을 받거나 정죄를 받을 필요가 없습니다. 우리는 덕을 보아야 합니다. 가장 연약하고, 겸손하며, 한결같은 자세로 하나님을 섬기는 사람이 가장 거룩한 사람이기 때문입니다. 하지만 참된 심판자가 각자의 공로에 따라 상을 주시기 전에는 그런 문제에 대해 결코 확신을 가질 수가 없습니다. 그 때 우리는 그분의 심판이 이 세상의 심판과 얼마나

다른 지를 보고 놀라게 될 것입니다. 그분이 영원히 찬양을 받으시
기를 바랍니다. 아멘.

9장

하나님이 상상의 환시를 통해 영혼과 소통하는 방식에 대해 설명한다. 이러한 방식으로 인도받기를 원하지 않는 강력한 이유들을 설명한다.

1. 상자 속의 보물

이제 우리는 상상의 환시를 다루게 되었습니다. 사람들은 마귀가 내가 이미 묘사한 다른 환시들 보다 이러한 환시를 사용하여 사람들을 더 쉽게 속일 수 있다고 주장합니다. 아마도 이것은 사실일 것입니다. 하지만 상상의 환시가 신적인 것일 때, 그것은 어떤 면에서 다른 모든 환시들 보다 우리에게 더 유익한 것처럼 보입니다. 다른 모든 방을 훨씬 능가하는 일곱 번째 방에서 우리 주님께서 보내시는 환시를 제외하고는 우리의 본성에 더 합당하기 때문입니다.

따라서 앞 장에서 설명한 우리 주님의 임재는 상징적인 것일 수 있습니다. 최고의 가치와 효능을 지닌 보석이 들어 있는 황금 상자를 소유하고 있다고 가정해 봅시다. 우리는 그 보석을 본 적은 없지만, 그것이 상자 안에 있음을 확신합니다. 우리가 그 보석을 지니게 된다면 그 보석의 효능이 우리에게 유익을 줍니다. 우리는 그 보석을 한 번도 관찰한 적이 없지만, 그 가치를 높이 평가합니다. 그것이 우리의 질병을 치료했다는 사실을 경험으로 알고 있기 때문입니다. 하지만 우리는 감히 그 상자를 들여다보거나 자물쇠를 열 수 없습니다. 원하더라도 그렇게 할 수 없는 것입니다. 그 보석을 소유한 분만이 그 상자를 여는 비밀을 알고 있기 때문입니다. 그분은 그 보석을 우리에게 빌려주셨지만, 그 열쇠는 자신이 직접 보관하셨습니다. 그분은 자신이 원하는 때에 그 상자를 열어 우리에게 그 내용물을 보여주실 것입니다. 그리고 그 상자를 닫는 것이 적합하다고 생각하시는 때에 그것을 다시 닫으실 것입니다.

2. 비유에 대한 설명

우리 주님께서는 여기에서 우리를 이런 식으로 대하십니다. 이제 이 황금 상자의 소유자가 그것을 맡긴 사람의 이익을 위해 이따금 그 상자를 갑자기 연다고 생각해 봅시다. 후자는 틀림없이 그 상자 속에 있는 다이아몬드의 놀라운 광택을 떠올리면서 그것을 더 높이 평가할 것입니다. 이것은 우리 주님께서 영혼을 어루만져 주시기를 기뻐하실 때 일어나는 일에 비유될 수 있습니다. 그분은 어떤 형태를 선택하시든 간에, 자신의 가장 신성한 인성을 환시를 통해 보여주십니다. 그분은 지상에 계실 때의 모습이나 부활하신 후의 모습으로 나타나십니다. 그 환시는 번쩍이는 번개처럼 빠르게 지나갑니다. 하지만 이처럼 가장 영광스러운 모습은 상상 속에 깊은 인상을 심어줍니다. 나는 그 영혼이 그분을 영원히 누릴 수 있도록 마침내 그분을 직접 뵐 때까지 절대로 지워질 수 없을 것이라고 믿습니다. 나는 그것을 "모습"이라고 부르지만, 그것이 실제로 그림처럼 보인다고 상상해서는 안 됩니다. 그리스도는 때때로 깊은 비밀을 말씀하시고 계시하시는 살아 있는 사람으로 나타나십니다. 그 영혼이 일정 시간 동안 이런 모습을 볼지라도, 그것을 계속 바라보는 것은 태양을 아주 오랫동안 바라볼 수 없는 것처럼 가능하지 않다는 사실을 이해해야 합니다. 그러므로 이러한 환시는 태양의 눈부심이 우리의 눈을 상하게 하는 것과 같은 방식으로 내면의 눈을 상하게 하지는 않지만, 매우 빠르게 지나가는 것입니다.

3. 이러한 환시에 대한 설명

이런 모습은 내면의 시력으로만 볼 수 있습니다. 하지만 나는 육체적인 출현에 대해서는 아무 말도 할 수 없습니다. 내가 너무 잘 아는 사람은 그런 종류의 경험을 한 번도 해본 적이 없기 때문에 확실하게 설명할 수 없었기 때문입니다. 그러한 환시 가운데 나타나신 분의 광채는 다이아몬드처럼 투명한 베일로 덮인 태양의 광채와 같고, 그분의 옷은 고운 아마포와도 같습니다. 하나님께서 이러한 한시를 허락하신 영혼은 거의 항상 황홀경에 빠지게 됩니다. 본성은 그토록 두려운 광경을 견디기에는 너무 약합니다. 내가 "두려운"이라고 말하는 것은 이런 출현이 사람이 천 년을 살고 그것을 상상하는 데 그 시간을 모두 할애하며 상상할 수 있는 그 어떤 것보다 더 사랑스럽고 즐거운 것이기 때문입니다. 그것은 우리의 제한된 상상과 이해를 훨씬 능가합니다. 하지만 그러한 엄위하신 분의 임재는 영혼에 큰 두려움을 불러일으킵니다.

4. 이러한 환시가 불러일으키는 경외심

그분이 어떤 분이신지, 그리고 그분이 천지의 주재이심을 확신 있게 선언한 사람이 누구인지를 어떻게 알았느냐고 그 영혼에게 물을 필요는 없습니다. 지상의 왕들은 그렇지 않습니다. 우리가 그들의 이름을 듣지 못했거나, 그들의 시종들을 보지 않는 한, 그들은 거의 관심을 끌지 못할 것입니다. 오 주님, 우리 그리스도인들이 당신에 대해 아는 것이 얼마나 적습니까! 당신이 우리의 심판자로 오시는 그 날이 어떤 날이 되겠습니까? 당신이 당신의 배우자에게 친구로 임하실 때, 당신의 모습이 얼마나 큰 경외심을 일으키겠습니까? 그분이 진노하사 "가서 내 아버지께 저주를 받으라"라고 말씀하실 때, 어떻게 되겠습니까? 이런 인상(impression)이 하나님께서 영혼에게 베풀어 주신 은혜의 결과가 되게 하십시오. 그러면 우리는 커다란 유익을 얻게 될 것입니다. 성인이신 성 제롬(St. Jerome)은 마지막 심판에 대한 생각을 항상 염두에 두었습니다. 따라서 우리는 우리 수도회의 엄격한 규칙으로 인해 어떤 고통을 겪든지 상관하지 않을 것입니다. 그런 고통이 지속되는 한, 그 시간은 영원과 비교할 때 한 순간에 불과합니다. 내가 진실로 여러분에게 장담합니다. 나는 지옥의 고통을 결코 두려워한 적이 없습니다. 잃어버린 영혼들이 우리 주님의 아름답고, 온유하며, 사랑에 넘치는 눈길을 보게 되리라는 사실을 기억했을 때, 그런 고통은 나에게 아무것도 아닌 것처럼 보였기 때문입니다. 나는 내 마음이 이런 사실을 감당할 수 없을 것이라고 평생 동안 생각해 왔습니다.

5. 가짜 환시와 진짜 환시

우리 주님께서 영혼이 자신의 감정을 극복하고 무의식에 빠지도록 자신을 계시하신 이러한 환시를 얼마나 더 두려워해야 하겠습니까? 이것이 바로 영혼이 황홀경에 머물러 있는 이유임에 틀림없습니다. 우리 주님께서는 이처럼 연약한 영혼을 강하게 하심으로 하나님과의 숭고한 교제 안에서 당신과 하나가 되게 해주시는 것입니다. 누구든지 우리 주님의 이러한 모습을 오랫동안 관상할 수 있을 때, 나는 그것이 환시가 아니라고 생각합니다. 나는 오히려 그것이 무언가를 본다고 착각하도록 상상력이 만들어내는 압도적인 생각이라고 생각합니다. 그러나 이러한 환시는 위에서 언급한 살아있는 실재에 비하면 죽은 그림에 불과합니다.

6. 착시

서너 명에 그치는 것이 아니라 많은 사람들이 내게 이 주제에 관해 언급했습니다. 나는 경험을 통해 영혼들이 생생한 상상력이나 활동적인 정신 중 하나를 가지고 있음을 알고 있습니다. 또는 내가 알지 못하는 다른 어떤 이유로 자신의 생각에 너무 몰두한 나머지, 자신이 상상하는 것을 보는 것으로 확신하는 경우도 있습니다. 그들이 진정한 환시를 본 적이 있었다면, 틀림없이 그 속임수를 알아차렸을 것입니다. 그들은 자기가 본다고 상상하는 대로 하나하나 조각을 만들어냅니다. 그런 후에 정신에는 아무런 효과도 나타나지 않습니다. 따라서 그 정신은 성스러운 그림을 볼 때 보다 덜 경건해집니다. 기억 속에서 꿈 보다도 더 빨리 지나가는 그런 공상에 주의를 기울이지 말아야 한다는 것은 분명한 사실입니다.

7. 진짜 환시의 결과

지금 다루고 있는 환시에서는 경우가 매우 다릅니다. 이 환시를 경험하는 사람은 무엇을 보겠다는 생각과는 거리가 멉니다. 정신을 초월한다는 개념도 없습니다. 그런데 갑자기 환시가 통째로 드러나서, 영혼의 능력과 감각에 두려움과 혼란을 일으킵니다. 그러다가 영혼은 어느덧 더없이 행복한 평화를 누리게 됩니다. 사도 바울이 땅에 엎드러졌을 때도, 하늘에서 큰 돌풍과 요란한 소리가 뒤따랐습니다. 따라서 내가 말했듯이, 영혼의 내면적 세계에 격렬한 혼란이 일어난 후에 즉각적으로 완전한 평온함이 뒤따르게 됩니다. 한편, 숭고한 진리가 정신에 깊은 인상을 주어. 다른 스승이 필요치 않게 됩니다. 스스로의 노력 없이, 지혜가 이전의 무지를 깨우쳤기 때문입니다.

8. 진짜 환시가 남기는 확신

그 후 얼마 동안 영혼은 이 은혜가 하나님으로부터 온 것이라고 확신하기 때문에, 사람들이 그와 반대되는 말을 하더라도 속는 것을 두려워할 수 없습니다. 나중에, 그녀의 고해 신부가 그녀를 의심할 때, 하나님께서는 잠시 동안 그녀의 믿음이 흔들리,고 불안을 느끼도록 허용하실 수 있습니다. 그러면 그녀는 죄에 대한 형벌로 길을 잃었다고 염려하게 됩니다. 하지만 그녀는 이런 염려에 굴복하지 않습니다(내가 다른 문제에 대해 말했듯이). 그것은 마귀가 믿음을 어지럽히기 위해 유혹하는 것과 같은 방식으로 그녀에게 영향을 미칠 뿐입니다. 그것은 마음을 어지럽힐 수 있지만, 견고한 믿음을 흔들 수는 없습니다. 사실, 공격이 더 심할수록, 그녀는 자신이 받은 것으로 의식하는 큰 유익을 결코 악한 자가 초래할 수 없었을 것이라고 더 확신하게 됩니다. 그가 영혼의 내면에 그런 힘을 행사할 수 없기 때문입니다. 마귀는 거짓된 발현을 보여줄 수는 있지만, 그러한 진실과 위엄과 효과를 초래하지는 못하는 것입니다.

9. 확신은 행함을 낳는다

고해 신부들은 하나님께서 환시를 보여주신 사람이 설명할 수 없는 이러한 효과들을 볼 수 없기 때문에 속임수를 두려워합니다. 거기에는 그럴 만한 이유가 있습니다. 그러므로 주의가 필요합니다. 그리고 어떤 효과가 뒤 따르는 지를 지켜볼 수 있는 시간이 허용되어야 합니다. 날마다 겸손과 덕에 있어서 영혼이 나타내는 진보를 주시해야 합니다. 만일 마귀가 그 문제에 관심을 가지고 있다면, 그는 곧 자신의 표징을 보일 것이고, 천 가지 거짓말속에서 감지될 것입니다. 고해 신부가 경험이 있고 그런 은혜를 스스로 받은 경험이 있다면, 머지 않아 진리를 발견할 수 있을 것입니다. 사실, 그는 환시에 대해 듣자마자 그것이 신적인 것인지, 상상에서 나온 것인지, 악마에게서 온 것인지를 즉시 알아낼 것입니다. 특히 그가 영분

별의 은사를 받았다면—배운다면-그는 그런 일을 개인적으로 경험하지 않았음에도 불구하고, 단 번에 문제를 깨달을 수 있을 것입니다.

10. 고해 신부의 조언을 구해야 한다

가장 중요한 점은 고해 신부에게 철저하게 솔직하고 진솔해야 한다는 것입니다. 내가 말하는 것은 여러분의 죄(충분히 명백하더라도)를 고백하는 것이 아니라 기도에 대해 설명하는 것입니다. 그렇게 하지 않는 한, 나는 여러분의 안전을 보증할 수 없습니다. 그리고 여러분이 하나님의 인도를 받는다는 사실 또한 보증할 수 없습니다. 우리 주님께서는 우리가 그분 자신에게 마땅히 그래야 하는 것처럼 그분을 대리하는 사람들에게도 진실하고 솔직하기를 바라십니다. 우리는 그들이 우리의 생각 뿐 아니라 아무리 하찮은 일이라고 다 알기를 바라야 합니다. 그러면 여러분은 근심하거나 염려할 필요가 없습니다. 여러분이 겸손하고 선한 양심을 지녔다면, 여러분의 환시가 하나님에게서 온 것이 아닐지라도, 여러분에게 해를 끼칠 수 없을 것이기 때문입니다. 마귀가 해를 입히려고 의도한 것은 오히려 여러분에게 유익을 끼칠 것입니다. 하나님께서 여러분에게 그러한 은혜를 베푸신 것으로 믿는다면, 여러분은 그분을 더 기쁘시게 하기 위해 노력할 것입니다. 그리고 그분의 형상을 항상 여러분의 기억 속에 간직하게 될 것입니다.

11. 환시를 다루는 법

한 위대한 신학자는 이렇게 말한 적이 있습니다. "영리한 화가인 마귀가 내 눈앞에 그리스도의 살아 있는 형상을 제시할지라도 나는 속을 썩일 필요가 없다. 그것은 나의 헌신에 불을 붙일 뿐이며, 나는 마귀가 가진 무기로 마귀를 물리칠 것이다." 예술가가 아무리 사악하다 할지라도, 그가 그린 그림이 우리의 유일한 선이 되시는 주님을 표현한다면, 우리는 그 그림을 존경해야 합니다. 이 위대한 학자는 우리 주님의 환시를 본 사람에게 그것을 경멸하라고 충고하는 것은 매우 잘못된 일이라고 주장했습니다. 우리는 우리의 왕의 초상화를 볼 때마다, 그것에 존경심을 나타내야 하기 때문입니다. 나는 그가 옳았다고 확신합니다. 세상에서조차, 자신의 초상화가 멸시를 받을 경우에 기분이 상하는 법이기 때문입니다. 그렇다면, 우리는 십자가나 하늘에 계신 주권자를 묘사하는 그림을 대할 때마다 얼마나 더 크게 존경심을 표해야 하겠습니까? 이런 문제에 대해서는 다른 곳에서도 쓴 적이 있지만, 나는 이런 식으로 행동하라는 명령을 받은 끝에 깊은 고통을 겪은 사람을 알고 있기 때문에, 지금 이렇게 말할 수 있는 기회를 갖게 되어 무척 기쁩니다. 고해 신부의 권고에 복종해야 한다고 생각하는 사람에게 누가 그런 고문을 생각해 낼 수 있었는지 모르겠습니다. 그녀는 고해 신부에게 불순종할 경우에 자신의 영혼이 위험에 처할 것이라고 생각했을 것이기 때문입니다. 내가 충고할 수 있는 것은 그러한 명령을 받을 경우, 내가 제시한 이유를 겸손하게 고해 사제에게 제시하라는 것입니다. 그러면 그런 명령을 수행하지 않아도 될 것입니다. 나는 이런 문제에 관해 나에게 조언한 사람이 그렇게 하도록 동기를 부여해 준 것에 대해 완전히 만족합니다.

12. 그리스도의 얼굴을 보는 효과

우리 주님께서 보여주신 이러한 은혜로 영혼이 얻는 한 가지 큰 이점은 그분이나 그분의 생애와 수난을 생각할 때, 그분의 가장 온유하고 아름다운 얼굴을 기억할 때 가장 큰 위안을 얻는다는 것입니다. 마찬가지로 은인을 만난 후에는 개인적으로 알지 못했을 때보다 더 행복합니다. 나는 이러한 환시로 인한 기쁨을 기억할 때 가장 큰 위안과 도움을 얻을 수 있다고 확신합니다.

13. 환시를 추구하지 말아야 하는 이유

다른 많은 이점들이 이러한 환시의 결과로 이어집니다. 하지만, 이러한 환시가 만들어내는 효과에 대해 다른 곳에서 길게 썼고 나중에 다시 쓸 것이기 때문에, 우리 모두를 지치게 하지 않도록 지금은 더 이상 말하지 않겠습니다. 하지만 여러분에게 진심으로 권면합니다. 하나님께서 다른 사람들에게 이러한 은혜를 베푸신다는 사실을 알거나 듣게 되더라도, 이런 길로 인도해 주시기를 바라지도 말고 기도하지도 마십시오. 이런 은혜가 여러분에게 아주 좋아 보이고, 높이 평가되고 공경을 받아야 하지만, 다음과 같은 몇 가지 이유로 그것을 구해서는 안 됩니다.

첫째로, 받을 자격이 없는 것을 바라는 것은 겸손이 부족한 탓이기 때문입니다. 따라서 이런 은혜를 갈망하는 사람은 정말로 겸손이 부족하다고 생각합니다. 평범한 노동자는 절대로 왕이 되기를 꿈꾸지 않습니다. 도무지 그럴 자격이 없어서, 그것이 불가능한 일인 줄을 알기 때문입니다. 겸손한 사람도 이러한 신적 은혜에 대해 똑같은 느낌을 지니고 있습니다. 나는 하나님께서 그런 사람에게 이러한 은총을 베푸실 것이라고 믿지 않습니다. 그렇게 하시기 전에, 그분은 철저하게 자기를 아는 지식을 주실 것입니다. 그토록 고귀한 열망으로 가득 차 있는 영혼이 주님께서 그 영혼을 지옥에 던져 넣지 않으심으로써 큰 긍휼을 베푸셨다는 진리를 어떻게 깨달을 수 있겠습니까?

14. 두 번째 이유

두 번째 이유는 그런 사람은 속아 넘어가거나 최소한 미혹에 빠질 위험이 매우 크기 때문입니다. 그 입구가 마귀에게 열려 있기 때문입니다. 마귀는 그 입구를 통해 미끄러져 들어가서는 갖가지 농간을 부립니다.

15. 세 번째 이유

셋째로, 사람들이 어떤 것을 간절히 원할 때, 상상력은 그것을 보거나 듣게 만듭니다. 그것은 마치 사람이 하루 종일 어떤 주제에 마음을 둘 때, 밤에 꿈을 꾸는 것과 같습니다.

16. 네 번째 이유

넷째로, 무엇이 자신에게 좋은 지를 모르는 채로 어떤 길을 스스로 선택하는 것은 아주 주제넘은 일일 될 것입니다. 모든 일에 그분의 뜻이 이뤄질 수 있도록 내게 가장 좋은 것이 무엇인지를 아시는 분의 인도하심에 맡겨야 합니다.

17. 다섯 번째 이유

다섯째로, 우리 주님께서 이런 은혜를 베푸시는 사람들이 고난을 적게 받을 것이라고 생각합니까? 그렇지 않습니다! 그들이 받는 시련은 가장 가혹하고, 그 종류도 다양합니다. 그렇다면, 여러분은 자신이 그런 시련을 감당할 수 있는지 어떻게 알 수 있습니까?

18. 여섯 번째 이유

여섯째로, 사울이 왕이 되었을 때처럼, 이득을 보리라고 생각한 것이 손해로 판명될 수도 있습니다. 나를 믿으십시오. 이 외에도 다른 이유들이 있습니다. 우리 자신보다 우리를 더 잘 아시고 우리를 사랑하시는 하나님께서 바라시는 것 만을 원하는 것이 더 안전합니다. 그분의 뜻이 우리 안에서 이루어지도록 우리를 전적으로 그분의 손에 맡깁시다. 굳센 의지로 항상 이런 점에 충실하면 결코 길을 잃는 일이 없을 것입니다.

19. 그 밖의 이유

이런 은혜를 많이 받았기 때문에 더 많은 영광을 받게 될 자격을 갖게 되는 것이 아니라는 사실을 아십시오. 오히려 여러분은 더 많이 받았기 때문에 더 많이 섬겨야 할 의무가 있습니다. 하나님께서는 우리가 더 공로를 세울 수 있는 것을 우리에게서 앗아가지는 않으십니다. 이것이 우리 손에 달려 있기 때문입니다. 그런 은혜를 받는 것이 무엇인지 전혀 몰랐던 성인들이 많이 있습니다. 반면에, 전혀 성인이 아니면서도 그런 은혜를 받은 사람들도 있습니다. 이런 은사가 계속해서 주어질 것이라고 생각하지 마십시오. 그런 은혜를 받은 영혼은 많은 십자가를 지게 됩니다. 따라서 더 많은 은혜를 받으려고 하는 대신에, 그 은혜를 더 잘 사용하기 위해 애를 쓰게 되는 것입니다.

20. 위로보다 더 가치 있는 덕

사실, 그런 은혜는 덕을 가장 완전하게 실천하는 데 가장 큰 도움이 됩니다. 하지만, 자신의 수고를 대가로 덕을 얻는 것이 훨씬 더 큰 공로가 됩니다. 주님께서는 내가 아는 어떤 사람, 실제로 두 사람(한 사람은 남자)에게 이러한 은혜를 주셨습니다. 그들은 이런 큰 위로 없이 자신의 희생으로 주님을 섬기기를 갈망했습니다. 그들은 그분을 위해 고난 받기를 너무나 갈망한 나머지, 이런 은혜를 베풀어 주시기를 간청했습니다. 그들 마음대로 할 수 있었다면, 그런 은혜를 받기를 거절했을 것입니다. 내가 "위로"라고 하는 것은 영혼에 큰 유익이 되고, 높이 평가할 만한 환시를 의미하는 것이 아닙니다. 그것은 하나님께서 관상 중에 주시는 기쁨을 의미합니다.

21. 하나님 만을 섬기기를 갈망하는 뜨거운 영혼

나는 이러한 갈망이 대가를 받고 하나님을 섬기지 않는다는 것을 하나님께 입증하고자 하는 열정적인 영혼들에게 초자연적이며 적절한 것이라고 믿습니다. 내가 앞서 말했듯이, 그런 사람들은 그들이 얻을 영광을 생각하고, 더 열심히 일하라고 스스로를 재촉하지 않고, 온갖 방식으로 사랑하는 분을 만족시키기 위해 노력합니다. 그런 영혼들은 하나님의 더 큰 영광을 위해서라면, 자신이 영영 없어진다 하더라도 그것을 큰 이득으로 여길 것입니다. 불쌍한 피조물과 대화를 나누기 위해 자신을 낮추시며, 자신의 위대하심을 드러내신 그분이 영원히 찬양을 받으시기를 바랍니다! 아멘.

10장

하나님께서 여러 가지 방법으로 영혼에 부여하시는 다양한
은총을 다룬다

1. 이러한 초자연적 은혜를 언급하는 이유

우리 주님께서는 많은 경우, 이러한 환시를 통해 영혼들과 교통
하십니다. 영혼들이 때로 괴로움을 당할 때, 어떤 무거운 십자가를
지려고 할 때, 사랑하는 영혼들과 친밀하게 교제하는 수단으로 환
시를 보여주시는 것입니다. 나는 각각의 경우들을 구체적으로 다룰
필요도 없고, 그렇게 할 생각도 없습니다. 나는 단지 (내가 그것들
에 대해 아는 한) 하나님께서 이런 상태에서 영혼에게 보여주시는
다양한 은혜에 대해 가르치고 싶을 뿐입니다. 그러면 당신은 그런
은혜들의 특성과 그것들이 산출하는 결과를 이해할 수 있게 될 것

입니다. 그렇게 되면 여러분은 헛된 공상을 환시로 착각하지 않을 것입니다. 실제로 환시를 보는 경우에는, 그런 일이 가능하다는 사실을 알기 때문에 불안하거나 놀라지 않을 것입니다. 그것으로 크게 이득을 보는 마귀는 영혼이 고통과 괴로움을 느끼는 것을 보고 기뻐합니다. 이것이 어떻게 그 영혼이 하나님을 사랑하고 섬기지 못하도록 방해가 되는 지를 알기 때문입니다.

2. 지적 환시

주님께서는 영혼과 소통하는 훨씬 더 고귀한 방법들을 가지고 계십니다. 나는 악령들이 그런 방법들을 모방할 수 없기 때문에 덜 위험하다고 생각합니다. 그런 방법들은 설명하기가 더 어렵고 난해합니다. 따라서 상상의 환시는 설명하기가 더 쉽습니다. 하나님께서는 누군가가 기도에 몰두하고 자신의 감각들을 완전히 장악하고 있는 동안, 그 감각들을 정지시키십니다. 그래서 자신이 하나님 안에서 보는 것처럼 보이는 숭고한 신비를 발견하는 것을 기뻐하십니다. 이것은 그리스도의 신성한 인성을 보는 환시가 아닙니다. 그리고 영혼이 아무것도 보지 않기 때문에 영혼이 "본다"라고 말하는 것도 적절하지 않습니다. 이것은 상상의 환시가 아니라 고도로 지적인 환시입니다. 그 안에서는 만물이 하나님 안에서 어떻게 보이고, 하나님께서 만물을 자신 안에 어떻게 담고 계시는지가 드러나는 것입니다. 그것은 매우 가치가 있습니다. 한 순간에 지나가지만, 기억

속에 깊이 새겨 지기 때문입니다. 그것은 정신 안에 큰 수치심을 초래합니다. 우리가 그분 안에 거하기 때문에 이렇게 가장 가증한 죄가 그분의 존재 안에서 저질러 지기 때문입니다. 따라서 하나님 께 지은 죄를 더 분명히 인식하게 되는 것입니다. 나는 이러한 진리를 비유를 들어 설명하고자 합니다. 그 진리가 분명하고 자주 그 것에 대해 들음에도 불구하고, 우리가 그것에 관해 전혀 생각하지 않거나 이해하기를 바라지도 않기 때문입니다. 만일 우리가 그것을 깨달았다면, 그렇게 뻔뻔하게 행동할 수 없었을 것입니다.

3. 하나님이 자신의 피조물이 거하는 궁궐에 비유된다

하나님을 아주 넓고 웅장한 저택이나 궁전에 비유하고, 이 건물이 하나님 자신임을 기억합시다. 죄인이 죄를 범하기 위해 그 궁전에서 물러날 수 있겠습니까? 아닙니다. 바로 이 궁전 안에서, 즉 하나님 자신 안에서 죄인들이 모든 가증하고, 더럽고, 악한 일을 행하고 있기 때문입니다. 오, 생각만 해도 끔찍합니다. 하지만 곰곰이 생각해 볼 가치가 있습니다! 이런 진리를 거의 알지 못하고, 부분적으로 이해하는 우리에게 그것이 무슨 유익이 있겠습니까? 또는 어떻게 감히 무모할 수 있겠습니까? 우리를 당장 지옥에 떨어뜨리지 않으신 하나님의 무한한 자비와 인내를 묵상하고, 감사하는 마음을 하나님께 드립시다. 우리는 세상의 찌꺼기 같은 우리를 대적하는 말이나 행동에 대해서 분개하는 것을 수치스럽게 여겨야 합니다. 창조주 하나님의 존재 안에서, 그분의 피조물인 우리가 하나님께 분노하는 것을 부끄러워해야 합니다. 하지만 우리는 어쩌면 아무런 악의 없이, 우리가 없는 자리에서 우리를 비방하는 말을 들을 때 상처를 입습니다.

4. 용서받은 것처럼 용서하라

오 비참한 인간이여! 우리는 언제 하나님을 본받을 수 있습니까? 우리가 참을성 있게 고난을 당한다고 해서 위대한 일을 하고 있다고 생각하지 맙시다. 오히려 기꺼이 그런 고난을 감당하도록 합시다. 원수를 사랑합시다. 위대하신 하나님께서는 우리의 많은 죄에도 불구하고 우리를 사랑하기를 그치지 아니하셨기 때문입니다. 이것이야 말로 모든 사람이 자신에게 피해를 입힌 사람을 용서해야 하는 주된 이유입니다. 이러한 환시는 매우 빨리 지나갑니다. 하지만, 주님께서는 그런 환시를 받은 사람이 계속 그것을 염두에 두고 유익을 얻으려 할 경우, 그 은혜를 베풀어 주실 것입니다.

5. 그 환시는 하나님이 진리 자체이심을 보여준다

이러한 환시는 지속되는 시간이 짧습니다. 하지만 하나님께서는 피조물 안에 있는 모든 진리를 모호하게 보이게 하는 진실성이 자신 안에 있다는 사실을 묘사할 수 없는 방식으로 드러내십니다. 그분은 자신만이 거짓말을 하실 수 없는 진리시라는 사실을 영혼에게 확신시키십니다. 이것은 시편에서 다윗이 "모든 사람이 거짓말쟁이"라고 한 말의 의미를 입증해 줍니다. 이것은 아무리 자주 하나님은 오류가 없는 진리가 되신다는 말을 듣는다 하더라도, 다른 어떤 방법으로 실현될 수 없는 일입니다. 나는 빌라도가 우리 주님의 수난 중에 "진리가 무엇인가"라는 자신의 질문에 대답하라고 요구했던 사실을 기억하면서, 죽을 수밖에 없는 인간이 그토록 숭고한 진실성에 대해 아는 것이 얼마나 적은 지를 깨달았습니다.

6. 우리는 진실함으로 하나님을 본받아야 한다

이것을 더 잘 설명하고 싶지만, 그렇게 할 수가 없습니다. 우리의 하나님이자 신랑이신 분을 조금이라도 닮으려면, 항상 진리 안에서 행하기를 힘써야 한다는 사실을 배우도록 합시다. 이것은 단지 하나님께 거짓으로 감사를 표현해서는 안 된다는 의미가 아닙니다. 나는 여러분이 이 수녀원에서 어떤 이유가 있더라도, 그렇게 하지 않도록 조심하고 있다는 사실을 알고 있습니다. 하지만 나는 가능한 한, 우리가 하나님과 이웃에게 진실하기를 바랍니다. 무엇 보다도, 우리는 사람들이 우리를 실제 이상으로 생각해 주기를 바라지 말아야 합니다. 우리는 모든 행위에서 하나님의 것을 하나님께 돌리고, 우리의 것을 우리 자신에게 돌리며, 모든 일에 진실함을 구해야 합니다. 따라서 우리는 속임수와 거짓에 불과하여 영원히 지속될 수 없는 이 세상에 신경을 쓰지 말아야 할 것입니다. 한번은 우리 주님께서 겸손의 덕을 그토록 사랑하시는 이유가 무엇인지를 궁금해하다가 갑자기 생각이 떠올랐습니다. 그것은 하나님이 최고의 진리이시며, 겸손이 곧 진리이기 때문입니다. 우리 자신에게는 선한 것이 아무것도 없습니다. 오직 불행과 공허함이 있을 뿐입니다. 이것을 무시하는 사람은 거짓된 삶을 삽니다. 이런 사실을 가장 깊이 깨닫는 사람은 진리 안에서 행하기 때문에 최고의 진리가 되시는 하나님을 가장 기쁘시게 합니다. 하나님께서 이러한 자기를 아는 지식을 결코 잃지 않는 은혜를 내리시기를 바랍니다! 아멘.

7. 하나님이 이런 진리를 계시하는 이유

우리 주님께서는 영혼에게 이러한 은혜들을 보여 주십니다. 그녀는 이제 모든 일에 그분의 뜻을 행하기로 결심한 그분의 신부이기 때문입니다. 그러므로 그분은 그녀에게 그 뜻을 성취하는 방법을 알려주시고, 그분의 신적인 속성 중 일부를 그녀에게 나타내기를 원하십니다. 나는 그것에 대해 더 이상 말할 필요가 없습니다. 하지만 위에서 언급한 두 가지 사항이 매우 유용할 것이라고 믿습니다. 이런 은혜는 두려움을 불러일으키지 않습니다. 오히려 이런 은혜를 베푸신 하나님을 찬양하도록 인도해야 합니다. 나는 마귀도, 우리 자신의 상상도 그 은혜를 부여할 수 없다고 생각합니다. 따라서 영혼은 완전한 평화를 누릴 수 있습니다.

11장

생명을 위험에 빠뜨릴 정도로 격렬하고도 간절한 갈망으로 하나님을 뵙고자 하는 영혼을 하나님께서 어떻게 고무시키는 지를 다룬다.

1. 은혜는 하나님을 향한 영혼의 갈망을 증가시킨다

신랑이 그 영혼에 부여한 이 모든 은혜들이 이 작은 비둘기나 나비(내가 그녀를 잊지 않았다는 사실을 알 수 있습니다!)를 만족시켜, 자기가 죽을 곳에서 정착하고 쉴 수 있게 하기에 충분합니까? 그렇지 않습니다. 그녀의 상태는 그 어느 때보다 불쌍합니다. 그녀는 지난 몇 년 동안 이런 은혜를 받아왔지만, 그럴 때마다 그녀의 고통이 더해지기 때문에 여전히 한숨을 쉬며 울고 있습니다. 그녀는 자신이 여전히 하나님으로부터 멀리 떨어져 있음을 알고 있습니다.

하지만 그녀는 그분의 속성에 대한 지식이 늘어남에 따라, 사랑을 받기에 합당하신 이 위대하신 하나님이자 주권자에 대한 사랑과 갈망이 더 강해집니다. 그녀는 해가 갈수록 그분을 갈망하는 마음이 점점 더 강해짐에 따라, 내가 설명하고자 하는 쓰라린 고통을 경험합니다. "해가 갈수록"이라고 말하는 이유는 내가 언급한 사람에게 일어난 일을 언급하고 있기 때문입니다. 하지만 하나님께는 시간의 제한이 없으시며, 한 순간에 영혼을 내가 묘사한 가장 숭고한 상태로 일으키실 수 있다는 사실을 나는 잘 알고 있습니다. 주님께서는 자신이 원하시는 모든 것을 행하실 수 있는 권능을 갖고 계십니다. 그리고 우리를 위해 많은 일을 행하기를 원하십니다. 우리의 격렬한 사랑에서 나오는 것처럼 보이는 이러한 갈망과 눈물, 한숨, 그리고 격렬하고 성급한 욕망과 강한 감정은 아직 내가 묘사하고자 하는 것에 비하면 아무것도 아닙니다. 그것은 고통스럽지만 참을 수 있는 타오르는 불, 그 뜨거운 열기에 불과한 것처럼 보입니다.

2. 사랑의 화살

이와 같이 영혼이 사랑으로 불타오르는 동안, 어떻게 죽음이 지체되고 있는 지에 관한 지나가는 생각이나 말이 마음에 불화살 같은 일격을 가하는 일이 종종 일어납니다. 영혼은 그것이 어떻게, 어디에서 오는 지를 알지 못합니다. 나는 이것을 실제로 "화살"이라고 말하는 것은 아니지만, 그것이 무엇이 되었든 우리의 존재의 어떤 부분에서 나온 것이 아님은 분명합니다. 그것을 "일격"이라고 부르지만 실제로는 타격이 아닙니다. 하지만 그것은 심한 상처를 입힙니다. 내 생각에, 그것은 육체적인 고통을 겪는 우리 본성의 일부가 아니라 영혼의 가장 깊숙한 곳을 아프게 합니다. 즉 그곳은 이 세상에 속한 우리 본성의 모든 부분을 벼락이 빠른 속도로 가루로 만드는 곳입니다. 그런 일이 일어날 때, 우리는 우리 자신의 존재조차 기억할 수 없습니다. 한 순간에 영혼의 기능들이 속박되어, 고통을 더하게 하는 것 외에는 아무것도 할 수 없기 때문입니다. 내가 과장한다고 생각하지 마십시오. 나는 너무 부족해서 일어난 일을 설명할 수 없습니다.

3. 영적인 고통이 초래된다

이러한 황홀경은 고뇌를 더욱 강렬하게 만드는 데 도움이 되는 것을 제외하고는 감각과 기능들을 마비시킵니다. 이해력은 하나님과 주님으로부터 분리되는 것이 슬픔을 초래하는 이유가 무엇인지를 예리하게 깨닫고 있습니다. 이것은 고통을 겪는 사람이 아무리 참을성이 있고 고통에 익숙해져 있어도 억누를 수 없는 큰 울음 소리를 내게 할 정도로 고통을 증가시킵니다. 이러한 고통은 육체적인 것이 아니라 영혼의 가장 깊은 곳을 공격하기 때문입니다. 내가 언급하는 사람은 이런 사실을 통해 영혼이 육체보다 얼마나 더 예리하게 고통을 느낄 수 있는지를 배웠습니다. 그녀는 이것이 연옥에 있는 사람들이 육체가 없어도 우리가 이 세상에서 느낄 수 있는 것보다 훨씬 더 심한 고통을 막을 수 없다는 사실을 이해했습니다.

4. 이러한 황홀경이 육체에 끼치는 영향

나는 어떤 사람이 이런 상태에 있는 것을 보았는데, 정말로 죽었을 지도 모른다고 생각했습니다. 이런 상태에서는 죽을 위험이 크다고 해도 놀랄 일은 아닐 것입니다. 지속되는 시간은 짧지만, 사지가 뒤틀리고 마치 영혼이 막 떠나려는 듯이 맥박이 희미합니다. 자연스러운 열이 식는 반면에 초자연적인 열로 몸은 타오릅니다. 그열은 하나님께서 죽음을 갈망하는 영혼을 만족시키실 수 있을 만큼만 약하게 증가됩니다. 내가 말했듯이, 모든 관절이 뒤틀려서, 그후 이 삼일 동안은 고통이 너무 심해 펜을 잡을 힘조차 없어집니다. 하지만 그 순간에는 몸에 통증이 느껴지지 않습니다. 나는 그 결과로 건강이 영구적으로 약해진다고 믿습니다. 당시에는 이렇게 느껴지지 않았습니다. 아마도 영적 고통이 훨씬 더 심해서 육체적 고통을 느끼지 못했기 때문일 것입니다. 내가 경험으로 알고 있는 것처럼, 한 부분에 매우 심한 통증이 있을 때 다른 부분의 경미한 통증은 거의 감지되지 않습니다. 이런 은혜를 받는 동안 크든 작든 육체적인 고통은 없으며, 나는 그 사람이 몸이 산산조각이 나더라도 그것을 느끼지 못할 것이라고 생각합니다.

5. 하나님을 향한 갈망이 주는 고통

어쩌면 여러분은 이것이 불완전하다고 말할 지도 모르겠습니다. 그녀가 그토록 자신을 하나님의 뜻에 완전히 굴복시켰다면, 하나님의 뜻을 따르지 않는 이유가 무엇이냐고 물을 것입니다. 지금까지 그녀는 그렇게 할 수 있었으며, 그녀의 삶을 그 뜻에 바쳤습니다. 하지만 이제 그녀는 이성이 축소되어서 더 이상 자신의 주인이 아닙니다. 또한 그녀는 자신의 고통을 증가시키는 경향이 있는 것 외에는 아무것도 생각할 수 없습니다. 그녀가 그녀의 유일한 선이신 분과 떨어져 살기를 추구해야 하는 이유가 무엇입니까? 그녀는 지상의 어떤 피조물에서도 만족을 얻을 수 없기에 이상한 외로움을 느낀다고 믿습니다. 나는 그녀가 천국에 사는 사람들에게도 만족을 느낄 수 없었다고 믿습니다. 그들 역시 그녀가 사랑하는 분이 아니기 때문입니다. 한편 일체의 교제는 그녀에게 고문과도 같습니다. 그녀는 공중에 매달린 사람과 같아서 땅에 닿지도 못하고, 하늘에 올라갈 수도 없습니다. 그녀는 갈증으로 바짝 마른 상태인 데도 물에 닿을 수 없습니다. 이것은 견딜 수 있는 갈증이 아니라, 우리 주님께서 사마리아 여자에게 말씀하신 갈증입니다. 그 갈증은 그 물이 없이는 해결되지도 않고, 해결될 수도 없습니다. 하지만 그 물이 그녀에게 주어지지를 않는 것입니다.

6. 연옥의 고통

오 주님, 당신은 당신을 사랑하는 사람을 어떤 상태로 인도하시는 것입니까! 하지만 이러한 고난은 주님께서 그들에게 주실 상급에 비하면 아무것도 아닙니다. 큰 재물을 비싼 값을 주고 사야 한다는 것은 옳은 일입니다. 더욱이 그녀의 고통은 그녀의 영혼을 정화하여 일곱 번째 방에 들어갈 수 있게 해줍니다. 그것은 마치 연옥이 천국에 들어갈 영혼을 정화하는 것과 같습니다. 그렇다면, 이러한 시련은 바닷물에 비하면 한 방울의 물처럼 보일 것입니다. 지상의 어떤 십자가도 이런 고통과 슬픔을 능가할 수 없다고 생각하지만(육체적, 정신적 고통을 모두 겪은 그녀가 이렇게 말했습니다), 그들이 받을 상급에 비하면 아무것도 아닌 것처럼 보였습니다. 그 영혼은 그처럼 측량할 수 없는 가치가 있는 고뇌를 받을 만한 자격이 없음을 깨닫습니다. 이런 확신은 비록 안도감을 주지는 못하지만, 고난을 당하는 사람이 기꺼이 담당할 수 있게 해줍니다. 하나님께서 원하신다면, 일생 동안이라도 말입니다. 하나님께서 원하신다면, 자신의 시련을 평생 동안 견딜 수 있게 해줍니다. 하지만 이것은 단번에 죽는 대신에 살아 있는 죽음일 것입니다. 하지만 이것은 단번에 죽는 것이 아니라 살아 있는 죽음에 불과할 것입니다. 진정으로, 그것은 죽음과 다름없기 때문입니다.

7. 지옥의 고통

지옥에 있는 사람들에게 하나님의 뜻에 복종할 마음이 얼마나 부족한 지를 기억합시다. 그들에게는 하나님의 뜻에 복종하는 영혼에게 주어지는 체념과 위로, 그리고 그런 고통이 유익하다는 사실을 아는데 따르는 위안 역시 부족합니다. 저주받은 사람들은 끊임없이 점점 더(점점 더라는 말은 우발적인 고통에 관한 것입니다) 고통을 당하게 될 것이기 때문입니다. 영혼은 육체보다 훨씬 더 예민하게 느낍니다. 내가 방금 묘사한 고통은 잃어버린 사람들이 견디는 고통에 비교하면 비교할 수 없을 정도로 덜 가혹합니다. 그들은 또한 자기들의 고통이 영원히 지속되리라는 사실을 알고 있습니다. 그렇다면 이런 비참한 영혼들은 어떻게 됩니까? 그것이 그토록 끔찍하고 끝없는 고통에서 해방될 수 있다는 사실을 생각할 때, 우리의 짧은 생에 중에 우리가 하지 못하고 참지 못할 일이 어디 있겠습니까? 단언하건대, 여러분이 직접 경험하지 않는 한, 영적 고통이 얼마나 격심한지, 육체적 고통과 얼마나 다른 지를 깨닫는 것은 불가능한 일입니다. 우리 주님께서는 우리가 이것을 이해하기를 바라십니다. 그래서 그분이 그분의 자비로 우리를 죄에서 해방되고 용서받을 수 있는 상태로 부르신 것에 대해 우리가 얼마나 감사해야 하는지를 깨닫기를 바라시는 것입니다.

8. 하나님을 향한 테레사의 고통스러운 갈망

그토록 잔혹한 고통 속에 남겨진 영혼으로 돌아가봅시다. 이러한 고뇌는 그 격렬함이 오래 지속되지 않습니다. 그것이 오래 지속된다면, 기적이 아닌 이상 우리의 연약한 본성은 그것을 배겨낼 수 없습니다. 어떤 경우에는, 불과 15분 밖에 지나지 않았는 데도 고통의 당사자가 완전히 지쳐버렸습니다. 실제로 그 고통이 너무 심한 나머지, 그녀는 완전히 의식을 잃었습니다. 이것은 그녀가 인생이 끝이 없는 것처럼 보인다는 의미의 말을 예기치 않게 들었을 때 일어났습니다. 그 때 그녀는 부활절의 마지막 날, 자매들과 대화를 나누고 있었습니다. 그녀는 너무나 극심한 메마름을 겪은 나머지 부활절 내내 무엇을 축하하고 있는 지를 거의 깨닫지 못할 정도였습니다.

9. 저항할 수 없는 이런 고통

이런 고통에 저항하는 것은 불가능한 일입니다. 그것은 우리가 불 속에 던져질 경우, 우리를 태우기에 충분한 열을 가지고 있는 불꽃을 막는 것과 같을 것입니다. 이런 느낌은 감춰질 수 없습니다. 주위에 있는 모든 사람은 그 사람의 내부에 어떤 일이 일어나고 있는 지를 볼 수 없지만, 그 사람이 위험한 상태에 처해 있음을 알아차립니다. 물론 그녀는 친구들이 가까이 있다는 사실을 알고 있지만, 그들과 세상의 모든 것은 그녀에게 그림자에 불과합니다. 여러분이 이런 상태에 처할 경우, 여러분의 나약함과 인간적 본성이 여러분에게 도움이 될 수 있도록, 나는 여러분에게 이런 이야기를 들려주고 싶습니다. 어떤 영혼은 죽음에 대한 갈망으로 죽어가고 있는 것처럼 보일 때가 있습니다. 그런 갈망에 짓눌린 영혼은 너무 슬퍼하는 나머지, 막 육신을 떠나려는 것처럼 보입니다. 하지만, 그녀의 정신은 그런 생각에 겁에 질려 죽음에 이르지 않으려고 고통을 가라 앉히려고 합니다. 이러한 두려움은 분명히 인간의 허약함에서 비롯됩니다. 그 동안에, 죽음에 대한 영혼의 갈망은 줄어들지 않고, 그 슬픔은 하나님께서 위로하실 때까지, 진정되거나 가라앉을 수 없기 때문입니다. 하나님께서는 대개는 깊은 황홀경이나 어떤 환시를 통해서 그렇게 하십니다. 참된 위로자가 되시는 그분은 이렇게 하시는 가운데, 그 영혼에게 위로와 힘을 주셔서 당신의 뜻대로만 살고자 다짐하게 만드시는 것입니다.

10. 사랑의 화살에 맞은 효과

이런 은혜는 큰 고통을 수반하지만, 영혼 안에 가장 고귀한 은혜를 남깁니다. 그 영혼은 앞으로 만날 십자가에 대한 온갖 두려움을 잃게 됩니다. 이제까지 겪은 격심한 고뇌와 비교할 때, 다른 모든 것은 아무것도 아닌 것처럼 보이기 때문입니다. 고통을 당하는 사람은 자신이 얻은 것을 보고, 똑 같은 고통을 몇 번이고 기쁘게 견

며냅니다. 하지만 이런 문제에서 자신을 돕기 위해서는 아무것도 할 수 없습니다. 저항도 도피도 불가능할 때, 하나님께서 결정하시기 전까지는 그런 상태에 다시 도달할 수 있는 방법이 없습니다. 그런 사람의 정신은 그런 고통 중에는 어떤 것도 도움이 되지 않는다는 사실을 이전 보다 훨씬 더 깊게 느낍니다. 그리고 창조주 외에는 그 누구도 위로와 힘을 줄 수 없다는 사실을 배웠기 때문에, 피조물에 대한 애착에서 더 멀어집니다. 그리고 하나님께서는 위로뿐 아니라 벌을 주실 수 있다는 사실을 알기 때문에, 그 사람은 그분께 죄를 짓지 않으려고 더 노심초사하게 됩니다.

11. 두 가지 영적 위험

이러한 영적 상태에서는 두 가지가 생명을 위태롭게 하는 것처럼 보입니다. 하나는 내가 방금 언급한 고통입니다. 그것은 정말로 위험한 것이며, 결코 사소한 것이 아닙니다. 다른 하나는 과도한 기쁨과 즐거움으로 너무나 기쁜 나머지, 기진맥진한 영혼이 당장이라도 육체 밖으로 나갈 것처럼 보이는 것입니다. 그것은 큰 기쁨을 초래했을 것입니다.

12. 용기가 필요하면 하나님께서 주신다

여러분은 이런 은혜를 받으려면 용기가 필요하다고 한 말에 분명한 이유가 있다는 사실을 이제 알게 되었을 것입니다. 그리고 이런 은혜를 주님께 청할 때, 주님께서는 세베대의 아들들에게 대답하신 것처럼 "내가 마시려는 잔을 너희가 마실 수 있느냐" (누가복음 20:22)라고 말씀하실 것입니다. 나는 우리 모두가 "그렇습니다, 마시겠습니다"라고 대답해야 한다고 믿습니다. 하나님께서는 용기가 필요하다 싶은 사람들에게 용기를 주십니다. 그분은 언제나 이런 영혼들을 지켜 주시며, 그들이 박해와 비방을 당할 때, 과거에 막달라 마리아를 위하여 그렇게 하셨듯이 (누가복음 7:44 참조), 말로는 아니더라도 최소한 행동으로 대답해 주십니다. 결국 그들이 죽기 전에 받은 모든 고통을 보상해 주시는 것입니다. 이에 대해서는 앞으로 알게 될 것입니다. 주님께서 영원히 찬양을 받으시고, 모든 피조물이 그분을 찬양하게 하소서. 아멘.

일곱 번째 방

1장

일곱 번째 방에 들어간 영혼들에게 하나님께서 베푸시는
지고한 은혜를 다룬다. 영과 영혼이 하나임에도 불구하고,
테레사가 둘 사이에 존재한다고 믿는 차이점을 설명한다.

1. 이러한 방들의 지고한 신비

이러한 영적 여행에 대해 너무나 많이 언급한 나머지, 더 이상
추가할 것이 남아 있지 않을 것이라고 생각할 수도 있을 것입니다.
하지만, 그것은 큰 실수가 될 것입니다. 하나님의 광대하심에는 한
계가 없으며, 그분의 역사하심에도 끝이 없습니다. 그분의 자비와
위대하심을 누가 다 이야기할 수 있겠습니까? 그것은 불가능한 일
입니다. 그러므로 내가 기록하는 것은 하나님에 관해 아직 언급되
지 않은 내용의 하찮은 일부에 불과할 뿐이라는 사실에 놀라지 마
십시오. 그분은 이러한 신비를 우리에게 이야기해 줄 수 있는 한
사람에게 그 신비를 알리시는 자비를 베풀어 주셨습니다. 그분이

피조물과 함께 나누시는 교제에 대해 더 많이 배울수록, 우리가 그분을 더욱 열렬히 찬양하고, 그분이 그토록 기뻐하시는 영혼을 더욱 높이 평가해야 하기 때문입니다.

우리는 각자 영혼을 소유하고 있지만, 하나님의 형상대로 만들어진 그 영혼의 가치를 깨닫지 못합니다. 따라서 그 영혼이 담고 있는 중요한 비밀을 이해하지 못하는 것입니다. 하나님께서 나의 펜을 기쁘게 인도해 주시고, 가르쳐 주시기를 바랍니다. 그래서 그분이 그 방으로 인도하시는 사람들에게 계시하고자 하는 많은 내용 중에서 어느 정도라도 언급할 수 있기를 바랍니다. 나는 그분에게 나를 도와주시도록 간청했습니다. 나의 목적이 그분의 이름이 찬양과 영광을 받으실 수 있도록 그분의 자비를 드러내는 것임을 아시기 때문입니다. 나는 그분이 나를 위해서는 아니더라도, 적어도 여러분을 위해서 이런 은혜를 베풀어 주시기를 바랍니다. 그래서 여러분이 여러분의 영혼과 신랑의 영적 결혼에 이르는 길에 아무런 장애물을 놓지 않는 것이 얼마나 중요한 일이지를 발견하기를 바라는 것입니다. 여러분이 곧 배우게 될 것처럼, 그 결혼은 너무나 큰 축복을 초래하기 때문입니다.

2. 그런 주제들을 다루는데 당황한 테레사

오 위대하신 하나님! 나처럼 비참한 피조물은 내가 이해할 자격이 있는 모든 것을 초월하는 그런 주제에 대해 언급할 생각을 할 때, 저절로 몸이 떨리게 됩니다. 참으로 나는 당황함을 느꼈습니다. 정말이지 나는 사람들이 내가 개인적인 경험을 이야기하고 있다고 상상하지 않도록, 이 방에 대한 글을 몇 마디로 끝내는 것이 더 좋지 않을까 하는 의구심이 들었습니다. 나는 내가 어떤 존재인지 알기 때문에, 이것이 두려운 일이라는 생각에 부끄러움으로 어쩔 줄을 몰랐습니다. 반면에 이러한 두려움은 유혹과 연약함으로 여겨졌습니다. 내가 오해를 받는다 해도, 하나님께서 조금이라도 더 찬양을 받으시고 알려 지신다면, 온 세상이 나를 욕해도 상관없습니다. 게다가 나는 이 책이 세상에 나오기도 전에 죽을지도 모릅니다. 지금도 살아 계시고 영원히 사실 분을 찬양합니다!

3. 우리 주님께서 자신의 신부를 자신이 거하시는 방으로 안내하다

우리 주님께서는 자신이 영적으로 당신의 신부로 삼으신 이러한 영혼이 당신을 갈망하면서 견뎌온 과거와 현재의 고통을 측은히 여기셔서, 천상의 결혼을 마무리 지으시기 전에 그녀를 이 방으로 데리고 오십니다. 이것이 일곱 번째 방입니다. 하나님께서는 하늘에 거처를 가지시는 것처럼, 영혼 안에도 거처를 가지십니다. 그분 만이 영혼 안에 거할 수 있으시며, 그래서 그것은 둘째 하늘이라고 부를 수 있습니다.

4. 죽을 죄에 빠진 영혼의 어두움

자매 여러분, 영혼이 어둠 속에 있다고 상상하지 않는 것이 중요합니다. 우리는 외부에만 빛이 있다고 믿는데 익숙한 나머지, 영혼이 모호함에 싸여 있다고 상상합니다. 이것은 은혜의 상태에서 벗어난 영혼의 경우입니다. 하지만 그것은 영혼 안에 남아 있고 영혼에게 존재를 부여하시는 정의의 태양이 그 할 일을 미루셔서 그런 것이 아니라, 영혼 자체에 빛을 받을 만한 능력이 없기 때문입니다. 나는 첫 번째 방을 언급하는 중에 그런 사실을 언급했다고 생각합니다. 어떤 사람에게는 그런 불행한 영혼들이 말하자면, 손발이 묶인 채로 암울한 지하 감옥에 갇혀 있는 것이라는 사실을 이해할 만한 능력이 부여되었습니다. 그런 영혼들은 칭찬할 말한 일을 전혀 할 수 없습니다. 그런 영혼들은 장님인 동시에 벙어리입니다. 우리는 우리도 한때는 같은 상태였다는 사실과 하나님께서 그런 사람들에게도 자비를 베푸실 수 있다는 사실을 생각하고 그들을 불쌍히 여겨야 합니다.

5. 죄인들을 위한 중보 기도

자매들이여, 그들을 위해 각별히 마음을 다해 간구하고, 절대로 그렇게 하기를 소홀히 하지 맙시다. 대죄에 빠진 영혼을 위해 기도

하는 것은 훨씬 더 유익한 형태의 자선입니다. 그것은 등 뒤로 손이 단단히 묶인 채로 기둥에 묶여 굶어 죽어가고 있는 그리스도인을 돕는 것보다 훨씬 더 유익한 자선인 것입니다. 그 사람은 먹을 것이 없는 것이 아니라 옆에 진수성찬이 차려져 있는데도, 그 음식을 입에까지 옮길 수가 없습니다. 그는 극도로 지쳐서 죽을 지경에 이르렀으며, 그것은 일시적인 죽음이 아니라 영원한 죽음입니다. 우리가 그를 보고 서 있으면서도 먹을 것을 주지 않는다면, 그것은 지극히 잔인한 일이 되지 않겠습니까? 여러분의 기도로 그의 결박을 풀 수 있다면 어떻겠습니까? 이제 이해가 갔을 것이라고 생각합니다.

6. 내면의 세계인 영혼

하나님의 사랑으로, 여러분의 기도 중에 그런 경우에 처한 영혼들을 끊임없이 기억하기를 간청합니다. 우리는 지금 그런 사람들이 아니라, 하나님의 자비로 자기 죄를 참회하고 은혜의 상태에 있는 다른 사람들을 언급하고 있습니다. 여러분은 영혼을 하찮고 사소한 것으로 생각해서는 안 됩니다. 오히려 여러분이 살펴온 수많은 아름다운 방들을 포함하는 내면의 세계로 생각해야 합니다. 영혼의 중심에는 하나님 자신을 위해 예비된 방이 있기 때문입니다.

7. 영적 결혼

하나님께서는 이렇게 신성한 결혼의 은혜를 영혼에 베풀어 주시기로 작정하실 때, 그 영혼을 자신이 거하시는 방으로 인도하십니다. 그분은 여기에서 그 영혼을 이전처럼 다루지 않으십니다. 그분은 그 영혼을 황홀경에 빠지게 하실 때, 합일의 기도 중에 그렇게 하시는 것처럼, 그 영혼을 자신과 연합하신다고 믿습니다. 하지만 영혼의 합일이 일어난 경우에는 영혼의 우월한 부분만 영향을 받았습니다. 그리고 그 영혼은 이 방 안에서 그런 것처럼, 자신의 중심 안으로 들어가도록 부름을 받았다고 느끼지 않습니다. 여기에서는 그것이 어떤 방식으로 일어나든지 별로 문제가 되지 않습니다.

8. 이전의 은혜는 영적 결혼과 다르다

이전의 은혜에서, 우리 주님께서는 영을 자신과 연합하시고, 회심한 후의 사도 바울처럼 장님과 벙어리가 되게 하십니다. 그래서 영혼이 이러한 은혜를 언제 또는 어떻게 누리는 지를 알 수 없게 하시는 것입니다. 영혼의 지고한 기쁨은 하나님께 가까이 있음을 깨닫는 것이기 때문입니다. 신적 합일이 실제로 일어나는 순간, 영혼은 아무것도 느끼지 않으며, 모든 기력이 완전히 상실됩니다. 하지만 이제 그분은 다르게 역사하십니다. 긍휼이 풍성하신 우리 하나님께서는 영혼의 눈에서 비늘을 제거하셔서, 지적 환시를 통하여 생소하고 놀라운 방식으로 받은 은혜를 보게 하시고, 어느 정도 이해하게 하십니다.

9. 영혼에 계시된 복된 삼위일체

지극히 복되신 삼위일체의 세 위격은 어떤 신비한 진리를 표명하심으로써 스스로를 계시하십니다. 그리고 그에 앞서 가장 눈부신 구름 같은 빛이 영을 비추는 일이 일어납니다. 세 위격은 서로 구별됩니다. 지고한 지식이 영혼에 주입되어, 세 위격이 하나의 본질과 능력과 지식이시며, 한 하나님이시라는 진리에 대한 확신을 심어줍니다. 따라서 영혼은 우리가 신앙의 교리로 받아들이는 것을 이제는 말하자면, 시각을 통해 이해하게 됩니다. 이것은 상상의 환시가 아니므로 육신이나 영혼의 눈으로 보는 것은 아닙니다. 여기서 세 위격 모두가 그 영혼과 소통하시고, 말씀하시며, 복음에 있는 우리 주님의 말씀을 이해할 수 있게 해 주십니다. 그분과 성부와 성령이 임하셔 그분을 사랑하고 그분의 계명들을 지키는 영혼과 함께 거하실 것입니다.

10. 삼위일체 하나님은 영혼 안에 존재하신다

오 나의 하나님, 이런 말씀을 듣고 믿는 것과 이런 식으로 그 말씀의 진리를 깨닫는 것이 얼마나 다른지요! 복되신 삼위일체의 세 위격이 결코 떠나지 않는 것처럼 보이기 때문에, 날마다 점점 더 큰 놀라움이 이 영혼을 사로잡습니다. 그 영혼은 내가 묘사한 방식 대로 그분들이 자신의 중심 깊은 곳에 거하신다는 사실을 확실하게 보기 때문입니다. 배움이 부족하여 어떻게 그런 지는 설명할 수 없지만, 그 영혼은 이처럼 신성한 동반자들이 내주하신다는 사실을 의식하고 있습니다.

11. 그 효과들

여러분은 그런 사람이 제정신이 아니고, 그녀의 정신이 너무 황홀한 상태에 빠진 나머지, 다른 것에 신경을 쓸 겨를이 없다고 생각할 수 있습니다. 오히려 그녀는 하나님을 섬기는 면에서 모든 일에 이전보다 훨씬 더 적극적이며, 여가 시간에 이러한 복된 교제를 즐깁니다. 나는 그분이 그녀가 먼저 하나님을 버리지 않는 한, 자신의 임재를 계속 인식할 수 있게 해 주실 것이라고 믿습니다. 그녀는 그분이 일단 자신에게 은혜를 베푸신 후에는 이러한 은혜를 결코 상실하지 않게 하실 것이라고 확신합니다. 그와 동시에 그녀는 어떤 식으로든 그분께 죄를 범하지 않도록 이전보다 더 주의를 기울일 것입니다.

12. 이러한 임재는 항상 깨달아지는 것이 아니다

이러한 임재는 맨 처음 이런 은혜를 받았을 때처럼, 또는 하나님께서 이런 은혜를 새롭게 하실 때처럼, 항상 완전하게, 즉 뚜렷하게 깨달아지지는 않습니다. 그렇지 않다면, 그런 은혜를 받는 사람은 다른 일을 돌볼 수 없고, 다른 어떤 일을 생각할 수 없으며, 사회 안에서 살 수도 없었을 것입니다. 그녀는 항상 빛처럼 분명히 볼 수는 없을지 몰라도, 그 은혜를 생각할 때마다 복되신 삼위일체가 함께 하심을 느낍니다. 이것은 마치 아주 채광이 잘 되는 방 안에 우리가 다른 사람들과 함께 있을 때, 누군가가 덧문을 닫아서 방 안이 어두워지는 것과 같습니다. 우리는 그 사람들을 볼 수 없지만, 그들이 여전히 거기에 있다는 것을 확실히 느낄 수 있습니다.

13. 그것은 영혼의 통제를 초월한다

여러분은 이렇게 물을 지도 모릅니다. "다시 빛이 돌아오게 해서, 그녀가 삼위일체 하나님을 다시 볼 수는 없는 것입니까?" 이것은 그녀의 소관이 아닙니다. 우리 주님께서는 스스로 택하시는 때에 그런 이해의 덧문을 열어 주실 것입니다. 그분은 그녀를 결코 떠나지 않으십니다. 그리고 그런 사실을 그녀에게 분명히 깨우쳐 주심으로 큰 자비를 베풀어 주십니다. 존엄하신 하나님께서는 이러한 신적 교제를 통하여 자신의 신부를 더 큰 일을 위해 준비시키시는 것처럼 보입니다. 그런 교제는 분명히 모든 면에서 온전함에 이르도록 도움을 주고, 다른 은혜들이 그녀에게 베풀어질 때 그녀가 가끔씩 느꼈던 두려움을 없애 줍니다.

14. 영혼의 중심은 여전히 고요하다

이러한 은혜를 많이 받은 어떤 사람은 자신이 모든 덕에 있어서 진보를 이뤘다는 사실을 발견했습니다. 어떤 시련이나 수고를 겪었든 간에, 그녀의 영혼의 중심은 결코 그 안식처를 떠나지 않은 것처럼 보였습니다. 따라서, 그녀의 영혼은 어떤 면에서 분열된 것처럼 보였습니다. 하나님께서 그녀에게 이러한 은혜를 베푸신 후 얼마 지나지 않아, 그녀가 큰 고통을 겪으면서 마르다가 마리아에게 했던 것처럼 자신의 영혼에 푸념을 늘어놓았기 때문입니다. 그녀는 영혼이 자기 혼자 평강을 누린다고 비난했습니다. 그래서 자신이 교제를 나누지도 못하고, 수많은 문제와 할 일들을 혼자 하게 내버려 두었다고 말입니다.

15. 영(spirit)과 영혼(soul)은 하나이지만 뚜렷이 구별된다

이것은 여러분에게 이상한 일처럼 보일지도 모릅니다. 영혼은 분할되지 않은 것으로 알려져 있지만, 분할되는 것이 사실입니다.

그것은 환상이 아니며, 종종 일어나는 일입니다. 내면에서 일어나는 효과들은 영과 영혼 사이에 긍정적인 차이가 있음을 분명히 보여줍니다. 비록 그것들은 서로 하나지만 말입니다. 그것들 사이에는 극도로 미묘한 차이가 있습니다. 따라서 그것들은 종종 하나님께서 그들에게 주시는 지식이 그런 것처럼, 서로 다른 방식으로 작용하는 것처럼 보이는 것입니다.

16. 영혼과 그 기능들은 동일하지 않다

내가 보기에 영혼과 그 기능들은 동일하지 않은 것 같습니다. 우리 안에 있는 신비는 너무나 많고도 초월적이어서, 그것을 설명하려고 시도하는 것은 나로서는 주제 넘는 일이 아닐 수 없습니다. 하나님의 자비로 우리가 천국에 들어간다면, 우리는 이러한 비밀들을 이해할 수 있게 될 것입니다.

2장

동일한 주제를 다룬다. 비유를 통하여 영적 합일과 영적
결혼 사이의 차이를 설명한다.

1. 상상의 환시로 도입된 영적 결혼

우리는 이제 신적이며, 영적인 결혼을 언급하기에 이르렀습니다.
물론 이 생에서는 이처럼 지고한 은혜를 온전히 받을 수 없습니다.
하나님을 저버림으로 이런 위대한 선을 잃게 될 것이기 때문입니다.
하나님께서는 처음으로 이러한 은혜를 베푸실 때, 가장 신성한 인
성(humanity)에 대한 상상의 환시를 통하여 영혼에 자신을 계시하
십니다. 그래서 그 영혼으로 하여금 자신이 받고 있는 주권적인 선
물을 이해하고 깨달을 수 있게 하시는 것입니다. 그분은 다른 사람
들에게 다른 방식으로 자신을 나타내실 수 있습니다. 내가 언급한
사람은 성찬을 받은 후에 우리 주님을 뵙게 되었습니다. 그분은 부

활하신 후처럼 영광과 아름다움과 위엄이 충만한 모습으로 나타나셨습니다. 그분은 이제부터 그녀가 자신의 일을 그녀 자신의 일인 것처럼 보살피게 될 것이며, 자신이 그녀를 보살펴 주실 것이라고 말씀하셨습니다. 이것은 전혀 새로운 일처럼 보이지 않을 수도 있습니다. 이는 우리 주님께서 다른 경우에도 이와 같이 그녀에게 자신을 계시하셨기 때문입니다. 하지만 이 경우는 너무나 달라서, 그녀를 당황하고 놀라게 만들었습니다. 두 가지 경우 모두, 그녀가 본 것과 들은 말씀이 너무나 생생했을 뿐 아니라, 그것이 그 영혼의 내면에서 일어났기 때문입니다. 앞서 언급한 한 가지 사례를 제외하고는, 다른 환시는 나타나지 않았습니다.

2. 영적 약혼과 영적 결혼은 다르다

이 방에서 본 환시와 이전 방에서 본 환시 사이에는 엄청난 차이가 있다는 사실을 이해해야 합니다. 영적 약혼과 영적 결혼 사이에는 단지 약혼한 사람들과 거룩한 결혼으로 영원히 결합된 사람들 사이에 나타나는 것과 똑 같은 차이가 있습니다. 내가 이런 비유를 사용하는 이유는 이보다 더 적합한 비유가 없기 때문입니다. 하지만 영혼이 육신이 제외된 영이 아닌 것처럼, 이러한 약혼은 우리의 육체적인 상태와 아무런 연관이 없습니다. 이것은 영적인 결혼의 경우에 더 해당됩니다. 이러한 은밀한 합일은 하나님 자신이 거하시는 영혼의 가장 깊은 중심에서 일어나기 때문입니다. 나는 그곳에 들어가기 위한 문이 필요 없다고 믿습니다. 내가 "문이 필요 없다"라고 말하는 이유는 내가 지금까지 설명한 모든 것이 감각과 기능들을 통해 임하는 것처럼 보이기 때문입니다. 우리 주님의 인성도 분명히 그렇게 나타났을 것입니다. 하지만 영적 결혼을 통한 합일 중에 일어나는 일은 아주 다릅니다. 여기에서 하나님께서는 상상의 환시가 아니라 훨씬 더 신비로운 지적인 환시를 통해 영혼의 중심에 나타나십니다. 그것은 마치 그분이 "너희에게 평강이 있을지어다"(요 20:19)라고 말씀하셨을 때, 문을 통과하지 않은 채로 들어오셔서 사도들에게 나타나신 것과 같습니다.

3. 영적 결혼은 영원하다

그러한 비밀은 너무나 신비하고 숭고한 은혜입니다. 하나님께서는 영혼에게 즉각적으로 그런 은혜를 베풀어 주십니다. 그러면 그 영혼은 최상의 기쁨을 느낍니다. 이러한 상태는 우리 주님께서 그 순간에 어떤 환시나 영적인 기쁨 보다 훨씬 더 미묘한 방식으로 하늘의 영광을 그 순간에, 그 영혼에게 계시하신다고 말함으로 묘사할 수 있을 뿐입니다. 이해할 수 있는 한, 영혼, 즉 이러한 영혼의 영은 스스로가 영이신 하나님과 하나가 됩니다. 하나님께서는 특정한 사람들에게 우리를 향한 자신의 사랑이 얼마나 멀리 미치는지를 보여주심으로, 자신의 위대하심을 찬양하게 하십니다. 그분은 이렇게 자신을 자신의 피조물과 결합하셨습니다. 그분은 두 사람이 결혼으로 결합된 것처럼 자신을 그 피조물에 단단히 묶으셨습니다. 그분은 결코 그 피조물로부터 떨어지지 않으실 것입니다.

4. 그다지 영적이지 않은 약혼

영적 약혼은 다릅니다. 그것은 종종 합일의 은혜처럼 해소되기도 합니다. 합일에 의해 둘이 하나가 되더라도, 분리는 여전히 가능합니다. 그리고 각자는 그 자체 대로 남아 있습니다. 이런 은혜는 일반적으로 빨리 지나갑니다. 그 후에 영혼은 스스로 의식하는 한, 주님과의 교제 없이 혼자 남아 있습니다.

5. 영적 결혼은 영원하다

우리 주님과의 영적 결혼은 경우가 다릅니다. 거기에서는 영혼이 하나님과 함께 항상 그 중심에 남아 있습니다. 합일은 두 개의 양초로 상징될 수 있습니다. 그 양초들의 끝은 너무나 밀접하게 접촉하고 있어서, 하나의 불빛 만이 존재합니다. 다시 말해서, 심지와 양초와 불빛은 하나가 되지만, 한 양초는 다시 다른 양초와 분리될 수 있으며, 두 양초는 별개로 유지됩니다. 또는 심지가 양초에서 제거될 수도 있습니다. 하지만 영적 결혼은 하늘에서 강이나 시내로 떨어지는 빗물처럼, 하나의 동일한 액체가 되어 강물과 빗물이 분리될 수 없는 것과 같습니다. 아니면 그것은 시냇물이 바다로 흘러들어 가는 것과 같습니다. 그 시냇물은 나중에 바다에서 분리될 수 없습니다. 이러한 결혼은 또한 밝은 빛이 두 창문을 통하여 들어오는 방에 비유될 수 있습니다. 비록 들어올 때는 나눠져 있어도, 그 빛은 하나가 되는 것입니다.

6. 사도 바울과 영적 결혼

사도 바울은 "주와 합하는 자는 한 영이니라"(고전 6:17)라고 말했을 때, 아마도 이러한 주권적인 결혼을 의미했을 것입니다. 이것은 주님께서 합일을 통하여 영혼과 결합되셨음을 전제로 합니다. 사도 바울은 "내게 사는 것이 그리스도니 죽는 것도 유익함이라"(빌 1:21)라고도 말하고 있습니다. 나는 영혼이 여기서 이렇게 말할 수 있을 것이라고 생각합니다. 내가 언급한 작은 나비는 지금 그리스도가 그녀의 생명이기 때문에, 지고한 기쁨에 넘쳐 죽는 것입니다.

7. 합일의 상태에서 누리는 영혼의 기쁨

이러한 은혜는 시간이 지남에 따라 그 효과들로 인하여 더욱 분명해집니다. 영혼이 자기에게 "생명"을 주시는 분이 하나님이라는 사실을 배우게 되기 때문입니다. 이것은 묘사하기는 불가능하지만, 이해하기에는 너무 강하고, 예리하게 느껴지는 어떤 은밀한 직관을 통해서 배우게 되는 것입니다. 이런 은혜는 너무도 압도적인 감정을 초래하는 나머지, 그것을 경험하는 사람은 사랑에 넘쳐서 다른 열망과 함께, 이렇게 외치기를 억제할 수 없습니다. "오 내 생명의 생명이시요, 나를 붙드시는 권능이시여!" 하나님께서 항상 이러한 영혼을 꼭 붙들고 있는 것처럼 보이는 신성(Divinity)의 가슴에서 이 성에서 섬기는 종들을 위로하는 젖이 흘러나옵니다. 나는 어떤 면에서 그분이 그 종들이 그 영혼이 누리는 부요함을 함께 나누기를 원하신다고 생각합니다. 따라서 작은 시냇물을 삼켜버리는 강물에서 몇 방울의 물이 이따금씩 흘러나와 신부와 신랑의 종들의 육신적인 능력을 유지해 주는 것입니다.

8. 하나님의 내주하심에 대한 영혼의 확신

뜻밖에 물에 빠진 사람은 그것을 의식하지 않을 수 없습니다. 여기에서도 경우는 같지만, 훨씬 더 분명히 느껴집니다. 어떤 근원에서 임하지 않는 한, 이렇게 많은 양의 물이 우리에게 떨어질 수는 없습니다. 따라서 그 영혼은 자기 안에서 이런 화살을 쏘고, 자신의 생명을 살리는 누군가가 그 안에 있어야 한다고 확신하게 됩니다. 그리고 이렇게 영혼의 내면에서 그 기능들을 통해 흘러내리는 찬란한 빛이 흘러나오는 태양이 있다는 사실을 깨닫게 되는 것입니다.

9. 영혼의 평화

내가 말했듯이, 영혼 자체는 결코 이 중심에서 움직이지 않으며, 사도들이 함께 모였을 때 주님께서 주실 수 있는 평강(요한복음 20:29 참조)을 잃지도 않습니다. 나는 우리 주님의 이러한 인사가 그 말씀이 전달하는 것보다 훨씬 더 깊은 의미를 포함하고 있다고 생각합니다. 그것은 주님께서 영광스러운 막달라 마리아에게 "평안히 가라"(눅 7:50)라고 말씀하셨을 때와 같습니다. 우리 주님의 말씀은 우리 안에서 **작용**합니다. 그리고 이런 경우에, 그 말씀들은 그 이미 준비된 영혼들에게 효과를 발휘했을 것입니다. 그런 영혼들은 천상에서 일어나는 창조되지 않은 영과의 합일에 참여하기 위해 모든 물질적인 것을 제거하고 영적인 것 만을 유지하려는 성향을 이미 지니고 있었습니다. 의심할 여지없이, 우리가 피조물에 속한 모든 것을 우리 자신으로부터 비우면, 즉 하나님을 향한 사랑을 위하여 없애려고 한다면, 동일한 주님께서 우리를 그분 자신으로 채우실 것입니다.

10. 영혼의 신적 합일을 위한 그리스도의 기도

우리 주 예수 그리스도께서는 자신의 사도들을 위해 기도하시며 (어떤 구절인지 기억이 나지 않습니다), 그들이 아버지, 그리고 자신과 하나가 되게 해 주시기를 간구하셨습니다(요 17:21 참조). 우리 주 예수 그리스도께서 아버지 안에 계시고, 아버지께서 그 안에 계시듯이 말입니다! 이보다 더 큰 사랑이 어디 있겠습니까? 그 사랑 안에 들어가는 데서 물러나는 사람이 아무도 없도록 하십시오. 주님께서는 이렇게도 말씀하셨기 때문입니다. "내가 비옵는 것은 이 사람들만 위함이 아니요 또 그들의 말로 말미암아 나를 믿는 사람들도 위함이니"(요 17:20). 그리고 그분은 "내가 그들 안에 있다"라고 선언하셨습니다.

11. 기도의 성취

하나님 나를 도우소서! 이 얼마나 참된 말씀입니까! 그리고 영혼은 그런 말씀을 얼마나 분명하게 이해하고 있습니까? 영혼은 이러한 기도 상태에서 그런 말씀들이 자신 안에서 성취되는 모습을 발견하고 있는 것입니다! 그러므로 이런 말씀이 우리 안에서 이뤄지지 않고 있다면, 그것은 우리의 잘못일 수밖에 없습니다. 우리의 왕이시며, 우리의 주님이신 예수 그리스도의 말씀은 실패할 수 없기 때문입니다. 실패한 것은 우리 자신입니다. 우리의 마음을 다스리지 못하고, 이 빛을 흐리게 하는 모든 것을 제거하지 않음으로, 우리의 이미지가 새겨진 거울에서 우리 자신을 보지 못하기 때문입니다.

12. 일곱 번째 방에서 영혼이 누리는 평화

내가 말하고 있었던 것으로 되돌아가 봅시다. 하나님께서는 영혼 자체의 중심인 그분의 방에 그 영혼을 두십니다. 사람들은 우리 주님이 계시는 천상의 하늘이 나머지 하늘들과 더불어 회전하지 않는다고 말합니다. 따라서 기능들과 상상력의 익숙한 움직임은 영혼을 다치게 하거나 영혼의 평화를 방해할 수 있는 식으로 일어나는 것처럼 보이지 않습니다.

13. 하나님께 죄를 범하지 않는 한 영혼은 안전하다

내가 하나님께서 영혼을 여기까지 인도하신 후에는 구원을 받는 것이 확실하고, 다시는 죄에 빠지지 않는다는 사실을 암시하는 것처럼 보입니까? 내 말은 그런 의미가 아닙니다. 내가 영혼이 안전한 것처럼 보인다고 말하는 것은 주님께서 그 영혼을 돌봐 주시고, 그분을 분노하시게 하지 않는 한 그렇다는 의미였습니다. 여하튼 나는 그런 사람이 자신이 처한 고귀한 상태를 깨닫고, 몇 년 동안 그런 상태에 머물렀음에도 불구하고, 자신이 안전하다고 생각하지 않는다는 사실을 확실히 알고 있습니다. 나중에 설명하겠지만, 그녀는 그분을 섬기기를 간절히 바랍니다. 그리고 자신이 마땅히 해야할 일에 비해 그분을 위해 할 수 있는 일이 얼마나 적은지를 보면서 끊임없는 고통과 혼란을 느낍니다. 이것은 가벼운 십자가가 아니라 가혹한 고행입니다. 그녀가 수행할 수 있는 고행이 많을수록 그녀는 기뻐합니다. 그녀의 가장 큰 고행은 하나님께서 건강과 힘을 앗아 가시는 것입니다. 나는 이것이 그녀에게 얼마나 큰 고통을 주었는지를 다른 곳에서 말한 적이 있습니다. 하지만 지금은 그것이 그녀를 훨씬 더 슬프게 합니다. 이것은 분명히 그녀가 시냇가 근처에서 자라는 나무줄기에 접붙여진 나무와 같아서 더 푸르고 풍성하기 때문일 것입니다. 내가 묘사한 천상의 물과 진정으로 하나가 된 영혼의 갈망에 경탄할 이유가 어디 있겠습니까?

14. 일곱 번째 방 밖에서 벌어지는 갈등

내가 썼던 내용으로 다시 돌아가 봅시다. 능력과 감각과 감정이 계속해서 이런 평화를 누리도록 의도된 것은 아닙니다. 영혼은 실제로 평화를 누리지만, 다른 방에서는 여전히 투쟁과 고통과 피로를 겪을 때가 있습니다. 하지만 일반적으로 그것들로 인해 평화를 잃지는 않습니다. 이러한 "영혼의 중심" 또는 "혼"은 설명하기가 너무 어렵거나, 믿는 것조차 어렵습니다. 따라서 내가 설명을 할 수 없다는 사실은 내 말을 믿고 싶지 않은 유혹에서 여러분을 건져줍니다. 십자가와 고통이 있는데도 어떻게 영혼에 평화가 있을 수 있는지를 이해하는 것은 어려운 일입니다.

15. 비유로 이것을 설명하다.

한 두 가지 비유를 들어 보겠습니다. 하나님께서 그 비유들이 유익하게 사용될 수 있게 해주시기를 바랍니다. 그렇지 않더라도, 나는 내가 하는 말이 사실임을 알고 있습니다. 왕이 그분의 궁전에 거하고 계십니다. 그분의 왕국에서 수많은 전쟁과 재난이 발생하지만, 그분은 보좌에 남아 계십니다. 마찬가지로, 다른 방에서는 야수들이 크게 소란을 피우지만, 이 중의 어느 것도 일곱 번째 방에 들어가지 않으며, 영혼을 그곳에서 몰아내지도 못합니다. 정신은 이런 고난을 안타깝게 생각하지만, 그런 것들이 정신을 방해하거나 평화를 앗아갈 정도는 아닙니다. 욕망들이 너무나 억눌러진 나머지, 더 많은 패배를 겪을 뿐인 이곳에 감히 들어 가지를 않기 때문입니다. 온 몸이 아파도 머리가 성하다면, 머리까지 아프지는 않을 것입니다. 나는 이런 비유들을 보고 미소를 지었습니다. 나는 이런 비유들이 만족스럽지 않습니다. 하지만 나는 다른 비유를 찾을 수 없습니다. 여러분에게 진실을 말했으니, 그것에 대해 생각해 보기를 바랍니다.

3장

위에서 언급한 이런 기도에서 비롯되는 위대한 열매를 논한다. 이런 효과들과 이전에 묘사한 효과들 사이의 차이를 주위 깊게 연구하고, 기억해야 한다.

1. 마지막으로 받은 은혜의 효과

작은 나비는 마침내 쉴 자리를 찾아 너무나 기쁜 나머지 죽어버리고, 그 안에는 그리스도께서 살고 계십니다. 그렇다면, 이제 그 나비의 현재의 삶과 과거의 삶의 차이점이 무엇인지 살펴봅시다. 그 효과들은 위에서 내가 여러분에게 했던 말이 사실인지를 입증할 것입니다. 확인될 수 있는 한, 그 효과들은 다음과 같습니다. 첫째로, 그녀는 자아를 완전히 잊어버린 나머지 내가 말했듯이, 실제로 존재하지 않는 것처럼 보일 정도입니다. 그녀는 자신 안에 너무나 철저한 변화가 일어나서 자신을 더 이상 알아보지 못합니다. 그녀는 또한 하늘이나 생명이나 영광이 자신의 것이라는 사실을 기억하지 못하고, 전적으로 하나님의 유익을 구하는 데 몰두해 있는 것처럼 보입니다. 주님께서 하신 말씀이 역사하신 것이 분명합니다. "너는 나의 일을 신경 쓸 것이요. 나는 너의 일을 신경 쓸 것이다."

2. 영혼은 하나님의 영광에만 신경을 쓴다

따라서 그녀는 무슨 일이 일어나든 아무 생각도 하지 않습니다. 그녀는 너무나 생소한 망각의 상태에 빠진 나머지 더 이상 존재하지 않는 것 같습니다. 그녀는 털끝만큼이라도 하나님의 영예와 영광을 드높일 수 없는 한, 어떤 일에도 관여하기를 바라지 않습니다. 반면에, 그런 일이라면 기꺼이 생명을 내어줄 수 있을 것입니다.

3. 영혼은 여전히 그 의무를 수행한다

내 말을 오해하지 않기를 바랍니다. 그것은 그녀가 적잖은 고통을 초래함에도 불구하고, 먹고 마시는 일을 소홀히 하거나, 정규적인 의무를 등한시한다는 의미가 아닙니다. 나는 그녀의 내면을 언급하고 있습니다. 그녀의 외적인 행동에 관해서는 별로 말할 것이 없습니다. 그녀의 가장 큰 고통은 자기 힘으로 할 수 있는 것이 아무것도 없음을 깨닫는 것입니다. 그녀는 하나님을 섬기는 일이라면 무슨 일이라도 하려 들 것이기 때문입니다.

4. 이런 은혜에 따르는 다른 열매들

두 번째 열매는 고난에 대한 강한 열망입니다. 하지만 이런 열매는 전처럼 그녀의 평화를 방해하지는 않습니다. 그런 영혼들은 하나님의 뜻이 자기 안에서 이뤄지는 것을 간절히 바라기 때문에, 그분이 하시는 모든 일을 순순히 받아들이기 때문입니다. 하나님께서 고통을 당하게 하시더라도, 그녀는 만족합니다. 그렇지 않더라도, 그녀는 예전처럼 고통으로 인해 죽을 만큼 괴로워하지도 않습니다. 그녀는 핍박을 받을 때, 내적으로 더 큰 기쁨을 느낍니다. 그리고 그런 상황 하에서 이전의 상태보다 훨씬 더 평화롭습니다. 그녀는 원수에게 원한을 품지 않고, 그들의 불행을 바라지도 않습니다. 그녀는 그들을 향한 특별한 사랑을 품고 있습니다. 그래서 그들이 곤경에 처한 모습을 볼 때, 깊이 슬퍼합니다. 또한 최선을 다해서 그들을 돕고, 그들을 위해 진정으로 기도합니다. 그녀는 자기가 주님께 받는 은혜를 그들이 받아서 우리 주님께 죄를 범하지 않게 된다면, 기쁘게 그 은혜마저 포기할 것입니다.

5. 하나님을 섬기려는 영혼의 갈망

　나에게 가장 놀라운 것은 죽고 싶어도 죽을 수 없고, 주님의 임재를 누릴 수도 없기 때문에 그런 영혼들이 느꼈던 슬픔과 고통이 그분을 섬기고, 그분을 찬양하며, 힘이 닿는 데까지 다른 사람들을 도우려는 갈망으로 바뀌게 된 것입니다. 그들은 죽음을 갈망하기를 그쳤을 뿐만 아니라, 우리 주님께 조금이라도 영광을 돌릴 수 있다면 오래 동안 살면서 가장 무거운 십자가를 지기를 원합니다. 따라서 육신을 버리는 즉시 영혼이 하나님을 누리게 될 줄을 확실히 알았더라도, 그들에게는 아무런 차이도 없었을 것입니다. 그들은 또한 성인들이 누리는 영광에 대해서 생각하지도 않고, 그것을 나누기를 갈망하지도 않습니다. 그런 영혼들은 그들의 영광이 십자가에 못 박히신 분을 어떻게든 돕는 데 있다고 생각합니다. 특히 사람들이 그분을 대적하는 모습을 볼 때, 그리고 다른 모든 것을 떠나 그분의 영광만을 구하는 사람이 얼마나 적은지를 볼 때 더욱 그렇습니다. 사실, 이런 상태에 있는 사람들은 때때로 이런 사실을 잊어버리고, 하나님을 누리고 이러한 유배의 땅을 떠나고자 하는 부드러운 갈망에 사로잡히게 됩니다. 자기들이 하나님을 얼마나 적게 섬기고 있는지를 볼 때 특히 그렇습니다. 그러다가, 이내 자기 자신으로 돌아와 자신의 영혼 안에 그분을 끊임없이 소유하고 있다는 사실을 생각하며 만족하게 됩니다. 그리고 기꺼이 살고자 하는 의욕을 가장 값비싼 제물로 주님께 바치는 것입니다. 그들은 감미로운 황홀경을 두려워 않듯이 죽음을 조금도 두려워하지 않습니다.

6. 그리스도께서 이 영혼에 거하신다

사실은 그들에게 이렇게 고통스러운 죽음에 대한 갈망을 주신 분이 그 갈망을 다른 갈망으로 바꿔 주셨다는 것입니다. 그분이 영원히 영광과 찬양을 받으시기를! 아멘. 사실, 그런 사람들은 위로나 기쁨을 더 이상 바라지 않습니다. 그들이 자신 안에 하나님을 모시고 있으며, 그분이 그들 안에 살아 계시기 때문입니다. 물론 주님께서 이 땅에서 사신 삶은 분명히 고통의 연속이었을 것입니다. 그분은 최소한 갈망이라는 면에서, 우리 역시 그런 삶을 살기를 원하실 것입니다. 그분은 우리의 연약함을 아시고 자비롭게 우리를 인도해 주십니다. 또한 우리의 필요를 보시고 자신의 능력을 우리에게 나눠 주십니다.

7. 게을러질 때, 성급한 갈망을 되돌린다

모든 것에서 완전히 분리된 그러한 영혼은 항상 혼자 있기를 원하거나, 다른 사람들의 영혼에 이로운 일에 몰두하기를 원합니다. 그녀는 메마름이나 다른 어떤 내면의 고통을 느끼지 않습니다. 오히려 그녀는 끊임없이 찬양하고 싶은 우리 주님을 끊임없이 부드럽게 기억합니다. 혹시 그녀가 게을러지면, 주님께서는 내가 말했던 방식으로 그녀를 일깨워 주십니다. 이러한 충동(그것을 어떤 용어로 표현해야 할지 모르겠습니다)이 이전의 충동적인 갈망처럼 영혼의 내부에서 온다는 것은 쉽게 알 수 있는 일입니다. 그런 충동이 지금 매우 달콤하게 느껴지지만, 이성이나 기억에 의해 생성되는 것이 아니며, 영혼 자체가 그 일에 관계가 있다고 믿을 만한 이유도 없습니다. 이런 일은 너무나 일상적이고 빈번히 일어나서, 이런 상태에 있었던 사람이라면 분명히 그것을 눈치챘을 것입니다. 아무리 거센 불길이라도 그 불꽃이 아래가 아닌 위로 타오르는 것처럼, 이러한 영혼의 움직임은 그 힘을 불러 일으키는 영혼의 중심에서 나오는 것임을 알 수 있습니다. 이러한 기도를 통하여 얻을 수 있는 것은 하나님께서 우리에게 자신을 알리시기 위해 특별한 관심을 기울이신다는 사실과 자신과 함께 거하기를 우리에게 간청하신다는 사실(다른 식으로는 설명할 수 없습니다) 외에는 아무것도 없습니다. 그처럼 달콤하고도 우리의 마음을 꿰뚫어 보는 그분의 사랑을 고려할 때, 우리가 과거에 겪은 모든 고통은 보람 있는 것이라고 생각합니다.

8. 하나님께서는 그런 영혼을 끊임없이 돌보신다

자매 여러분, 여러분은 경험을 통해 이런 사실을 배웠을 것입니다. 우리 주님께서 우리를 합일의 기도로 인도하셨을 때, 우리가 그분의 계명을 힘써 지키는 한, 그분이 우리를 이런 방식으로 지켜 주신다고 생각하기 때문입니다. 이러한 충동이 주어질 때, 그것이 하나님께서 우리 영혼 안에 거하시는 가장 깊은 방에서 온다는 사실을 기억하십시오. 열렬히 그분을 찬양하십시오. 이렇게 부드럽게 쓴 메시지나 연애 편지를 보내시는 분은 바로 그분이시기 때문입니다. 자신이 요구하시는 바를 여러분 만이 이해하고 알 수 있게 하시는 것입니다. 아무리 바깥 일에 바쁘고, 다른 사람과 대화를 나누는 중이더라도, 주님께 대답하는 일을 절대로 소홀히 해서는 안 됩니다. 우리 주님께서는 이렇게 은밀한 은혜를 종종 공개적으로 사람들 앞에서 보여주시기를 기뻐하실 것입니다. 하지만 그런 경우, 전적으로 마음 속으로 응답을 해야 하기 때문에, 사랑을 담은 행동으로 응답하거나 사도 바울처럼 질문하는 것은 매우 쉬운 일입니다. "주여, 제가 무엇을 하기를 원하십니까"(행 9:6).

내가 말한 대로, 이 방은 나머지 모든 곳에서 느껴지는 메마름과 혼란이 이곳에는 거의 들어오지 않는다는 점에서 다른 곳과 다릅니다. 여기에서는 영혼이 거의 언제나 평온함을 유지합니다. 영혼은 마귀가 이처럼 숭고한 은혜를 위조할 수도 있다는 사실을 두려워하지 않습니다. 오히려 그것이 하나님으로부터 임한 것이라는 확신을 느낍니다. 위에서 언급한 것처럼, 여기에서는 모든 것이 감각이나 기능들로 감지되는 것이 아니라, 주님께서 영혼에게 자신을 계시하시기 때문입니다. 우리 주님께서는 마귀가 감히 들어가지 못하며,

그분이 그렇게 하도록 허락하지도 않으실 곳으로 그 영혼을 자신과 함께 데리고 가시기 때문입니다.

9. 평화와 침묵 속에 은혜가 주어진다

여기에서 신적으로 영혼에 부여된 모든 은혜는 자신을 완전히 하나님께 드리는 것을 통해서만 임합니다. 그런 은혜는 아무 소리도 들리지 않는 솔로몬의 성전처럼 평화와 침묵 가운데 주어집니다. 하나님과 영혼이 깊은 침묵 가운데 서로 기뻐하는 곳이 이러한 하나님의 성전, 하나님의 방입니다. 정신은 행동할 필요가 없고, 무언가를 찾아야 할 필요도 없습니다. 정신을 창조하신 주님께서 그것이 안식하면서, 그 내부를 통과하는 것을 작은 틈을 통하여 지켜보기를 원하시기 때문입니다. 때때로 정신이 이것을 볼 수 없는 때도 있지만, 그것은 일순간에 불과합니다. 나는 그것이 여기서 그 능력이 상실되어 그런 것이 아니라, 놀란 나머지 그 기능을 멈추기 때문이라고 믿습니다.

10. 이 방에서는 황홀경을 거의 경험하지 않는다

나 역시 영혼이 이런 상태에 도달했을 때, 드문 경우를 제외하고는 황홀경에 빠지지 않는다는 사실을 보고 놀랐습니다. 어쩌다 그런 현상이 나타나는 경우에도, 그것은 이전의 황홀경과 영혼의 비행과 같지 않고, 이전처럼 공개적으로 일어나지도 않습니다. 그런 황홀경은 더 이상 종교적인 그림을 보거나, 설교를 듣거나(처음 몇 마디만으로도), 신성한 음악처럼 특별히 경건을 불러 일으키는 것들을 인해 초래되지 않습니다. 예전에 그 영혼이 가련한 작은 나비처럼 너무나 불안한 나머지, 무엇이든 그것을 놀라서 날아가게 만들곤 했습니다. 이것은 그 영혼이 마침내 안식을 찾거나, 그 어떤 것도 두렵게 할 수 없는 경이로운 모습을 이 방에서 보았기 때문일 것입니다. 아니면 주님과의 교제를 누린 후로 더 이상 고독함을 느끼지 않는 탓일 수도 있습니다.

11. 이러한 평화와 안식에 대한 비유들

그 이유를 말할 수는 없지만, 하나님께서 이 방에 들어 있는 것을 영혼에게 보여주시고 방 안으로 인도하시자 마자, 이전에 정신을 그토록 번잡하게 하고, 극복할 수 없을 것 같았던 허약함이 즉시 사라집니다. 아마도 이것은 우리 주님께서 이제 영혼을 강건하게 하시고, 확장시켜 주시며, 성장하게 해 주셨기 때문일 것입니다. 아니면 그런 영혼들 안에서 은밀히 행하고 계셨던 일(자신 만이 아시는 어떤 목적을 위해)을 공개하기를 원하셨기 때문이었을 것입니다. 그분의 심판은 이생에서의 우리의 이해를 초월하기 때문입니다.

12. 이런 단계와 결과들은 성경에 암시되어 있다

이런 효과들은 전에 언급한 바 있는 기도의 여러 단계에서 맺어지는 좋은 열매들과 함께 하나님께서 영혼에게 직접 내려 주시는 것입니다. 그것은 신부가 요청했던 "그분의 입의 입맞춤"을 받기 위해 영혼이 하나님께 나아갈 때 일어납니다. 나는 그녀의 청이 이제 승인된다고 믿습니다. 여기에서 상처를 입은 사슴에게 넘쳐나는 물이 주어집니다. 여기에서 그녀는 하나님의 장막을 기뻐합니다. 여기에서 홍수가 그쳤는지를 확인하기 위해 노아가 보낸 비둘기가 감람나무 가지를 입에 물고 왔습니다. 그것은 단단한 땅을 발견했다는 표시였습니다. 오 예수님! 성경에서 이러한 영혼의 평화를 얼마나 많이 언급하고 있는지를 누가 알겠습니까? 오 나의 하나님, 당신은 이 평화가 우리에게 얼마나 중요한지를 아십니다. 모든 그리스도인이 이 평화를 얻는 일에 매진하게 해주십시오. 자비로우신 주여! 주께서 주신 이 평화를 절대로 거두어 가지 마십시오. 당신께서 그들에게 참된 평화를 주시고, 그것이 끝나지 않는 곳으로 인도하실 때까지, 그들은 항상 두려움 속에서 살아야 하기 때문입니다.

13. 이런 영혼들은 늘 조심한다

내가 "진정한 평화"라고 말하는 것은 이 땅의 평화가 비현실적이라는 뜻이 아니라, 그런 영혼들이 하나님을 떠나는 경우 그전의 싸움이 되풀이된다는 뜻입니다. 그토록 위대한 선물을 잃을 수 있다고 생각할 때, 그들의 마음이 어떻겠습니까? 그들의 두려움은 그들을 더 조심스럽게 만듭니다. 그들은 자신의 연약함으로부터 오히려 힘을 얻기 위해 애씁니다. 그래서 하나님을 더 기쁘게 해 드릴 기회를 자기 탓으로 놓치는 일이 일어나지 않게 합니다. 주님에게서 받은 은총이 크면 클수록, 그들은 자신에 대해 더 소심해지고 의심을 품게 됩니다. 그들이 목격한 놀라운 일들은 그들의 비참함과 죄의 가증함을 더 분명하게 드러냅니다. 그래서 그들은 세리처럼 감히 눈을 들지 못하게 되는 것입니다.

14. 이런 상태에서 지는 십자가

때때로 그들은 죽어서 안전한 상태에 있기를 갈망합니다. 하지만, 그들은 사랑으로 인해, 살아서 하나님을 섬기기를 원합니다. 그러므로 그들은 자신에 관한 모든 것을 그분의 자비에 맡깁니다. 그런거 하면, 받은 은혜가 너무 많다는 생각에 마치 너무 많은 짐을 실은 배가 물속으로 잠기듯이, 무거운 짐 아래 짓눌리기도 합니다. 분명히 말하지만, 그런 영혼들에게는 져야 할 십자가가 있습니다. 하지만 그 십자가는 그들을 괴롭게 하거나, 그들의 평화를 빼앗을 수 없습니다. 오히려 파도나 폭풍우처럼 이내 잠잠해집니다. 그들 안에 임재하시는 하나님께서 다른 모든 것을 잊게 해주시기 때문입니다. 하나님께서 그분의 모든 피조물로부터 영원히 찬양을 받으시기를 바랍니다! 아멘.

4장

주님께서 영혼에게 이런 지고한 은혜를 베푸시는 의도를
보여준다. 마리아와 마르다가 함께 일해야 하는 이유를 설명
한다.

1. 일곱 번째 방의 흥망성쇠

내가 언급한 효과들이 이런 영혼들 안에 항상 같은 정도로 존재
한다고 생각해서는 안 됩니다. 내가 기억하는 한, 대부분의 경우,
우리 주님께서는 그런 사람들을 연약한 본성의 상태에 내버려 두십
니다. 이 성의 주변과 다른 방들 안에 있는 독 있는 피조물들이 그
동안 능력을 빼앗긴 것에 대해 복수하기 위해 즉시 단결합니다.

2. 겸손

사실 이런 상황은 오래 가지 않습니다. 아마 하루나, 그 보다 조금 더 길게 지속될 것입니다. 하지만 주로 어떤 지나가는 사건으로 일어나는 이런 혼란 중에도 이런 사람들은 주님과 나누는 거룩한 교제로부터 어떤 유익을 얻을 수 있는 지를 배우게 됩니다. 우리 주님께서 그들에게 크나큰 용기를 주셔서, 그들은 주님을 섬기는 일과 그들이 결심한 것들을 결코 포기하지 않습니다. 그들의 마음은 시련을 통하여 더더욱 굳어집니다. 그리고 사소한 의지의 충동에도 흔들리지 않습니다. 이런 문제는 거의 발생하지 않습니다. 우리 주님께서는 영혼이 자신의 타고난 상태를 염두에 두기를 바라십니다. 그래서 그 영혼이 겸손하고, 자신이 그분께 얼마나 많은 빚을 지고 있는지, 얼마나 큰 은혜를 받았는지를 더 잘 이해하여 그분을 찬양할 수 있기를 바라시는 것입니다.

3. 영혼들이 죄에서 자유로워지다

이런 영혼들은 그들의 갈망과 결의에도 불구하고, 불완전한 일을 하지 않을 것이며, 심지어 여러가지 죄에 빠지지 않을 것이라고 생각하지 마십시오. 이런 사람들은 이런 점에서 하나님으로부터 특별한 은혜를 받았기 때문에, 의도적으로 죄를 짓지는 않습니다. 내가 말하는 것은 가벼운 죄들입니다. 그들이 의식하고 있는 한, 그들은 대죄에서 자유롭습니다. 하지만 그들은 무의식적으로 죄를 지을 가능성에 대해서는 확신을 갖지 못합니다.

4. 솔로몬의 운명

이것은 그들 주위에서 죽어가는 영혼들의 모습이 그런 것처럼, 그들의 마음을 몹시 슬프게 합니다. 한편으로, 그들은 잃어버린 자들 가운데 속하지 않기를 바라는 소망을 강하게 품고 있습니다. 반면에, 그들은 솔로몬처럼 하나님의 특별한 은혜를 받고 하나님과 친밀하게 대화를 나눴던 사람들의 운명에 대해 성경이 말씀하시는 바를 기억하고 있습니다. 그래서 그들은 두려워하지 않을 수 없습니다.

5. 거룩한 두려움

이런 점에 대하여 가장 확신을 느끼는 사람들이 가장 두려워해야 합니다. 다윗은 이렇게 말했습니다. "여호와를 경외하는 자는 복이 있도다." 주님께서 우리를 항상 보호해 주시기를 바랍니다. 우리가 그분께 범죄하지 않게 해주시기를 간구합시다. 그것이 우리에게 가장 안전한 길입니다. 주님께서 영원히 찬양을 받으시기를. 아멘.

6. 이러한 은혜는 고난을 감당할 수 있도록 영혼을
강화해 준다

　자매 여러분, 하나님께서 이 세상에 있는 영혼들에게 그러한 은혜를 베푸시는 이유를 여러분에게 언급해 주는 것이 좋을 듯합니다. 그런 문제를 고려해 본적이 있다면, 이런 은혜가 초래하는 효과들로부터 그 이유를 틀림없이 배웠을 것입니다. 여기서 이 문제를 다시 살피는 것은 혹시 여러분 중의 단 한 사람이라도 이런 은혜가 그것을 받은 사람의 만족만을 위한 것으로 생각하지 않도록 하기 위함입니다. 그렇게 생각한다면, 그것은 큰 실수가 될 것입니다. 하나님께서는 당신의 사랑하시는 아들을 우리가 본받을 수 있도록 그분의 삶을 주신 것보다 더 큰 은혜를 주실 수 없습니다. 그러므로 이런 은혜를 베푸시는 목적은 연약한 우리를 강하게 하셔서, 많은 고난을 받음을 통하여 그분을 본받게 하시려는 것이라고 나는 확신합니다.

7. 성인들이 진 십자가

　우리는 우리 주 그리스도와 가장 가까이 지내는 사람들이 가장 무거운 십자가를 진다는 사실을 항상 발견하게 됩니다. 주님의 영광스러운 어머니와 사도들이 짊어진 십자가를 생각하십시오. 사도 바울이 그토록 엄청난 수고를 어떻게 감당할 수 있었겠습니까? 우리는 그의 행실을 통해서 우리 자신의 상상이나 마귀의 속임수가 아니라, 우리 주님으로부터 임하는 진정한 환시와 관상의 열매를 배우게 됩니다. 사도 바울이 이러한 영적 위로를 여유롭게 즐기기 위해 몸을 숨기고, 다른 어떤 일도 하지 않았다고 생각합니까? 우리가 아는 한, 그는 하루도 쉰 날이 없었습니다. 생계를 유지하기 위해 밤새 일하느라고 충분히 잠을 잘 수도 없었던 사실을 우리는 알고 있습니다.

8. 주님의 환시가 베드로에게 준 영향

나는 감옥에서 벗어나서 도망가는 사도 베드로에게 주님께서 나타나셔서 다시 십자가에 못 박히러 로마로 가는 길이라고 말씀하신 일을 기억하면서 기쁨을 느낍니다. 나는 이 일을 기념하는 성무일도(The Office)를 암송할 때마다 특별한 기쁨을 느낍니다. 이러한 환상은 사도 베드로에게 어떤 영향을 미쳤습니까? 그는 어떤 행동을 취했습니까? 그는 즉시 죽음을 향하여 나아갔습니다. 우리 주님께서는 그의 사형 집행인을 찾아 주시는 큰 은혜를 베풀어 주셨습니다!

9. 이러한 은혜의 열매

오, 자매들이여, 하나님께서 특별한 처소로 선택하신 영혼은 얼마나 자신의 안락함을 잊어야 하고, 명예를 생각하지 말아야 하며, 사람들의 존경을 구하기를 멀리해야 합니까! 그녀의 정신이 그분께 고정되어 있다면, 그녀는 당연히 자신을 잊을 필요가 있기 때문입니다. 그녀의 모든 생각은 어떻게 그분을 더 기쁘시게 해드릴지, 어떻게 그분을 향해 품은 사랑을 보여드릴 지에 열중하고 있습니다.

10. 영적 결혼이 일어나는 이유

이것이 기도의 목적이자 핵심입니다. 이것이 영적 결혼의 열매가 언제나 선행인 이유입니다. 행위는 이런 은혜가 하나님으로부터 임한다는 사실을 보여주는 명백한 표징입니다. 혼자서 깊은 묵상을 하고, 덕을 실천하며, 하나님을 섬기는 중에 놀라운 일들을 행하리라고 계획을 세우고 약속한다고 해도, 나중에 기회가 생길 때 그 반대로 행하는 것은 나에게 별로 소용이 없습니다. 하나님과 함께 보내는 모든 시간이 우리에게 큰 유익을 주기 때문에, "나에게 별로 소용이 없다"라고 말한 것은 잘못된 일입니다. 나중에 우리의 선한 의도를 실행에 옮기는데 실패할 수도 있지만, 하나님께서는 우리가 그것을 실행에 옮길 수 있는 길을 언젠가는 찾아 주실 것입니다. 우리에게는 안타까운 일이지만 말입니다. 주님께서는 매우 비겁한 영혼을 보실 때, 종종 그 영혼에게 큰 고통을 내려 보내기도 하십니다. 그것이 그의 의지에 반하는 일이지만, 이 시련을 통하여 영혼이 유익을 얻게 하시는 것입니다. 이런 사실을 배우게 된 영혼은 이제는 그분께 자신을 바치는데 덜 소심하게 됩니다.

11. 우리의 행위에 위해 입증되는 그리스도를 향한 사랑

나는 이렇게 말 했어야 합니다. "우리의 행위로 우리의 갈망과 약속을 성취할 때 얻을 수 있는 훨씬 더 큰 유익에 비하면 '우리가 얻는 유익은 보잘 것 없을 것이다.'" 이런 모든 일을 한 번에 할 수 없는 영혼은 조금씩 실행해 나가야 합니다. 기도의 열매를 얻고자 하는 사람은 누구든지 점차적으로 자신의 뜻을 다스리면서 기도를 실천해야 합니다. 이런 작은 구석(수도원)에서도 이런 일을 실천할 수 있는 기회는 얼마든지 있을 것입니다. 이것은 내가 표현할 줄 아는 것보다 훨씬 더 중요한 것임을 기억하십시오. 십자가에 못 박히신 분을 우러러보십시오. 그러면 모든 것이 쉬워 보일 것입니다. 주님께서 이처럼 엄청난 수고와 고난으로 우리에 대한 사랑을 확증하셨다면, 어떻게 말로만 그분을 기쁘시게 하려 할 수 있겠습니까?

12. 진정한 영성

진정으로 영적인 사람이 된다는 것이 무엇을 의미하는지 아십니까? 그것은 다름 아닌 하나님의 종이 되는 것, 즉 십자가의 낙인이 찍힌 종이 되는 것입니다. 그들이 하나님께 그들의 자유를 드렸으므로, 그분은 그들을 온 세상에 노예로 파실 수 있습니다. 그것은 그들에게 피해를 주기는커녕 가장 큰 은혜를 부여할 것입니다. 이렇게 하기로 결심하지 않는 한, 많은 진보를 이룰 것으로 기대하지 마십시오. 내가 말했듯이, 겸손은 모든 건물의 기초가 됩니다. 진정으로 겸손하지 않는 한, 주님께서는 여러분을 위해서라도 그 건물이 높이 올라가는 것을 허락하지 않으실 것입니다. 그 건물은 결국 무너지고 말 것이기 때문입니다.

13. 겸손과 덕은 기도와 연결되어야 한다

그러므로 모든 사람 중에 지극히 작은 자가 되고, 다른 사람의 종이 되기를 추구함으로써 견고한 터를 닦으십시오. 어떻게 하면 다른 사람들을 기쁘게 하고, 도울 수 있는지를 살피십시오. 그렇게 하는 것이 그들보다 여러분에게 유익하기 때문입니다. 이렇게 튼튼한 반석 위에 세워진 여러분의 성은 절대 무너질 수 없습니다. 다시 강조합니다. 여러분의 기초는 기도와 관상만으로 이뤄져서는 안 됩니다. 덕을 얻고 그것을 칭송하지 않는다면, 여러분은 항상 난쟁

이로 남게 될 것입니다. 그리고 자라지 않는 것보다 더 나쁜 일이 여러분에게 일어나지 않도록 하나님께 기도하십시오. 그것 보다 나쁜 일이 없기 때문입니다. 여러분이 알다시피, 자라기를 멈추는 것은 뒤로 물러나는 것입니다. 사랑한다면, 제자리 걸음을 하는데 결코 만족할 수 없을 것입니다.

14. 영혼의 진보를 위한 열심

어쩌면 여러분은 내가 초심자에 대해 말하고 있다고 생각할지도 모르겠습니다. 그래서 나중에 쉴 수 있을 것이라고 생각하는 것입니다. 하지만, 내가 말했듯이 그런 영혼들은 자신의 내면에서 안식을 느낍니다. 영혼이 그 중심에서 이러한 영감이나 열망(내가 언급한 메시지들입니다)을 성 안에 사는 거주자들과 주변에 있는 방들로 보내는 이유가 무엇이라고 생각합니까? 그들을 잠들게 하기 위해서 입니까? 그렇지 않습니다! 그 영혼은 능력과 감각과 온 몸이 게으름을 피우지 않도록, 그것들과 함께 고통을 당할 때 보다 훨씬 더 치열한 싸움을 벌입니다. 이전에는 고통이 초래하는 엄청난 이익을 이해하지 못했습니다. 사실 고통은 하나님께서 이러한 상태까지 진보하도록 사용하신 수단일 수 있는 것입니다.

15 하나님의 임재로 강건해지다

게다가, 영혼이 누리는 교제는 그 어느 때보다 훨씬 더 큰 힘을 제공해 줍니다. 다윗은 이렇게 말했습니다. "거룩한 자와 함께, 너희도 거룩해지리라". 그것이 사실이라면," 그 영혼은 전능자와 하나가 됨으로써, 하나님의 영과 인간의 영의 주권적인 합일이 이뤄지게 됩니다. 그 결과로 그 영혼은 성인들이 그랬던 것처럼 고난을 겪고, 죽을 수 있는 힘을 얻게 됩니다. 그 영혼은 그렇게 얻은 힘으로 성 안의 모든 사람들을 구하고, 심지어는 아무런 느낌도 남아 있지 않은 것처럼 보이는 육신을 도울 수 있습니다. 우리가 먹는 음식이 머리와 몸 전체에 영양을 공급하는 것처럼, 그 영혼은 "포도주 저장실"(신랑이 신부를 데리고 들어가 돌려보내려 하지 않는)에서 마신 "포도주"에서 활기를 얻어서 허약한 몸에 흘러 넘치게 합니다.

16. 성인들의 모범

실제로 육신은 살아 있는 동안 많은 고통을 겪습니다. 어떤 일을 하든 영혼은 훨씬 더 큰 일을 할 수 있는 기운을 갖고, 더 많은 일에 몰두합니다. 그 영혼이 할 수 있는 모든 일이 아무것도 아닌 것처럼 보이기 때문입니다. 이것은 많은 성도들, 특히 한 평생을 호화롭게 살았던 영광스러운 막달레나(Magdalen)가 가혹한 고행을 실천한 이유임에 틀림없습니다. 이로 인해 엘리아스 신부(Father

Elias)는 하나님의 영광을 위한 열정을 느꼈습니다. 그리고 성 도미니크(St. Dominic)와 성 프란시스(St. Francis)는 전능하신 분을 찬양하도록 영혼들을 인도하려는 열망을 느꼈습니다. 그들은 자신을 완전히 잊은 채로 적지 않은 시련을 겪었음에 틀림없습니다.

17. 마르다와 마리아가 함께 주님을 섬겨야 한다

　이것이 바로 우리가 노력했으면 하는 것입니다. 우리는 우리 자신의 즐거움을 위해서가 아니라 하나님을 섬길 힘을 얻기 위해 간구하고 기도해야 합니다. 새로운 길을 찾지 맙시다. 그러면 쉬운 길을 가다 길을 잃게 될 것입니다. 예수님과 그분의 성인들이 이전에 갔던 길 외에 다른 길을 통해서 이러한 은혜를 얻을 수 있다고 생각하는 것은 이상한 일이 될 것입니다. 그런 꿈을 꾸지 맙시다. 내 말을 믿으십시오. 마르다와 마리아가 함께 우리 주님을 접대하고, 손님으로 잘 모셔야 합니다. 드실 음식을 바치지 않을 정도로 그분을 푸대접해서는 안 됩니다. 마리아가 주님의 발치에 앉아 있는 동안 언니가 그녀를 돕지 않았다면 어떻게 그렇게 할 수 있었겠습니까?

18. 그리스도의 양식

그리스도의 양식은 모든 방법을 동원하여 영혼들을 그분께 인도하는 것입니다. 그래서 그들이 구원을 받고 영원히 그분을 찬양할 수 있게 하는 것입니다. 여러분은 두 가지 이의를 제기할 수 있습니다. 첫째로, 내가 말했듯이 마리아가 더 나은 편을 택했다는 것입니다. 그녀는 우리 주님의 발을 씻기고 머리채로 닦아드렸을 때, 이미 마르다가 할 일을 다했기 때문입니다.

19. 마리아의 자기부인

그녀가 그런 신분의 여자로 치밀어 오르는 열성에 빠져 혼자서 거리를 누빈 것이 사소한 치욕이었을 것이라고 생각합니까? 그런 다음 그녀는 낯선 집에 들어가 바리새인의 모욕과 그 밖의 많은 시련을 견뎌야 했습니다. 그런 여자가 그렇게 공개적으로 자신의 인생을 바꾸는 모습을 보는 것은 생소한 일이었습니다. 유대인들처럼 사악한 민족이 그토록 미워하던 우리 주님을 사랑하는 그녀의 모습은 그녀가 과거의 삶을 내던지고 이제 와서 성녀가 되고 싶어한다고 조롱하기에 충분했습니다. 사실 그녀는 화려한 옷차림과 나머지 모든 것을 바꿨을 것입니다. 요즘 사람들이 그녀보다 훨씬 덜 알려진 사람들을 두고 말하는 방식을 고려할 때, 하물며 그 때엔 그녀에 대해 무슨 말을 했겠습니까?

20. 수난에 대한 슬픔

그녀는 수많은 십자가를 지고 굴욕을 당한 끝에 더 좋은 몫을 얻었습니다. 사람들이 그녀의 주인을 증오하는 모습을 보는 것만으로도 그녀에게는 참을 수 없는 시련이 아니었을까요? 그런 다음, 그녀가 우리 주님의 죽음을 보면서 겪은 일을 생각해 보십시오! 나는 그녀가 순교를 하지 않은 이유가 주님께서 십자가에 달려 돌아가시는 모습을 목격한 슬픔으로 이미 순교했기 때문이라고 생각합니다. 그렇다면 그녀는 그분의 부재하심으로 그 후 오랜 세월 동안 얼마나 큰 고통을 겪었겠습니까! 그러므로 그녀는 항상 우리 주님 곁에서 관상의 기쁨 속에 잠겨 있는 것은 아니었습니다!

21. 영혼들을 하나님께 인도할 수 있는가?

둘째로, 여러분은 영혼들을 하나님께로 인도할 능력도 없고, 수단도 없다고 말할 수 있습니다. 기꺼이 그렇게 하고 싶지만, 사도들처럼 가르치거나 전파할 수 없기 때문에 어떻게 할 도리를 모르는 것입니다. 나는 이러한 반론에 대한 답을 종종 썼지만, 이 "성"에 관해서도 그렇게 했는지는 모르겠습니다. 하지만 우리 주님께서 그분을 섬기는 데 대해서 주시는 갈망 때문에 종종 어려움이 여러분의 마음에 떠오를 것이기 때문에, 다시 그것에 대해 언급하고자 합니다. 나는 다른 곳에서 마귀가 얼마나 자주 큰 계획으로 우리의 생각을 채우는가를 말한 적이 있습니다. 그것은 우리가 주님을 섬기기 위해 할 수 있는 일에 손을 대는 대신 불가능한 일을 하고 싶어 하는 것에 만족하게 하려는 것입니다.

22. 그렇게 하는 방법

당신은 기도로 많은 것을 할 수 있습니다. 온 세상을 도우려고 애쓰지 말고, 여러분의 동료를 돕는데 주력하십시오. 그것이 여러분의 당면한 의무이기 때문에, 훨씬 더 가치 있는 일일 것입니다. 여러분의 겸손과 고행, 자매들을 섬기려는 태도와 그들을 향한 열렬한 사랑, 그리고 하나님에 대한 사랑이 불꽃처럼 그들의 열심을 불태우고, 덕을 실천하도록 고무하는 것이 하찮은 문제라고 생각합니까? 이것은 위대한 일이요, 우리 주님을 가장 기쁘시게 하는 일이 될 것입니다. 힘이 닿는 데까지 이렇게 함으로써, 여러분은 기꺼이 더 많은 일을 하고자 하는 의지를 주님께 입증하게 될 것입니다. 그리고 그분은 마치 그분을 위해 많은 영혼을 얻은 것처럼 여러분에게 상급을 주실 것입니다. 여러분은 이렇게 물을 지도 모릅니다. "나의 자매들이 이미 이렇게 훌륭한데, 이렇게 한다고 해서 무슨 회심을 하겠습니까" 도대체 왜 그런 생각을 하는 것입니까?" 그들이 더 나아진다면, 그들이 하나님께 드리는 찬양이 하나님을 더욱 기쁘게 해 드리고 그들의 기도가 이웃에게 더 큰 도움이 되지 않겠습니까?

23. 사랑이 우리의 행위에 가치를 부여한다

이런 권면으로 결론을 내리겠습니다. 기초 없이 망대를 세우지 마십시오. 우리 주님께서는 우리가 하는 일의 중요성 보다는 어떤 사랑을 가지고 그런 일을 하는가를 중요하게 생각하시기 때문입니다. 우리가 할 수 있는 모든 일을 해 나가면, 주님께서는 날마다 더 많은 일을 할 수 있게 해 주실 것입니다. 이생이 지속되는 짧은 시간 동안(여러분이 생각하는 것보다 짧을 수도 있습니다), 안팎으로 힘이 미치는 데까지 희생을 바친다면, 주님께서는 우리를 위해 십자가 위에서 그분의 아버지께 바치신 것에 그것들을 합치실 것입니다. 그래서 그런 행위들 자체는 미약하더라도, 우리의 사랑을 보시고 그것들을 값있게 해 주실 것입니다.

24. 결론

나의 자매들이여, 딸들이여, 우리가 함께 모여 영원히 하나님을 찬양할 수 있기를 기도합니다. 그리고 영원히 살아 계시고 다스리시는 그분의 아들이 내가 여러분에게 가르친 것을 실천할 수 있는 은혜를 베풀어 주시기를 기도합니다. 아멘. 장담하건대, 나는 스스로에 대한 혼란으로 가득 차 있습니다. 주님을 위해 기도할 때, 이 불쌍한 죄인을 잊지 않기를 간청합니다.

에필로그

내가 이 책을 쓰기 시작할 때 말했던 것처럼, 이 일을 시작하는 것

이 마음에 내키는 일은 아니었습니다. 하지만, 막상 끝이 나고 보니 기쁘기가 그지없고, 사실 애쓴 것은 별로 없지만, 애쓴 보람이 있다고 느껴집니다. 엄격한 봉쇄 생활을 하는 여러분에게는 여가를 즐길 시간이 적고, 몇몇 수도원에는 편의 시설조차 부족하다는 사실을 고려할 때, 여러분이 들어갈 수 있는 이러한 내면의 성안에서 기쁨을 누릴 수 있다는 것은 퍽 다행한 일이라 생각합니다. 여러분은 수도원장의 허가를 받을 필요도 없이, 어느 때고 이 성안에 들어갈 수 있고, 그 안을 산책할 수도 있으니 말입니다.

물론 여러분 스스로의 힘으로 성안의 모든 방에 들어갈 수는 없는 것이 사실입니다. 스스로의 힘이 대단한 것처럼 보여도, 성의 주인께서 여러분을 들여보내 주셔야만 합니다. 그러기에 어떤 장애물을 만나더라도 억지를 써서는 절대 안 됩니다. 이것은 그분의 심기를 크게 상하게 하는 일이기 때문에, 그분은 여러분을 절대로 이

방 안에 들여놓지 않으실 것입니다. 그분은 참으로 겸손을 사랑하십니다. 감히 세 번째 방에도 들어갈 수 없는 몸이라고 여러분이 자처할 때, 그분은 다섯 번째 방에 훨씬 더 빨리 들어갈 수 있는 은혜를 주실 것입니다. 그 때 그곳에서 주님을 잘 섬긴다면, 그분은 여러분을 그분이 친히 거하시는 마지막 방으로 이끄실 것입니다. 원장이 불러내지 않는 한 거기서 나와서는 안 됩니다. 거룩하신 주님께서는 여러분이 원장의 뜻을 당신의 뜻처럼 따르기를 원하시기 때문입니다. 그러기에 원장의 명령으로 오랫동안 그분이 거하시는 방을 떠나 있었다 해도, 여러분이 돌아올 때 그분은 문을 열어 주실 것입니다. 한번 이 성을 누리는 법을 배우게 되면, 아무리 시련이 고되더라도, 여러분은 언제나 안식을 누릴 수 있을 것입니다. 주님께로 다시 돌아갈 소망이 있고, 그 누구도 그 소망을 여러분에게서 앗아가지 못할 것이기 때문입니다.

나는 일곱 개의 방을 언급했을 뿐이지만, 그 방들의 위와 아래, 그리고 옆으로 많은 방이 있습니다. 거기에는 아름다운 정원이며, 샘물이며, 아기자기한 것들이 수도 없이 많아서, 여러분은 자신의 형상과 모양을 따라 이 성을 만들어 주신 위대하신 하나님을 전심으로 찬미하고 싶어질 것입니다.

혹시라도 이 책에서 하나님을 더 잘 아는데 도움이 되는 것을 발견하거든, 하나님께서 여러분을 격려하시기 위해 그것을 보내셨다고 확신하고, 무엇이든 잘못된 것이 있다면 내게서 나온 것으로 알

아주십시오.

나의 주, 하나님을 섬기는데 도움을 주고자 하는 나의 강력한 갈망에 대한 보답으로, 이 책을 읽을 때마다 내 이름으로 하나님을 열심히 찬양해 주십시오. 그분의 교회를 번창하게 해주시고, 루터파 교인들에게 빛을 비춰 주시기를 간구하십시오. 그리고 나를 위해서는 내 죄를 용서해주시고, 연옥에서 나를 구해 주시도록 기도해 주십시오. (신학자들의 검열을 거쳐 책이 발간되어) 여러분들이 이 글을 읽게 될 때 쯤이면, 나는 하나님의 자비로 연옥에 가 있을 테니 말입니다.

혹시 이 글에 오류가 있다면, 그것은 내가 무식한 탓입니다. 나는 모든 일에 있어서 내가 현재 회원으로 있는 거룩한 가톨릭 로마 교회의 가르침에 복종합니다. 나는 이 안에서 살고, 또 이 안에서 살고 죽기를 맹세하는 바입니다. 우리 주 하나님께서 영원한 찬미와 영광을 받으소서. 아멘. 아멘.

1577년 성 안드레아 축일 전야에 아빌라의 성 요셉 수도원에서 영원히 살아 계시고 다스리시는 하나님의 영광을 위하여 쓰기를 마쳤습니다. 아멘.

역자 후기

그리스도교 역사상 뛰어난 신비가인 아빌라의 테레사는 1515년 스페인 아빌라의 귀족 가문에서 태어났으며, 1535년 아빌라에 있는 가르멜회 강생 수도원에 입회하였다. 많은 신비 체험으로 영적 조명을 받았고, 해이해진 수도원을 개혁하고 더욱 엄격한 봉쇄와 관상 생활을 원하는 수녀들을 위해 1562년 개혁 가르멜회인 성 요셉 수도원을 세웠다. 동료와 주위 사람들에게 많은 반대와 박해를 받았지만 하나님을 사랑하는 열정과 불굴의 투지로 관상 수도회를 지켜 나갔고, 그녀의 뛰어난 영성이 인정받고 개혁이 받아들여지면서 함께하는 사람들이 모여들게 되었다. 스페인 전역에 17개의 맨발 가르멜 수도원을 세우고 돌보던 중 1582년 소천했다. 1622년 교황 그레고리오 15세에 의해 시성되었으며, 1970년 성 바오로 6세 교황에 의해 교회학자로 선언되었다. 그녀가 기록한 「자서전」, 「완덕의 길」, 「영혼의 성」 등은 영성 문학의 고전으로 널리 읽히고 있다.

그녀는 종교개혁이 한창이었던 16세기에 종교개혁을 초래했던 그 당시의 부패한 교회 내에서 반종교개혁의 리더로 제자인 십자가의 요한과 함께 가톨릭 교회의 개혁을 주도했다. 그 결과로 종교 개혁이 강력한 파급 효과를 발휘한 유럽에서 그녀의 영향 하에 스페인만이 종교 개혁의 영향을 받지 않았다고 말할 정도인 것이다.

본서는 그녀의 가장 잘 알려진 작품이다. 그녀는 삼위일체 하나님과의 합일, 또는 완덕에 이르는 과정을 특유의 여성적이고 섬세한 필체로 풀어가고 있다. 그녀는 영혼을 금강석이나 맑은 수정으로 이루어진 성에 비유한다. 그 성엔 여러 방이 있는데 그 중 제일 가운데 방에 하느님께서 왕으로 좌정하고 계신다. 각 사람은 기도와 묵상을 통해 이 영혼의 성에 들어 갈 수 있으며 기도의 진보에 따라 한 방에서 다른 방으로 옮겨갈 수 있고 6개의 방을 통과한 후 마침내 가장 중앙에 있는 일곱 번째 방에 도달하게 된다. 어슬렁거리는 짐승과 파충류들은 초기 단계의 장애물과 산만함을 상징하지만 영혼이 성의 중심에 접근함에 따라 힘이 약해진다. 처음의 세 방은 정화의 길에 해당하고, 네 번째 방은 안식의 기도에 선행하는 거둠의 기도를 가르친다. 다섯 번째 방은 합일의 기도와 영적 약혼으로 이어지며 누에고치에서 흰나비가 되어 나오는 영혼의 아름다운 모습을 담고 있다. 마지막 두 방은 그녀의 초기 작품에서 묘사된 단계를 넘어 진행되며 십자가의 요한의 영혼의 어두운 밤에서 묘사되고 있는 어두운 밤과 유사한 고통을 겪는 것으로 서술한다. 그러나 일곱 번째 방은 영적 결혼과 영혼의 중심에서 어느 정도 누리는 하나님과의 합일 상태를 묘사한다. 그리고 환상, 말씀, 황홀경 대한 자세한 분석이 후반분에서 이뤄지고 있다.

역자는 이 책을 번역하면서 테레사라는 인물에게 큰 매력을 느낄 수 있었다. 활동적 삶과 관상적 삶이 조화를 이루는 삶을 살았던 그녀는 약함 속의 강함, 겸손과 용기, 외면과 내면이 잘 어울렸던 매력적인 인물이었다. 책의 마지막 부분에서는 가톨릭 교회에 대한 사랑을 표현하는 동시에 루터파 교회를 위해 기도하는 넓은 마음을 표현하기도 했다. 오늘날의 신자들의 외면적, 활동적, 지식적, 합리적 영성과 대조되는 그녀의 겸손하고도, 성숙하며, 깊이 있는 영성으로부터 배울 것이 많다고 생각한다. 아무쪼록 본서가 더 깊은 영성을 추구하는 신자들에게 귀한 지침이 되기를 기대해 본다.

역자 김진우